상적으로 민주주의는 일반적으로 공정한 경쟁선거를 통해 시민들이 권력을 자유
롭게 선택하는 정치체제(경쟁적 민주주의)로 이해된다. 그러나 최근 들어 시대 상황
의 발전에 따라 〈표 1-1〉과 같이 전통적 민주주의에 대한 대안적 시각도 제기되고
있다.

〈표 1-1〉 **민주주의에 관한 상이한 시각**

	경쟁적 민주주의	참여적 민주주의	심의적 민주주의
목표	• 합법적 규칙 설정	• 자신의 문제에 대한 시민의 대중적인 통제	• 기본 정치 원칙, 특정 법률, 정책에 관해 합리적 동기부여에 근거한 합의
장소	• 민주주의는 선거운동 기간 중에 정치인들이 투표에서 가장 많은 몫을 차지하기 위해 자신의 입장을 취할 때 발생함.	• 이상적으로는 대학과 직장을 포함한 모든 기관 또는 '공통 활동'이 민주화되어야 함.	• 심의는 시민사회 전체에서 분산적으로 실행되거나 특별히 고안된 포럼(입법부, 소규모 공중장소, 심의 투표)에서 발생함.
빈도	• 선거에서의 정기적 투표	• 더 많은 참여가 적은 참여보다 낫고 이상적으로 참여는 지속되어야 함. • 이것이 어려울 경우, 일회성 '참여실험'이 선호됨.	• 더 많은 심의가 적은 심의보다 낫고 이상적으로 모든 결정은 심의를 통해 도달해야 함. • 이것이 어려울 경우, 진행 중인 심의나 일회성 '심의 실험'이 선호됨.
대중 통제	• 정치적 결과는 대중의 통제를 받지 않음.	• 정치·시민사회기관은 반드시 대중의 통제를 받아야 함.	• 정치 원칙, 법률, 정책은 반드시 적용 대상자의 동의를 얻어야 함.
시민 속성	• 유권자는 자기 이익을 추구하며 정보가 부족할 수 있음. • 유권자 선호는 고정된 것으로 간주	• 참여는 '발달론적' 측면을 가지고 있으며, 시민의 인성을 변화시켜 이상적으로는 더 낫게 교육받게 하여 진정성 있게 공동선을 지향하게 함.	• 심의는 시민이 공동선에 대한 지향성을 채택하도록 강제함. • 좋은 심의자는 더 나은 논증의 힘과 이성에 대응함.

가치	• (공식적) 평등 존중, 안정성과 효율성 촉진 • 시민의 필요와 이익에 잠재적으로 대응함. • 시민들 간의 덕성(예: 개성) 배양	• (공식적 · 실질적인) 평등 존중 • 적극적 자유 존중 • 시민들 간의 덕성(예: 예의 바름)과 기술(예: 비판적 추론)을 배양	• (공식적 · 실질적인) 평등 존중 • 합법성 성취, 좋은 정부 장려 • 시민들 간의 덕성(예: 예의바름)과 기술(예: 비판적 추론) 배양
선호 조건	• 적절한 정치적 경쟁, 다양한 대안을 제공하는 정당	• 물질적 평등 달성 노력 • 참여적 시민 • 결과를 결정할 의미 있는 민주적 참여 기회	• 시민들은 정보를 얻고 합리적이며 평등하게 숙의할 수 있음. • 의미 있는 심의와 시민이 정치적 결과에 영향을 미칠 수 있는 적절한 기회

출처: Shorten(2015: 110).

　경쟁적 민주주의는 투표와 경쟁선거를 통해 정치지도자를 선별한다는 점에서 현실세계에 존재하는 실제 민주주의와 매우 유사하다. 이에 반해 참여적 민주주의는 적극적인 시민 참여를 통한 대중적 통제를 이상으로 삼는다. 심의적 민주주의는 대중의 논증과 추론에 바탕을 둔 심의과정을 거쳐서 공유된 문제에 대한 집단적 해결책을 모색한다. 이러한 상이한 세 가지 관점은 민주주의의 성격과 가치에 대한 서로 다른 세계관을 제공하면서 민주적 이상 실현방법에 대한 차별적 안내를 제공한다.

2) 정치철학: 경쟁적 관점

　정치학은 최고의 체제(regime)는 무엇인가를 규범적 · 기술적으로 탐구하는 '국정운영능력에 관한 과학(the science of statecraft)'으로 지칭된다(Smith, 2012: 7). 국가 존재 방식으로서의 체제는 시민의 생활방식과 가치를 규정하는 성향이 매우 강하다. 그러나 '최고의 체제는 무엇인가?'에 대한 해답은 이념적 배경과 철학적 관점

에 따라서 상이하게 제시되며 잠재적으로 상호 충돌하는 경향이 있다. [그림 1-1]
과 같이 정치철학은 최고의 체제와 관련된 모든 관행과 제도들을 심층적으로 탐구
하는 학문 분야이다.

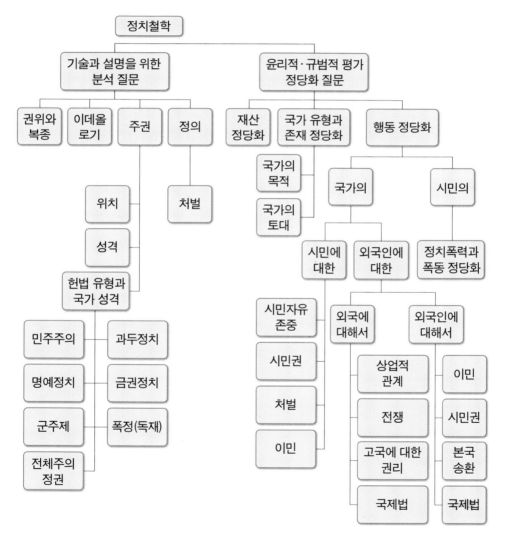

[그림 1-1]　정치철학 개념도

출처: Honderich(2005: 988), Macpherson(2014: 16에서 재인용).

동 분야는 정치를 구성하는 가장 근본적인 질문, 즉 '좋은 사회를 지향하는 최고의 체제는 무엇인가?', '어떤 방식으로 시민을 통치할 것인가?', '시민이란 무엇이며, 어떻게 교육할 것인가?', '자유와 권력은 어떤 관계가 있는가?' 등의 핵심 문제를 다룬다. 또한 정치학의 중요한 핵심 개념, 필수적 분류 범주 등을 철저하게 탐구함으로써 해당 학문의 기본 토대를 제공한다(Smith, 2012: 1-8).

정치교육은 넓은 의미로 "사회 구성원이 속한 사회의 정치 이데올로기와 체제 및 제도에 적응하면서 살아가는 정치사회화의 과정"(김명정, 2017: 104)으로 정의된다. 이러한 정의를 수용하면, 정치교육에 있어서 무엇보다 중요한 것은 정치체제와 제도의 기본 성격과 발전 방식 등을 총괄적으로 규정하는 다양한 정치 이데올로기와 정치철학 사상에 대한 심층적인 탐구와 폭넓은 이해이다. 왜냐하면 전술한 바와 같이 정치철학은 최고의 체제 구축을 위한 발전 방향과 좋은 시민(good citizens)의 발달적 성격을 총괄적으로 안내하기 때문이다.

그러나 정치철학의 복잡한 사상들을 일목요연하게 요약하기는 쉽지 않다. 민주주의의 역사적 발달 단계에서 보듯이 무수하게 많은 뛰어난 사상가들이 각자의 시대적 환경과 상황 여건이 반영된 독창적인 정치철학 사상을 제기했기 때문이다. 정치교육과 시민교육 국내 연구물들(유명철, 2019; 한국정치학회 편, 2008)은 정치철학과 민주주의의 대표적 사상으로서 자유주의와 공동체주의(또는 시민공화주의)를 언급하면서 양자 간의 철학적·이념적 긴장관계를 제시하고 있다. 이러한 관점은 민주주의 제도 발달에 가장 강력한 영향을 미친 근본적인 정치철학 사상을 소개한다는 측면에서 긍정적인 측면을 가진다. 그러나 세계화의 급속한 팽창, 다문화주의의 보편적 적용, 국제 거버넌스 출현 등 최근 국제정치 환경의 급속한 변화에 맞춰 진화 발전하는 현대 정치사상의 지형을 상세하게 파악하는 데는 한계점을 가진다. 쇼튼(Shorten, 2015: 20-21)은 이를 위한 다섯 가지 안내 기제를 〈표 1-2〉와 같이 제시하고 있다.

〈표 1-2〉 정치공동체에 관한 경쟁 관점 비교

	자유주의	공동체주의	자유주의적 민족주의	헌법적(헌정) 애국주의	다문화주의/차이이론
구성원을 연결시키는 것	자유로운 평등시민으로서 서로에 대한 도덕적 관심	공유적인 역사·문화·세계관에 기반한 공동의 의미와 공동의미	공유적인 역사·언어·문화에 기반한 공유국가적 문화	민주적 가치와 인권에 대한 공유된 약속	회원들은 공통의 문화, 역사, 세계관, 언어, 가치체계를 공유할 필요 없음.
개인과 지역사회	개인은 정치공동체보다 선행함.	개인은 정치공동체를 포함한 자신의 공동체에 의해서 '구성'됨.	개인은 최소한 부분적으로는 국가공동체에 의해 '구성'되어 있으며, 국가공동체에 강한 애정을 가짐.	개인은 자신의 공동체로부터는 선행하지만 이상적이는 공동체에 대해서 강렬한 애국적인 유대를 가져야 함.	개인은 자신의 문화집단과 전통에 강하게 연결되어 있으며 다중 복잡한 정치성과 소속을 가질 수 있음.
가치에 대한 불일치	'합리적' 제한 내에서의 가치 다원주의는 현대사회 생활의 영구적이고 환영받는 특징임.	상이한 정치공동체는 서로 다른 세계관을 구현함. 가치 다원주의는 잠재적으로 정치공동체의 통합성을 위협함.	가치 다원주의는 정치공동체의 환영할 만한 특성이지만 응집적인 국가 체적으로도 양립할 수 있어야 함.	근본적 정치 가치에 대한 합의는 민주주의가 번성하기 위한 전제조건임.	상이한 문화집단은 양립할 수 없는 가치체계를 가지고 있으며, 어떤 가치를 문화집단에게 '부과'하는 것은 부당함.
문화의 차이	문화적 차이는 대부분 정치공동체와 무관함.	문화적 다양성이 공동체 문제이거나 사회적 도덕적 삶을 위협할 경우, 정치공동체는 제손될 수 있음.	문화적 다원주의는 전체적으로 민주주의와 정치적 안정을 위협함.	세계관의 평등존중과 같은 기본 헌법 원리와 양립할 수 있다면 문화적 차이는 대체로 정치공동체와 관련이 없음.	문화적 차이는 사회정치적 불이익의 원인이 될 수 있음. 문화적 전통은 수용되어야 함.

국가 중립성과 가치·문화 증진	중립성을 수용하고 특정 문화 선호에 대한 특정개념 촉진을 거부함.	중립성을 거부하고 공통선의 '정치학'을 선호함.	중립성을 광범위하게 수용하지만 국가문화촉진을 선호함.	중립성을 광범위하게 수용하지만 기본 헌법 원칙과 평등 존중과 양립할 수 없는 세계관은 강하게 반대함.	중립성이 가능성과 바람직함에 회의적임. 단일 국가 문화 촉진에 반대하고 취약한 문화 보존을 선호함.
이민	입국과 출국에 대한 '비자유적' 제약에 반대	공동체는 입국 조건을 설정할 권리가 있음.	새로운 시민은 국가문화에 통합될 것으로 기대됨.	새로운 시민은 헌법가치를 지지할 것으로 기대됨.	통합은 양방향 과정이어야 만함. 이민자는 특별한 지원을 받을 수 있음.
민주주의	민주주의는 어느 정도의 결속력과 시민 미덕을 요구함.	민주주의는 공유된 국적 정의 강한 유대를 요구함.	민주주의는 충성심과 애정의 강한 유대를 요구함.	민주주의는 민주적 가치에 대한 합의를 요구함.	소수 집단과 억압받는 집단은 특별한 대표 권리를 요구할 수 있음.

자유주의(liberalism) 사상은 가치 다양성과 도덕적 중립성에 근거하여 평등한 시민으로서의 개인의 자유와 권리를 절대적으로 중요시한다. 이에 반하여 공동체주의(communitarianism)는 개인 삶을 규정하는 사회적 실제와 공동체적 정체성을 강조하면서 공동선(the common good)의 달성에 전념한다. 자유주의적 민족주의(liberal nationalism)는 정통 자유주의가 가지는 개인주의적 성향에 대한 비판과 국가 공동 정체성의 중요성을 인지하면서 자유주의에 민족공동체의 성격(예: 국적의 공유)을 가미한다. 따라서 이 관점은 민족문화의 유지와 통합성을 위하여 이민통제 정책도 선호한다.

　한편, 하버마스(Habermas) 이론에 근거하고 있는 헌법적 애국주의(constitutional patriotism)는 현대 사회의 단편화된 자유주의적 개인주의 경향성을 비판하면서 단일국가나 공유민족성에 대한 정치적 충성도가 아닌 민주공동체 원칙 기반의 시민 충성도를 강조한다. 즉, 정치공동체는 탈민족적 정치적 정체성을 유지하면서 공정성, 존엄성, 자유와 같은 민주적 헌법 가치와 인권에 토대를 두어야 한다고 주장한다. 다문화주의/차이이론(multiculturalism/difference theory)은 공유되는 정치공동체가 민족정체성과 문화적 동질성을 강화하기 때문에 결국은 소수 공동체는 더욱 소외되고 배제되며 억압될 수 있다고 본다. 따라서 이 관점은 소수자나 피억압 집단이 특별한 지원을 받아야 한다고 보고, 언어적ㆍ문화적ㆍ종교적 다양성을 보호하고 증진하는 정책을 선호한다. 요컨대, 정치교육은 정치공동체의 바람직한 미래적 발전과 시민교육의 정치적 포용성을 달성하기 위해서 정치철학의 다양한 관점과 발생 배경에 대한 교육적 민감성을 높일 필요성이 있다.

3. 정치교육과 교육정치 및 시민교육: 개념적 정의와 상호 관계

1) 정치교육과 교육정치

교육학 분야에서 국내 · 외를 막론하고 정치교육에 대한 체계적인 학문적 결과물을 집대성한 연구는 일부 학술지 논문과 소수 저서(예: Crick & Heater, 1977)를 제외하고는 가시적으로 확인하기 어려운 상황이다. 이는 아마도 정치교육이 자유주의와 같은 정치사상의 핵심 개념, 정치체제의 구성 요인, 좋은 시민이 갖추어야 할 덕성 등을 교육현장에 소개하는 사회과 관련 교과교육이나 정치체제의 발전 · 유지를 위해 필요한 지식을 교육하는 정치사회화(political socialization)와 동일시되면서 일반 사회과학과 같은 엄정한 체계적인 학문 분야로서 주목받지 못한 결과라고 볼 수 있다. 또한, 교육권력 관계와 통치구조를 심층 탐구하는 교육정치(학)과의 상호 관계성에 대한 학술 담론이나 관련 연구 역시 매우 미흡한 상황이다. 정치교육과 교육정치의 개념 정의와 양자 간의 상호 관계를 탐색적 차원에서 제시해 보면 다음과 같다.

정치교육에 관한 교육학 분야의 대표적 연구 결과물은 옥스퍼드 대학교 교육학과에서 1975년부터 출간하고 있는 『Oxford Review of Education』에 게재된 1999년 논문들을 꼽을 수 있다. 해당 논문들은 정치교육 제반 아이디어 소개(Fraser, 1999), 점진적 변화를 모색하는 구성적 정치교육사상과 급진적 질적 변화를 의도하는 재구성적 정치교육사상 관점 비교(Parry, 1999), 자유주의 시민교육을 위한 교육과정 개발(Levinson, 1999), 인문학 기반의 정치교육 가능성 탐색(Pring, 1999) 등의 주제를 포괄적으로 다루고 있다. 이들 논문은 공통적으로 정치교육과 시민교육의 내용적 상호 연계성을 강조하고 있기도 하다.

이 중에서 특히 프레이저(Fraser)의 논문은 정치교육의 개념 구명과 적용범위 확인을 위해 매우 유용하게 활용될 수 있다. 그는 정치교육의 개념을 두 가지로 구분한다. '정치적 교육(political education)'과 '정치에서의 교육(education in politics)'이 그것이다(Fraser, 1999: 12-13). 그에 따르면 자유민주주의 전통하에서 여러 정치 사상가들이 주장하였듯이 교육과 정치는 동의적 관계(to educate is to govern, and to govern is to educate)를 가진다. 따라서 정치적 교육이라는 표현 자체는 상호 용어 간의 의미적 동일성을 간과한 모순어법에 해당한다고 주장한다. 프레이저에 따르면, 정치교육의 두 번째 입장은 정치의 이론과 실제 내에서의, 그리고 정치 관련 연구나 정치과학이라는 제목하에 범주화된 자료와 분석에서의 교육을 의미한다. 이는 정치와 정치이론·실제와 관련된 분야(경제학, 문화, 사회학 등) 간의 관계성을 우선적으로 파악해야 정치를 이해할 수 있다는 관점이다. 프레이저는 정치교육에 관한 두 가지 관점 중 어떤 입장을 채택하든지 간에 교육학자들은 '누가 교육(정치) 권력을 소유하고 있고, 가져야만 하는가? 어떠한 조건하에서 교육(정치)권력이 공정하게 사용되거나 저지될 수 있는가? 개인은 어느 정도까지 자율적이고 자치적인가?' 등의 근본적인 정치적 질문을 회피할 수 없다고 보았다. 교육과 정치의 이형동일체 성격을 고려하면 정치의 '가치배분'의 문제와 거버넌스 권력 관련 정치적 쟁점들이 교육학(과 정치교육) 연구의 필수적 연구주제로 설정되어 탐구되는 것은 필연적이라고 할 수 있다.[5]

교육의 목적은 크게 도구주의 관점과 발달주의 관점으로 구분된다. 전자는 국가경제 발전을 위한 지식의 경제성(효율성 함양, 생산성 제고)을 강조한다. 이에 반해후자는 민주사회 구축을 위한 지식의 공공성(시민정신 제고, 배려·관용 등의 공동체의식 강화)을 추구한다(박선형, 2012: 54). 이러한 발달주의 교육관은 정치교육의 목적과 내용에 정합적으로 일치한다. 국가의 교육혁신 노력은 이러한 별개의 상충적인 두 가지 교육목적을 균형적이면서 조화롭게 동시적으로 달성하는 데 초점을 둔

---

5) 이와 더불어 그는 교육이 중앙·지방정부에 의해서 제공되는 공공재(또는 가치재)의 성격을 가지며, 교육기관은 정부에 의해 일정 부분 규제되면서 사회적 생산기능을 지속적으로 수행해야 한다는 사실 또한 교육과 정치의 상호 연계성과 동일체적 성격을 적극적으로 지지하는 사례로 간주하였다.

다. 그러나 이러한 딜레마적 상황에 대한 최선의 해결책은 결국 희소자원의 배당과 가치배분의 문제(즉, '누가 무엇을, 언제, 어떻게 얻을 수 있는가?')를 다루는 정치의 영역에 의존할 수밖에 없다. 따라서 정치교육이 표방하는 대로 교육과 정치는 상호 불가분의 관계를 가진다고 볼 수 있다. 이러한 사실을 감안하면, 교육의 정치적 중립성 또는 비정치화의 신화를 통렬하게 비판하면서 1994년에 선도적으로 출범한 한국교육정치학회는 시대적 통찰력과 학문적 혜안이 반영된 의미 있는 학문적 성과물로 간주될 필요가 있다.

교육정치학은 어원 구조가 표시하듯이 교육학과 정치학의 융합학문이다.[6] 따라서 교육정치학은 공교육의 본질적인 정치적 특성을 자각하면서 '가치의 권위적 배분'을 다루는 정치과학과 밀접한 관련을 맺으면서 발전해 왔다. 교육정치학의 태생은 미국 학자들의 관련 연구물 출간과 학회 창립 및 학회지 발간 등이 종합적으로 반영된 결과이다. 교육정치학이 학문 분야로 출범한 최초의 기원은 1959년 『미국정치과학연구(American Political Science Review)』에 게재된 토머스 엘리엇(Thomas Eliot)의 「공립학교 정치에 대한 이해(Toward an understanding public school politics)」라는 논문 출간이다. 해당 논문에서 엘리엇은 정책결정과 정치권력의 핵심 대상인 학교에서 발생하는 정치현상에 대한 정치과학자들의 무관심을 질타하면서 교육 거버넌스의 정치적 요인에 관한 체계적 연구가 필요함을 역설하였다. 관련 학회와 학술지 활동으로는 미국교육학회(American Educational Research Association)의 분과학회로서 1969년 교육정치학회(Politics of Education

---

6) 정치교육과 유사하게 교육정치(학)의 어원적 구조도 '교육적 정치학(educational politics)'과 '교육에서의 정치(politics in education)'로 분류될 수 있다. 문헌상에서 발견되는 전자에 대한 미국 교육학계의 다른 영어 표현은 교육의(에 관한) 정치학(the politics of education)이며(Saltman, 2018), 해당 학회의 명칭도 그러하다. 교육정치학의 두 가지 표현 용법을 구분하여 해당 개념을 제시한 선행 문헌이나 관련 자료는 확인할 수 없는 상황이다. 필자의 선험적 관점에서 보면, 전자는 교육학의 학문적 관점(교육행정, 교육과정, 교육철학 등)에서 교육의 정치적 현상과 문제를 정치학 이론을 활용하여 탐구·분석하는 데 초점을 둔다. 반면 후자는 정치학의 제반 관점과 이론을 교육 분야에 광범위하게 적용하는 데 중점을 둔다. 요컨대, 교육(학)과 정치(학)의 비중에 있어서 전자는 교육학 쪽에, 후자는 정치학에 더 무게 중심이 쏠려 있다고 볼 수 있다.

Association)의 창립, 『Educational Evaluation and Policy Analysis』와 『Journal of Education Policy』 학술지의 1970년대와 1980년대 창간 등을 들 수 있다.

교육정치학은 교육체제 내의 가치배분과 관련된 다양한 쟁점(갈등과 해소, 권력, 영향력 전술, 의제설정, 투표행동 등)을 다루지만 핵심 연구의제는 '정부, 권력, 갈등, 정책'으로 초점화될 수 있다(Scribner & Englert, 1977). 로페스(López, 2003: 73-74)는 이를 교육정치학 연구를 구조화하는 '포괄적 원형'으로 간주하면서 각각에 대해서 다음과 같이 설명하고 있다.

첫째, 정부에 관한 교육정치학 연구는 국가 대행 기관으로서의 학교의 역할, 재정적·법적·정치적 수단을 통해 교육정책에 영향을 미치는 중앙정부의 역할, 지방교육행정조직의 지역교육 통제와 책무성, 정치문화와 시민참여 등을 다룬다. 이 연구의제는 정부와 부서 간, 그리고 내외의 관계성이 공공가치, 정치적 행동 및 교육정책에 어떻게 영향을 미치는지를 확인하는 데 초점을 둔다. 둘째, 권력에 관한 교육정치학 연구는 통제와 의사결정 및 영향력 문제뿐만 아니라 권력이 어떻게 사회관계, 정책판별, 정책결과물 등을 형성하면서 누가 그러한 결정으로부터 혜택을 받는지를 집중 탐구한다. 셋째, 교육정치학의 갈등 연구는 권력 연구에 초점을 둔다. 따라서 갈등사회화의 형태, 집단협상, 투표행동, 의사결정의 편향성을 유발하는 영향력 등을 연구한다. 넷째, 교육정책 연구는 공식적인 법적 규정과 공개적으로 드러나지 않는 조직운영 규칙·절차 등과 같은 비공식적인 실제와 관습을 다룬다.

이러한 네 가지 교육정치학 연구 의제는 결국 대규모 수준에서의 가치분배 관련 쟁점(예: 자원분배, 재무관리, 교육위원회 성과, 정책의 역할, 지역의 의사결정 등)을 다루면서 과거에는 간과되었던 교육의 핵심적 측면, 즉 교육체제의 정치적 성격을 구명하는 데 기여하였다. 그러나 이러한 접근은 학교지도자들이 사회정의를 구현하는 데 일조하지 못한다는 비판의 대상이 되기도 한다(Ryan & Higginottom, 2017). 교육정치학 연구자들이 분배과정에 대한 정치적 중립성을 고수하여 학교조직 내에 편재된 불평등 현상을 파악할 수 없었으며, 대규모 체제 분석에 대한 집착으로 인해 학교조직 내에서의 구성원들(학교경영자, 교사, 학생, 학부모) 간의 일상적 상호작용과 이와 관련된 정치적 과정을 적극적으로 구명하는 데 실패하였다는 것이다. 라이언과 히긴보텀(Ryan & Higginottom, 2017)은 이러한 한계점을 극복하기 위해서 1970년대부터 미시정치학이 교육정치학의 새로운 대안(예: Innaconne, 1975; Blase, 1991)으로 부각되어 학교조직 내의 분배과정(누가 무엇을, 언제, 어디서)에서 이해상충과 경쟁관계가 어떻게 발생하는지를 집중 조명하는 데 기여하였다고 본다. 그런데 이들은 교육정치학의 미시적 접근 또한 학교조직의 가치분배 과정의 배타적인 구조적 특성과 인종 · 성별 · 계급 억압적 성격을 간과하는 한계점을 가진다고 주장한다. 이에 대한 대안으로서 라이언과 히긴보텀은 비판이론 기반의 전략적 활동주의 채택을 강조하고 있으며, 이를 통해서 교육조직의 가치중립성 극복과 포용적 사회정의 실현이 가능하다고 본다. 향후 국내 교육정치학 연구는 미시정치학(Flessa, 2009)과 더불어 비판적 시각(Lopez, 2003; Ryan & Higginottom, 2017; Saltman, 2018)을 활용하여 학교조직의 권력관계와 교육체제의 가치배분 문제에 관한 심화된 연구를 발전적으로 시도해 보는 것도 기존 연구기제의 인식론적 관점 확장과 더불어 방법론적 다양성을 확보할 수 있는 학문적 계기가 될 수 있을 것이다.

요약하면, 정치교육은 정치과학의 제반 이론과 쟁점적 시각에 근거하여 바람직한 정치공동체 구축을 위한 교육연구와 관련 활동에 초점을 두고 있다. 반면에 교육정치(학)은 교육학적 시각에서 정치과학적 관점을 차용하여 교육체제의 정치적 속성을 구명하는 데 중점을 둔다. 두 분야가 공통적으로 가치배분의 우선순위를 다루는 정치과학을 공통 기반으로 하여 발전하고 있다는 사실을 감안하면 두 분야의 협력적 관계 구축과 공동연구 실행 등의 연계적 노력은 향후 더욱 활성적으로 촉진될 필요성이 있다.

2) 정치교육과 시민교육 및 시민 참여

전술한 바와 같이 정치교육은 최선의 정치공동체에 대한 궁극적 탐구를 지향한다. 그런데 최선의 정치체제 구축은 해당 체제의 구성원을 어떻게 잘 교육해서 좋은 시민이 되게끔 만드느냐에 달려 있다. 정치교육이 협의적으로 "정치공동체의 유지·발전을 위한 지식, 능력, 가치관을 육성하기 위한 교육적 노력"(서울대학교 교육연구소 편, 1998)으로 정의되고 있음은 이를 지지하는 문헌적 증거 사례이다. 이러한 정의는 정치교육의 목표가 구성원인 시민의 정치적 역량을 강화하는 데 초점이 있으며, 이는 정치교육이 결국 시민교육과 밀접한 관계성을 가질 수밖에 없다는 사실을 시사한다. 민주주의 어원은 demos(민중)와 kratos(지배)의 합성어에서 유래하였다. 이는 '민중에 의한 지배'라는 뜻을 의미한다. 따라서 좋은 시민이 많이 양성될수록 선한 민중이 지배하는 최선의 정치체제 구현 가능성이 높다고 할 수 있다. 또한, 역으로 생각해 보면 좋은 시민(good citizens)의 양성은 최선의 정치공동체가 선행적으로 확립될 때 그 실현 가능성이 배가될 수 있다. 일찍이 카를 막스(Karl Max)가 설파하였듯이 구조는 인간의 정신의식과 존재 양식을 궁극적으로 결정하는 측면이 강하다. 이러한 사실들을 고려해 보면 구조로서의 정치체제와 구성원으로서의 시민은 상호 지지적인 운명공동체적 성격을 가진다고 할 수 있다.

정치교육은 나라별로 다양한 용어로 지칭되어 실행되고 있다. 예컨대, 독일을 포함한 유럽에서는 정치교육(politische bildung)을, 일본은 공민교육이라는 용어를 활용한다. 미국과 영국은 시민교육(citizenship education, civic education)이라는 용어를 사용하지만 미국의 경우는 사회교과에서 정치교육 관련 내용을 다루고 있다. 한국의 경우는 미국의 사례와 매우 유사하다. 이에 반해서 영국의 경우는 시민교육이 2002년부터 별도의 법정과목으로 지정되어 개설·운영되고 있는 상황이다. 그러나 정치교육과 시민교육의 밀접한 상호 연계성과 해당 용어들 간의 강력한 상호 교환성에도 불구하고 각각의 용어들은 교육현장에서 개별적으로 구분되어 활용되고 있다. 이러한 이원적 분리 활용은 두 용어에 대한 개념적 혼란을 유발시키는 주된 원인이 되고 있으며, 그 결과 각 용어들에 대한 대중의 상식적 오해를 초래하는 측면이 있다. 즉, 정치교육은 체제 정당화를 위한 이념교육으로, 시민교육은 민주사회에 필요한 시민역량 제고 교육으로만 국한되어 해석될 가능성이 크다.

선행 문헌상에서 정치교육과 시민교육의 개별적 활용에 대한 구체적 이유는 명료하게 확인할 수 없는 상황이다. 추론적 수준에서 보면, 정치교육은 일반적으로 이해당사자 관점과 맥락별로 다양하게 해석될 수 있는 문맥적 다의성(예: 체제옹호 교육, 편향된 이념교육, 민족주의 교육 등)을 가진다. 따라서 해당 분야에 대한 학문적 연구(정치학) 이외에 교육현장이나 일반사회 분야에서 정치교육이라는 명칭 자체를 원래의 의미와 용도로 전용하기가 쉽지 않은 측면이 있다. 또한, 정치체제와 관련 제도에 정확한 이해와 바람직한 민주시민의 자질 제고와 역량 함양을 표방하는 정치 관련 내용은 시민교육의 일환으로서 단위학교의 기존 사회과교육(일반사회, 지리, 역사)을 통해 이루어지고 있다는 사실도 양자 간의 이원적 분리 활용의 주된 요인으로 간주된다. 이와 더불어 정치교육 관련 학문공동체의 상이한 연구 지향점과 핵심 연구주제 역시 두 분야의 상호 이완성을 더욱 심화시켰다고 볼 수 있다.

주지하듯이 정치교육은 정치과학 연구자 집단과 시민교육 연구자 집단 모두의 공통 연구 대상이다. 그럼에도 불구하고 전자는 주로 국정운영체제, 정치 관련 제도 등의 거시적 구조 요인에 연구의 관심을 기울이는 경향성이 높다. 이에 비해 후자는 단위학교 수준에서 정치와 시민교육 관련 교육과정 운영과 수업과정 등의 미시적 측면에 주된 초점을 둔다. 향후, 바람직한 정치교육의 학문적 발전을 위해서는 정치과학 연구 집단과 시민교육 연구 집단이 거시적 차원과 미시적 수준의 연구를 포괄할 수 있는 상호 협력적 연구풍토를 형성할 필요가 있다.

한편, 문헌상에서 시민교육과 자주 교차적으로 사용되는 또 다른 단어는 시민참여(civic engagement)이다. 민주주의 어원에서 확인할 수 있듯이 대중(시민)의 적극적 참여가 확보가 될 때 정치교육(시민교육)은 달성되며, 이상적인 정치체제가 형성될 가능성이 높다.[7] 민주주의의 새로운 대안 유형으로 최근 주목받고 있는 심의 민주주의 역시 시민의 적극적인 참여를 전제로 한다. 시민참여는 정치학뿐만 아니라 사회학과 심리학의 공통된 연구주제로서 오랜 기간 동안 탐구되어 왔다. 최근 들어서는 청소년의 낮은 시민의식, 선거투표율의 저조, 정치참여에 대한 무관심 등이 사회문제로 부각되면서 시민교육과 정치교육의 차원에서 해당 주제에 대한 학문적 관심이 크게 증대되고 있는 상황이다.

그러나 시민교육과 시민참여는 동의어가 아님을 유념할 필요가 있다. 두 용어는 각기 다른 실행수준과 차별적 적용범위를 가지기 때문이다. 시민교육이 정치교육 실행을 위하여 단위학교의 교육과정 운영과 수업활동에 초점을 둔다면 시민참여는 단위학교를 벗어나 지역공동체와 사회 속에서의 광범위한 공식·비공식적 참여 행위(예: 헌혈, 청소년 학생 대상의 멘토 활동, 정당지지 및 정책옹호 활동 등)에 중점을 둔다고 할 수 있다. 문헌상에서 시민참여의 정의는 '공동체 봉사', '집합적 행위', '정치적 참여', '사회변화' 등 다양한 측면에서 광범위하게 정의된다. 또한 협의적 관점에서는 '타인의 환경 여건을 개선하고 공동체의 미래를 형성하는 데 도움을 주기 위해 적극적으로 활동하는 시민(an active citizen)이 공동체 삶에 어떻게 참여하는지를 설명'하는 것으로 규정된다(Adler & Goggin, 2005: 241).

요약하면, 정치교육은 거시적인 구조적 요인을 강조하고, 시민교육은 단위학교 내에서의 정치교육 실행을 위한 교육활동에 초점을 두며, 시민참여는 지역사회와

---

7) 시민교육 연구에서 가장 많은 참조기제로 활용되는 연구물은 시민교육을 영국 국가 교육과정 법정과목을 지정 개설하는 데 중요한 역할을 수행하였던「크릭 보고서(Crick, 1998)」이다. 크릭(1998: 7-8)은 동 보고서에서 시민교육은 정치문화 변화를 목표로 하면서 사람들이 적극적인 활동적 시민(active citizens)으로서 공적 생활에 영향을 미칠 수 있는 비판적 능력을 함양하게 하고, 스스로 자신감 있게 새로운 형태의 참여와 행위를 발견할 수 있게 만드는 데 있다고 주장하였다. 이 보고서 문구에서 그는 참여를 'engagement'라는 용어 대신에 'involvement'라는 단어를 사용했지만 영어권에서 양 용어는 상호 교환적으로 사용되는 경향성이 있으며, 이와 더불어 participation 단어도 혼용된다. 이러한 맥락에서 그는 추후 연구물(Crick, 2008: 14)에서 동 보고서는 민주주의에 대한 명시적 정의나 확장된 토론을 제시하기보다는 활동적 시민(active citizen), 참여(participation), 권리와 책임(rights and responsibilities)에 초점을 두었음을 밝힌 바 있다. 그는 시민교육이 실질적인 지역사회 참여와 연동될 때에 그 실행 가능성이 확대된다고 보았다.

공동체 생활 개선을 위한 적극적인 활동 행위를 지칭한다고 볼 수 있다. 이러한 세
개 분야는 결국 정치교육의 영역으로 귀착되지만 각 분야의 발생 층위와 초점 대상
은 상대적으로 다를 수 있다. 이를 요약적으로 도식화하면 [그림 1-2]와 같다.

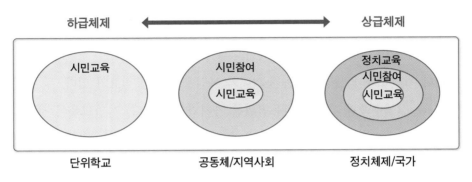

[그림 1-2] 정치교육과 시민교육 및 시민참여의 상호 연계성

4. 정치교육의 발전 과제

전술된 논의에 근거하여 정치교육의 미래적 발전을 위한 몇 가지 제언 사항을 시
론적 수준에서 제시하면 다음과 같다.

첫째, 정치교육과 교육학을 포괄하는 협력적 연구 수행과 거시적 차원과 미시
적 차원을 아우를 수 있는 중범위 연구주제 개발을 위한 연구풍토 조성이 필요하
다. 이는 각 연구 집단 간의 공동 연구주제 개발과 협력연구 수행 및 연구 결과물
의 적극적 공유에 의해서 뒷받침될 수 있다. 또한, 정치교육과 시민교육 분야의 교
차적 협력관계 구축과 융합적 학문공동체 활성화는 교육학자들의 적극적 참여를
통해서 한층 더 가속화될 수 있다. 이에 더하여, 교육논리와 정치논리 모두에 정통
한 교육학 연구자, 특히 교육행정학 · 교육정치학 전공자 집단이 '정치교육' 관련 연
합학술대회를 지속적으로 수행하고, 관련 지식의 배포와 연구 결과물의 확산을 책
임진다면 정치교육 분야와 시민교육 분야 간의 통섭적 학문발전과 교차적 연구 기

반 확대는 용이하게 달성될 수 있다. 다시 말해, 교육행정학과 교육정치학 연구 집단은 정치교육과 시민교육의 융합적 학문발전과 범학문적 연구활동 증진을 위한 지식촉진자(또는 지식중개자)의 역할을 적극적으로 담당할 필요가 있다. 이러한 다학문적 연구문화 조성을 통해서 정치과학자와 사회과전공 연구자 및 교육연구자가 시민교육·시민참여·정치교육을 포괄하는 상호 교차적 협력연구를 실행할 때 이 시대가 필요로 하는 '민주시민교육 교육학(democratic citizenship education pedagogy)'의 토대 구현과 실행 가능성(Evans, 2008: 528)은 한층 제고될 수 있다. 이를 도식화하면 [그림 1-3]과 같다.

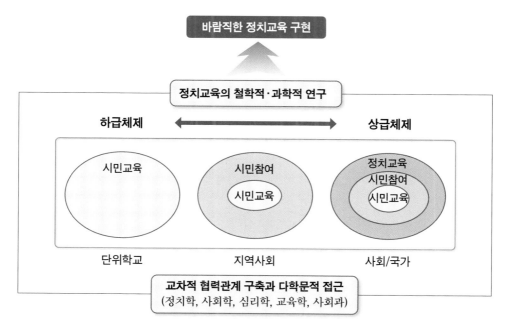

[그림 1-3]　정치교육 연구의 교차적 협력관계 구축과 다학문적 접근

둘째, 정치(시민)교육의 이념적 토대와 각 분야의 핵심적 쟁점(예컨대, 정치교육의 경우, 바람직한 거버넌스의 형태, 시민교육은 단위학교 교육과정 운영 모델과 효과 검증 등)에 대해서 심화된 정치철학적 논의와 과학적 분석을 병행할 필요가 있다. 살펴

본 바와 같이 정치교육과 시민교육의 모학문인 정치학은 '국정운영 능력에 관한 과학(the science of statecraft)'으로 규정된다. 해당 용어의 원어적 의미를 고려하면 정치학은 국가(국정)운영에 대한 예술적 접근에 대한 과학으로 해석될 수 있다. 이는 정치교육 연구에 있어서 가치와 사실, 철학과 과학이 상호 융합하는 연구풍토가 정착될 필요성이 있음을 시사한다. 철학과 과학의 통섭적 자세는 교육행정학의 발전 가능성 확보 차원에서도 언급된 바 있다(박선형, 2012). 이러한 논리를 차용하여 정치교육의 발전을 위한 예시적 방향성으로 제시하면 다음과 같다.

한국의 정치교육과 실제에 부합하는 학문 토대와 지식 기반을 확보하기 위해서 개별 연구자들은 정치교육 이론 발달 · 생성에 대한 궁극적 의문점을 철학적으로 탐구하면서 이론의 실제 적용성 강화를 위한 과학적 증거를 지속적으로 확보하는 연구 자세를 유지하여야 한다. 즉, 관심 연구주제에 대한 내용적 지식을 끊임없이

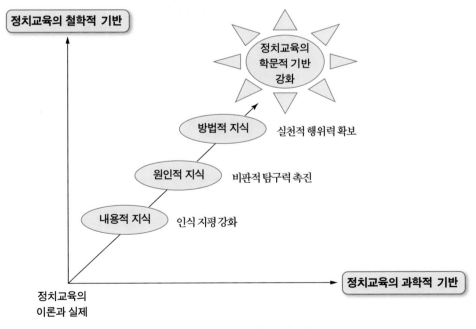

[그림 1-4] 정치교육 발전 방향

연마하여 인식의 지평을 확대하고, 정치교육 문제 진단과 해결에 필요한 원인적 지식을 지속적으로 탐색하여 비판적 탐구력을 확보하여야 한다. 또한 다양한 방법론적 지식을 획득함으로써 정치교육 실천력을 향상시켜야 한다. 이는 결국 정치교육의 학문적 토대와 현장 실천력을 확보한 '정치교육학'과 종합적인 '정치교육철학'으로 귀착될 수 있다.

주요 개념 정리

- ☑ **정치**: '가치배분과 자원할당'의 우선순위 선정과 배제 가치를 결정함으로써 정부 국정운영 제반 측면과 시민의 삶 전반에 직간접적으로 관여하는 상호작용 행위다.
- ☑ **정치학**: 최고의 국가체제가 무엇인가를 규범적 · 기술적으로 탐구하는 국정운영 능력에 관한 과학이다.
- ☑ **정치철학**: 최고의 국가체제와 관련된 관행, 제도, 핵심 개념, 분류 범주 등을 심층적으로 탐구하는 학문으로서 정치학의 기본 토대를 제공한다.
- ☑ **정치교육**: '정치적 교육(political education)'과 '정치에서의 교육(education in politics)'으로 구분된다. 선행 문헌상에서, 정치와 교육은 의미적 동일성을 가진다. 따라서 첫 번째 입장은 동어반복 사례에 해당한다. 두 번째 입장은 정치와 정치이론 및 실제 관련 분야(경제학, 문화, 사회학 등) 간의 관계성을 우선적으로 파악해야 정치를 교육하고 이해할 수 있다는 관점이다.
- ☑ **교육정치**: '교육적 정치학(educational politics)'과 '교육에서의 정치(politics in education)'로 분류된다. 전자는 교육학의 학문적 관점(교육행정, 교육과정, 교육철학 등)에서 교육의 정치적 현상과 문제를 정치학 이론을 활용하여 탐구 · 분석한다. 반면 후자는 정치학의 제반 관점과 이론을 교육 분야에 광범위하게 적용하는 데 중점을 둔다. 전자는 교육 쪽에, 후자는 정치에 더 무게 중심이 쏠려 있다고 볼 수 있다.
- ☑ **정치교육과 교육정치의 관계**: 정치교육은 정치과학의 제반 이론과 쟁점적 시각에 근거하여 바람직한 정치공동체 구축을 위한 교육연구와 관련 활동에 초점을 둔다. 반면에 교육정치는 교육학적 시각에서 정치과학적 관점을 차용하여 교육체제의 정치적 속성을 구명하는 데 중점을 둔다.

☑ **정치교육과 시민교육 및 시민참여**: 정치교육은 국정체제 등의 거시적인 구조적 요인을 강조한다. 시민교육은 단위학교 내에서의 정치교육 실행을 위한 교육활동에 초점을 둔다. 시민참여는 지역사회와 공동체 생활 개선을 위한 적극적인 활동 행위를 지칭한다. 세 개 분야는 결국 정치교육의 영역으로 최종 귀착되지만 각 분야의 발생 층위와 초점 대상은 상대적으로 다르다.

생각해 볼 문제

1. 초 · 중등 교육과정에서 정치교육 관련 교육내용 영역과 주요 수업 활동은 무엇인가?

2. 정치교육의 시대적 필요성과 교육적 지향점은 무엇인가?

3. 민주주의와 자유주의의 상호 관계는 무엇인가?

참고문헌

교육부(2018). 「민주시민교육 활성화를 위한 종합계획」. 교육부 민주시민교육과.

김명정(2017). 정치교육이 고등학생의 시민성에 미치는 영향: 부산지역 고등학생을 중심으로. OUGHTOPIA, 32(1), 101-123.

박선형(2012). 교육행정철학의 발전가능성과 향후 과제. 교육행정학연구, 30(1). 53-77.

박선형(2020). 정치교육(과 시민교육)의 쟁점과 발전과제. 교육정치학연구, 27(4), 27-56.

서울대학교 교육연구소(1998). 교육학 대백과 사전. 서울: 하우동설.

서울대학교 정치외교학부 정치학 전공 교수진(2019). 정치학의 이해. 서울: 박영사.

유명철(2019). 민주정치교육론. 경기: 교육과학사.

한국정치학회 편(2008). 정치학의 이해의 길잡이. 서울: 법문사.

Adler, R. P., & Goggin, J. (2005). What do we mean by "civic engagement"? *Journal of Transformative Education, 3*(3), 236-253.

Arthur, J., Davies I., & Hahn, C. (Eds.). (2008). *The SAGE handbook of education for citizenship and democracy.* London: Sage.

Bellamy, R. (2008). *Citizenship: A very short introduction.* Oxford: Oxford University Press.

Blase, J. (1991). The micropolitical perspective. In J. Blase (Ed.), *The politics of life in schools* (pp. 1-18). London: Sage.

Cord, R. L., Medeiros, J. A., Jones, W. S., & Roskin, M. G. (1985). *Political science: An introduction* (2nd ed.). Englewood Cliffs: Prentice-Hall.

Crick Report (1998). Education for citizenship & the teaching of democracy in schools, Initial Report. London: Qualifications and Curriculum Authority.

Crick, B. (2002). *Democracy: A very short introduction.* Oxford: Oxford University Press.

Crick, B. (2008). Democracy. In J. Arthur, I. Davies & C. Hahn (Eds.), *The SAGE handbook of education for citizenship and democracy* (pp. 13-19). London: Sage.

Crick, B., & Heater, D. (Eds). (1977). *Essays on political education.* London: Falmer

Press.

Dahl, R. A. (1991). *Democracy and its critics*. New Haven and London: Yale University Press.

Dahl, R. A. (1999). *On democracy*. New Haven and London: Yale University Press.

Eliot, T. (1959). Toward an understanding of public school politics. *American Political Science Review, 53*(4), 1032–1051.

Evans, M. (2008). Citizenship education, pedagogy and school contexts. In J. Arthur, I. Davies & C. Hahn (Eds.), *The SAGE handbook of education for citizenship and democracy* (pp. 519–532). London: Sage.

Flessa, J. (2009). Educational micropolitics and distributed leadership. *Peabody Journal of Education, 84,* 331–349.

Fraser, E. (1999). Introduction: The idea of political education. *Oxford Review of Education, 25*(1 & 2), 5–22.

Gutmann, A. (1989). Undemocratic education. In N. Rosenblum (Ed.), *Liberalism and the moral life*. Cambridge MA: Harvard University Press.

Honderich, T. (Ed.). (2005). *The Oxford companion to philosophy*. Oxford University Press.

Innaconne, L. (1975). *Education policy systems: A study guide for educational administrators*. Fort Lauderdale, FL: Nova University Press.

Lasswell, H. D. (1936). *Politics: Who gets what, when, how*. New York: McGraw-Hill.

Levinson, M. (1999). Liberalism, pluralism and political education: Paradox or paradigm. *Oxford Review of Education, 25*(1 & 2), 39–58.

López, G. R. (2003). The (racially neutral) politics of education: A critical race theory perspective. *Educational Administration Quarterly, 39*(1), 68–94.

Macpherson, R. (2014). *Political philosophy, educational administration & educative leadership*. New York: Routledge.

Parry, G. (1999). Constructive and reconstructive political education. *Oxford Review of Education, 25*(1 & 2), 23–38.

Pring, R. (1999). Political education: Relevance of the humanities. *Oxford Review of

Education, 25(1 & 2), 71-87.

Ryan, J., & Higginottom, K. (2017). Politics, activism, and leadership for social justice in education. In D. Waite & I. Bogotch (Eds.), *The Wiley international handbook of educational leadership* (pp. 103-123). MA: Wiley-Blackwell.

Saltman, K. J. (2018). Introduction: What are the "politics" in the politics of education? Liberal, conservative and critical perspective in the politics of education. In Saltman, K. J. (Ed.), *The politics of education: A critical introduction* (pp. xiii-xxviii). New York: Routledge.

Scribner, J. D., & Englert, R. M. (1977). The politics of education: An introduction. In J. D. Scribner (Ed.), *The politics of education* (pp. 1-29). Chicago: University of Chicago Press.

Shorten, A. (2015). *Contemporary political theory.* London: Red Globe Press.

Smith, S. B. (2012). *Political philosophy.* Yale University Press.

신현석

제2장

교육정치학과 정치교육의 이해

개요

정치교육은 다양한 체제의 국민(혹은 시민, 공민, 인민 등)이 정치공동체의 존속과 발전을 위해 공동체가 지향하는 공유된 가치와 이념 그리고 체제의 속성을 교육내용으로 구성하고 학습된 자질과 역량이 실행을 통해 현장에서 발현될 수 있도록 인간의 모든 발달 단계에서 가르치고 배우는 것이다. 정치교육은 종래 정치학에서 정치사회화로, 교과교육학에서 정치학 지식의 이해와 습득 및 기능적 시민교육으로 접근되어 왔다. 정치교육의 교육정치학적 접근은 교육학적 관점에서 정치학 지식과 정치사회화를 재해석하고, 시민교육을 교육 본연의 목적에 부합하는 교육의 과정으로 전환하여 학제간 협동적 연구를 통해 정치교육 현상을 체계적으로 탐구한다.

1. 정치와 교육 그리고 정치체제

민주적인 시민사회는 단일의 정치과정이 아니라, 수많은 다르고 일원화되지 않은 과정을 통하여 그 구성원들에 의해 조절되는 사회이다. 정치(politics)는 인간이 집단으로서 사회공동체 또는 정치공동체에서 관계를 갖는다는 사실과 사람들의 의견이 일치를 보지 못하는 까닭에 존재한다. 우선 인간이 집단으로 세계 내에 거주한다는 사실로부터 그들이 주로 어떤 인간관계를 갖는가가 정치이념의 기초가 된다. 개인이 사회나 국가보다 우선적인 존재로 규정되는 경우 개인주의나 자유주의, 민주주의 입장이 중시되고, 사회가 개인이나 국가보다 우선적인 존재로 규정되는 경우 사회주의, 공동체주의가 나타난다. 또한, 국가를 개인이나 사회보다 우월적 존재로 보는 경우 국가주의가 나타난다. 이러한 정치이념은 구체적인 정치체계 형성의 토대가 되며, 한 정치체제 내의 권력 분포를 결정하게 된다.

다음으로 개인들은 어떻게 살아야 하는가에 대해서도 의견이 분분하다. 누가 이익을 얻고, 어떤 입장을 견지할 것인가? 권력과 재정은 어떻게 분배되어야 하는가? 사회는 협력 혹은 갈등에 토대를 두고 있는가? 어떻게 집단적 결정이 내려지는가? 각 개인은 결정 과정에서 얼마나 많은 영향력을 행사하는가? 이러한 문제들을 어떻게 해결해야 하는가에 대해 사람들은 각기 다른 의견을 갖고 있다. 아리스토텔레스(Aristoteles)는 이러한 문제들을 해결하고자 노력하는 정치학이 제1의 학문(master science)이 되었으며, 인간은 정치적 동물이라고 하였다. 결국, 정치는 "인간이 자신의 삶을 향상시키고, 행복한 사회를 만들고자 하는 활동"이다.

역사적으로 교육이 정치와 어떠한 관련을 맺고 있는가 하는 문제는 직접적인 이해관계를 지닌 시민들은 물론 정치인, 정치학자, 교육학자들의 관심과 논의의 대상이었다. 플라톤(Plato)과 아리스토텔레스는 국가와 관련하여 교육이 수행하고 있는 중요한 역할을 지적하였던 최초의 선각자들이다. 루소(Rousseau), 밀(Mill), 로크(Locke) 그리고 듀이(Dewey)와 같은 철학자들도 민주적 정치 질서 내에서 교육이 지니는 중요성을 강조하였다.

그동안 교육계에서나 정치계에서 교육의 문제를 정치와 연결시켜 분석하려는 노력을 회피해 왔으며 이를 금기시해 왔다. 교육은 1950년대 말 엘리엇(Eliot, 1959)의 논문을 계기로 교육정치학이 대두되기 이전까지 당파적인 것을 초월하여 모든 정당이나 집단이 공동으로 추구해야 하는 비당파적인 것으로 여겼으며, 교육전문가들에 의해 수행되어야 할 특수한 영역으로 간주되었다(최준렬, 1994). 이러한 경향으로 인해 교육의 문제에 시민이나 교육전문가 이외의 사람들이 참여하기 어려운 실정이었고, 특히 정치와 연계하여 교육의 문제를 논의하고자 하는 시도는 금기시됐다. 그러나 아리스토텔레스도 말했듯이 인간은 고도의 정치적 동물이며, 사회의 구성원들은 어떠한 형태로든 정치적 과정이나 현상을 경험하게 된다. 교육기관이나 조직에서도 이러한 정치적 경험은 예외적일 수 없으며, 그것을 분리하려는 시도 자체가 합리적이지 않은 것으로 보인다. 이러한 교육의 정치적인 성향을 제대로 이해하지 못하면, 교육정책의 목표 달성, 집단 구성원의 만족이나 순응을 이끌어 내기 어렵다.

정치 질서에 있어서 교육의 상이한 역할을 이해하기 위해서는 정치체제라는 개념을 이해할 필요가 있다. 정치체제란 개인이나 집단으로서 시민의 정치적 신념과 행동뿐만 아니라 공식적·비공식적 통치제도 모두를 포함하고, 정체체제 각 부분 간의 상호 의존성을 내포하고 있으며, 체제와 그 체제를 둘러싼 환경 간의 경계라는 개념, 즉 정치적 행동을 규정해 주고 그것을 경제 사회적 행동과 구별시켜 주는 몇 가지 한정 요소가 존재한다는 것을 함축하고 있다(Easton, 1965).

정치학은 제도로서 다양한 정치체제(political system)에 대한 분류로부터 시작한다. 이러한 정치체제와의 관계에서 교육 현상을 이해한다는 것은 교육을 하나의 사회적 제도로 분석한다는 것을 의미한다. 교육정치학은 교육과 정치를 바로 사회제도와 정치체제로 환원하여 양자 간의 상호작용을 탐구하는 것을 의미한다. 따라서 정치체제에 대한 선행적인 이해가 필요하다. 정치체제는 더 큰 사회체계의 하위 체계로서 복잡한 전체 내에서 존재하는 권력, 부, 정치적 자원 배분과 관련되는데 정치체제에 대한 가장 영향력 있는 분류는 기원전 4세기경 아리스토텔레스에 의해 이루어졌다. 그는 정치체제가 두 가지 질문, 즉 "누가 지배하는가?(Who rules?)", "누가 혜택을 받는가?(Who benefits from rules?)"를 토대로 범주화될 수 있다고 주장하였다. 그는 정치체제가 한 개인, 소수집단, 혹은 많은 사람들의 수중에 의해 장악될 수 있다고 믿었으며, 모든 경우에 정치체제는 지배자의 이기적인 이익이나 전체 공동체의 이익을 위해 행동할 수 있을 것이라고 보았다. 결과적으로 다음과 같은 6개의 정부 형태, 또는 정체(regime)를 확인할 수 있다.

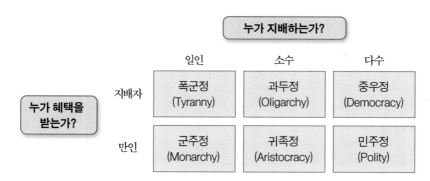

[그림 2-1]   아리스토텔레스의 6가지 정부 형태

출처: 조현수(2010).

아리스토텔레스는 '이상적'인 정체를 확인하고자 하는 희망으로 규범적 근거 위에서 정부 형태를 평가하고자 하였다. 그가 보기에 폭군정, 과두정, 중우정은 타락하고 잘못된 지배 형태이다. 이 타락한 지배 형태 속에서 개인, 소수집단, 대중은 다른 사람들을 희생시키면서 자신의 이익을 위해 통치한다. 이와 반대로 군주정, 귀족정, 민주정의 정부 형태에서는 개인, 소수집단, 대중이 모든 사람의 이익을 위해 통치한다.

아리스토텔레스의 정체 분류체계는 후에 토머스 홉스(Thomas Hobbes)와 장 보댕(Jean Bodin)과 같은 사상가에 의해 발전되었다. 그들은 주권의 원리와 소재에 관해 광범위한 설명을 하였는데, 이들의 약점은 절대주의를 가장 정당한 정체로 결론지었다는 것이다. 이후 존 로크, 몽테스키외(Montesquieu) 같은 초기 자유주의자들은 주권의 원리와 소재에 대한 논의를 발전시켜 행정부, 입법부, 사법부 사이의 권력 분산을 통한 견제와 균형이라는 제도를 제안하였고, 입헌정치를 지지하였다. 이러한 원칙은 미국 헌법에서 구현되었으며, 이후 현대 민주정의 원리 속에 구현되었다.

2. 교육정치와 정치교육

 교육에서 정치를 분리하는 이원론적 관점은 미국에서 20세기 이후 공교육이 체계적으로 관리되기 시작된 이래 '교육의 정치적 중립성', '교육행정의 전문화 및 교육행정가의 전문성 강조' 등 다양한 모습으로 나타났다. 그중 '교육의 비정치 신화(apolitical myth of education)'는 이원론적 관점을 가장 뚜렷하게 보여 주는 개념으로, 1960년대 이전까지 교육과 정치의 관계를 설명하는 데에 가장 유력한 관점이었다. 연구자들에 따라 조금씩 다르나 이러한 신념체계는 "교육으로부터 정치를 분리하고, 교육행정에서 정치적 이슈를 배제하자"라는 것으로 요약될 수 있다(김용일, 1989). 교육에 대한 비정치의 신화는 이원론적 관점이 교육 현실에 구현된 사정을 단적으로 보여 주는 것이다. 그 결과 교육과 정치는 이원론적 관점에서 별개로 취급되는 것이 학계의 주류적 사고였다. 대표적으로 과학적 관리론, 인간관계론, 초기 행동주의가 기반이 되던 시기의 교육은 이러한 형태를 띠고 있다는 것을 알 수 있다. 그러나 미국에서 1960년대부터 사회가 변하고, 시대가 변함에 따라 사회정치적인 이슈가 교육과 밀접하게 연결되기 시작하면서 이러한 비정치의 신화는 점차 사라지게 되었다. 그 결과 오늘날 우리는 교육이 배제된 정치, 정치가 배제된 교육은 생각할 수 없는 시대에 살고 있다.

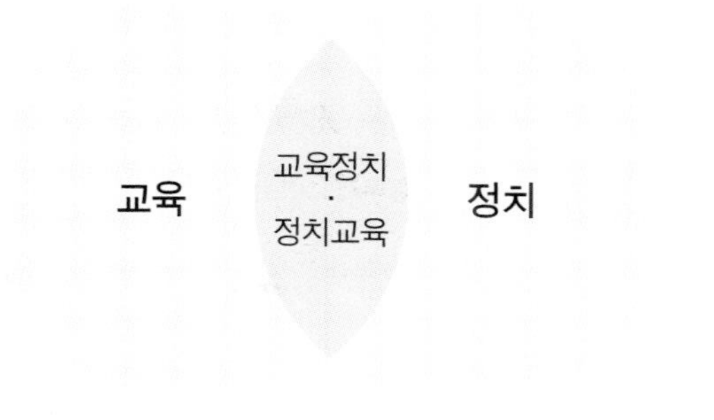

교육   교육정치
             ·
          정치교육   정치

[그림 2-2] 교육과 정치의 관계

교육과 정치는 각각 행위의 양태와 지향성은 다르나 인간 본연의 생활 현상으로서 표출된다. 그 둘의 관계는 [그림 2-2]와 같이 산술적으로 교집합에 해당하는 공통분모로서 교육정치와 정치교육의 실제적인 현상으로 설명할 수 있다. 교육정치는 교육활동 가운데 나타나는 정치적 사고와 행위를 일컬으며, 정치교육은 정치활동의 기반적 사고와 가치지향성 그리고 그것의 실천 행위를 교육의 내용으로 구성하여 가르치고 배우는 행동이다.

실제에서 나타나는 교육정치, 즉 교육의 정치적 현상은 교육정치학이라는 학문의 탐구 대상이다. 따라서 교육정치학은 교육의 정치적인 현상을 과학적으로 탐구하는 학문이다. 엄격하게 구별하기는 힘들지만, 영어적 표현으로 educational politics는 현상으로서 '교육정치'로 해석되거나 규범적인 의미의 '교육정치학'이라는 학문을 지칭하는 것으로 해석된다. 반면, politics of education은 '교육(의) 정치' 혹은 사실적 의미의 '교육정치학'이라는 학문의 명칭으로 통칭된다. 물론, 후자의 쓰임이 일반적이다. 오늘날 교육정치학은 미국에서 1969년 교육정치학회(Politics of Education Association: PEA) 창립에 의해, 우리나라에서는 1994년 한국교육정치학회의 창립에 의해 교육학의 한 분과학문으로 자리 잡고 있다.

한편, 실제에서 표출되는 정치교육, 즉 정치활동의 교육적 현상은 정치교육학이라는 학문의 탐구 대상이 된다. 물론, 교육학과 정치학 분야에서 정치교육학이 일종의 분과학문으로 자리 잡지 못하고 있기 때문에 정치교육 현상을 과학적으로 탐구하는 정치교육학의 학문적 성격으로 논하기에는 섣부른 감이 있다. 분명 실제에서 나타나는 현상으로서 정치교육(political education)의 의미와 중요성은 분명히 파악할 수 있지만, 학문의 명칭으로서 정치교육학(education of politics)은 정립되지 않은 상태이다. 이러한 여파로 오늘날 정치교육은 교육학 분야에서 방향감을 상실한 혼탁한 정치 행태의 심각성을 비판하면서 올바른 정치에 관한 규범적 교육의 필요성을 주장하거나, 학술적으로 기껏해야 정치교육의 지향점으로서 민주주의와 정치철학에 대한 정치학적 논구의 교육적 활용 혹은 교육 장면에서 (민주) 시민교육으로 환치된 대리 개념(proxy concept)으로 현실화되고 있다. 또한, 정치학 분야에서 정치교육은 교육정치 현상에 관한 관심의 부족과 마찬가지로 여전히 생경하며, 일부 정치학 교재에서 '정치사회화'라는 장을 마련하여 논의하고 있으나 이를 정치교육 혹은 정치교육학의 관점에서 다루지는 않고 있다(김기우 외, 2010; 조용상 외, 2013). 따라서 정치교육은 교육학과 정치학 분야에서 부분적으로 논의되고는 있으나 정치교육의 현상을 과학적으로 탐구하는 정치교육학의 정립 노력은 부재한 상태이다.

교육정치와 정치교육은 교육과 정치의 공통분모적 현상으로 현실에서 관찰 가능한 사람들의 행위로 표출된다. 그렇지만 그 현상을 탐구하는 관점은 현재 교육정치가 교육학을 모 학문으로 하는 교육정치학의 입장을 우세하게 취하고 있다면, 정치교육은 정치사회화로 대변되는 정치학적 영역과 시민교육으로 대표되는 교육학 영역으로 양분되어 각 학문이 관심을 두고 있는 전통적인 지향성에 따라 분리되어 있는 상태이다. 교육정치와 정치교육 공히 교육과 정치의 결합에 의해 파생된 현상이기 때문에 단지 영역 구분을 위해 개념적으로 교육정치와 정치교육의 분리된 현상으로 학문 분야별 접근의 선호에 따라 의도적으로 구분하는 것은 일견 논리적으로 타당해 보인다. 하지만 이러한 현재의 각자도생식 접근은 양 학문이 지켜 온 '연구 칸막이' 관행에 의한 것으로 교육과 정치에 대한 폭넓은 이해를 토대로 상호 관계적 현상을 융합적으로 연구하고 다학제적 통합적 접근(cross-disciplinary approach)을 통해 탐구하는 오늘날 최전선의 과학적 탐구 동향에 미치지 못하는 후진적인 것이라 할 수 있다(신현석, 2021).

결국, 교육과 정치의 상호 관계적인 현상으로서 교육정치와 정치교육은 분리된 현상으로 각각 서로 다른 학문 혹은 접근에 의한 탐구로부터 상보적인 현상 혹은 통합적인 현상으로서 최근 이 현상에 깊은 관심을 표명하여 학술적인 접근의 가능성을 탐색한(박선형, 2020) 교육정치학의 탐구 대상으로 자리매김하는 것이 바람직해 보인다. 단, 교육정치학이 다학제적 통합적 접근을 통해 새롭게 등장하는 교육

정치와 정치교육의 문제에 대해 이해하고 예측하는 대안적 교육 패러다임을 모색
해야 한다(신현석, 2021)는 전제하에서 말이다.

3. 정치교육의 의미

오늘날 정치교육은 그 중요성에도 불구하고 삼중고에 시달리고 있다. 첫째, 정치
교육의 개념적 혼란으로 서로 다른 의미로 정치교육을 논하는 상황이 전개되고 있
다. 정치교육은 교육과 정치와의 관계에서 파생된 개념인데 시민교육으로 등치된
다든지 민주교육 혹은 민주시민교육, 심지어 공민교육, 이데올로기 교육 등으로 변
신하는 등 개념의 내포적 의미는 도외시한 채 외연만 확장되고 있다. 이런 점에서
현재 정치교육의 개념은 진공 상태에 있다. 둘째, 정치교육에 대한 무관심으로 인
해 정치교육의 개념 공백이 길어지고 있다. 미국에서 '교육의 비정치 신화'가 교육
정치에 대한 의도적인 기피 현상으로 나타났듯이, 우리나라에서는 '교육의 정치적
중립성'이 정치교육으로부터의 도피로 이어지고 있다. 이로 인해 정치교육은 정권
의 이데올로기 교육으로 인식되어 교육현장에서 터부시되는 개념으로 남아 있다.
셋째, 정치교육의 개념적 혼란과 의미 탐색 노력의 부재로 인해 학문 탐구 영역에
서 소외되고 사장되기에 이르렀다. 오늘날 정치교육은 엄연히 실재하는 현상으로
서 체계적인 탐구의 대상이 되어야 함에도 불구하고 교육학과 정치학 모두에서, 심
지어 교육정치학 분야에서도 찾아보기 힘들다(서울대학교 정치외교학부 정치학 전
공 교수진, 2013; 정일환 외, 2020; Kirst & Wirt, 2009; Spring, 2016). 이에 따라 정치교
육은 학문적 탐구를 기반으로 그 개념과 실제에서의 연관성(relevance)을 중심으로
연구를 통해 이론 정립의 길을 걸을 수 없었다.

정치교육의 현실이 처한 이러한 어려움과 우려는 정치교육의 본질 왜곡으로 이
어졌다. 근본적으로 정치교육은 정치 이데올로기의 공세로부터 교육의 정치적 중
립성이 절대적으로 지켜져야 하는 신성한 교육 공간으로의 침투로 보고 교육계의

의도적인 거부 현상이 나타나게 되었다. 정치교육을 '정치 이데올로기 교화를 위한 교육'으로 등치시켰기 때문이다. 이로 인해 정치교육 용어 자체에 대해 암묵적인 회피 현상이 나타났다. 이러한 현상은 오늘날에도 여전히 유효하다. 문재인 정부에서 정치교육은 교양교육 수준의 민주시민교육으로 읽히고 있으며, 어의 전성을 통해 정치교육을 애써 가공하고 있다는 느낌을 감출 수 없다.

　이처럼 정치교육이 시공간을 초월해서 장기간 개념적으로, 현상적으로 왜곡되게 한 원인은 무엇일까? 첫째는 정권 차원에서 정치교육을 집권 연장 혹은 집권의 당위성 확보를 위한 이데올로기 주입교육의 수단으로 이용한 데서 찾을 수 있다. 정권 존재의 정당성 확보가 필요한 정부는 사회, 도덕, 역사 교과를 통해 정권의 당위성과 통치 이데올로기의 타당성을 교육의 과정에 담아 홍보하는 교화 교육(doctrine education)의 수단으로 정치교육, 더욱 정확하게 표현하면 '정치화' 교육을 활용하였다. 구체적으로, 1950년 후반 자유당 정권과 1960~1980년대까지 군사정권하에서 행해진 정치적 수단화 교육으로서 교화 교육은 역사적 경험을 통한 우리에게 각인된 정치교육의 또 다른 이름이다. 둘째는 집단 차원에서 정치교육을 전교조 등에서 체제의 부정 및 정권의 정당성에 대한 비판과 노조의 진정한 교육 정신에 대한 가치 부여를 통해 이념화하고 계기 교육 등을 통해 학생 교육에 임하는 의식화 교육의 수단으로 활용한 데서 찾을 수 있다. 특정 집단이 옹호하는 가치와 이념을 학생 학습에 적용하려는 의도는 그 자체로 정의로운 것일 수 있으나 그 가치와 이념을 달리하는 정부와의 정치적 충돌을 통해 그리고 학부모들로부터 편향적인 가치의 주입이라는 비판으로부터 자유로울 수 없었다.

　정권 차원이든, 집단 차원이든 정치적인 의도가 담긴 정치교육은 우리의 상황에서 정권이나 집단이 옹호하는 정치적인 이념 및 이데올로기의 주입 혹은 의식화의 수단으로서 '교화 교육'의 수준을 넘지 못하였다. 마찬가지로 현재 민주시민교육이 민주적인 사회의 자질을 갖춘 시민을 길러내기 위한 목적을 달성하기 위한 수단적인 교육으로 이해되는 한, 교육의 목적에 차이가 있을 뿐 시민의식 향상을 위한 교

육의 도구화라는 점에서 정치교육의 본질적인 의미와 부합되는지 합리적인 의문
이 든다. 정치적 목적 달성을 위해 교육을 수단화하는 방식의 정치교육은 교과교
육이 직면한 학문적 정체성의 고민과 마찬가지로 현실에서 중요하고 필요한데도
불구하고 학적 토대의 구축은 요원한 채 학문성의 언저리를 맴돌고 있다. 구심력
을 상실한 채 주변부를 배회하는 탐구 현상으로서의 정치교육은 지금 기울어진 이
론과 현실의 괴리 속에서 교육의 사실관계가 왜곡되고, 정치교육에 대한 인식의 악
화가 경로 의존적으로 지속되고 있다. 이런 점에서 우리는 정치교육의 의미 탐색
을 통해 정치교육의 개념을 정립하려는 노력을 기울여야 할 당위적인 목표를 갖게
된다.

"교육하는 것은 통치하기 위한 것이고, 통치하기 위해 교육하는 것(to educate is
to govern, and to govern is to educate)"이라고 주장한 프레이저(Fraser, 1999)는 정
치교육의 개념을 '정치적 교육(political education)'과 '정치에서의 교육(education in
politics)'으로 구분하였다. 전자의 의미는 교육의 정치적 성격을 말함과 동시에 교
육의 정치적 중립성이라는 의사적 당위 명령으로 피할 수 없는 정치적 행위로서의
교육을 강조한다. 후자는 정치적인 환경에서 이루어지는 교육을 뜻한다. 일단 프
레이저의 이러한 정의를 받아들인다면, 정치교육을 '정치적 교육'으로 보는 입장은
최소한 교육활동에 정치 개입의 불가피성을 강조하는 하버마스(Habermas)를 비롯
한 비판철학자들과 애플(Apple)과 같은 비판교육론자에서부터 정치의 수단으로서
적극적으로 교육을 활용한다는 주장을 펼친 푸코(Foucault)와 정치적 억압으로부
터 해방을 꿈꾼 비판적 교육실천가인 프레이리(Freire)에 이르기까지 교육에서 정
치적 침윤 현상을 당연한 것으로 받아들인다. 한편, 정치교육을 '정치에서의 교육'
으로 보는 입장은 정치적 환경에서 이루어지는 교육의 정치적 맥락을 강조하는 것
으로 교육은 자율 영역으로서 교육적인 판단을 통해 교육활동에의 적용 가능성과
유용성을 가늠하여 정치적인 것을 교육의 과정에 활용한다. 그러나 교육과 정치의
통합론과 분리론으로 정의되는 프레이저 식 정치교육의 의미 해석은 정도의 차이

가 있을 뿐 교육(정치)학자들은 "누가 교육(정치) 권력을 소유하고 있고, 가져야만 하는가?", "어떠한 조건에서 교육(정치) 권력이 공정하게 사용되거나 저지될 수 있는가?", "개인은 어느 정도까지 자율적이고 자치적인가?" 등의 근본적인 정치적 질문을 회피할 수 없을 것이다(Fraser, 1999를 인용한 박선형, 2020에서 재인용).

정치교육은 교육과 정치의 복합적인 현상이기 때문에 그 현상을 교육의 입장에서 보느냐 혹은 정치의 입장에서 보느냐에 따라 포괄하는 범위가 달라진다. 정치의 입장에서 김명정(2017: 104)은 정치교육을 "사회 구성원이 속한 사회의 정치 이데올로기와 체제 및 제도에 적응하면서 살아가는 정치사회화의 과정"으로 정의한다. 대부분의 정치학 문헌들은 이러한 정의를 수용하여 정치사회화를 중심으로 정치교육을 포괄적으로 규정하고 있다(김기우 외, 2010; 조용상 외, 2013; 서울대학교 정치외교학부 정치학 전공 교수진, 2013). 정치교육에 대한 이러한 포괄적 정의는 개념의 근거로는 대체로 사회학에 의존하면서 사회화가 이루어지는 방법적인 측면은 인간발달과 정치적 의식의 성숙과정으로서 교육학적 관련성을 부인하지 않는다. 정치사회화 관련 지식과 이론체계의 가정은 ① 정치지도자와 정치구조에 대한 상이한 믿음, ② 시민의 감정, 태도 및 행동이 국가 활동과 공공질서에 미치는 영향, ③ 공동체가 개인에 미치는 정치적 영향, ④ 정치문화의 창조 및 유지 그리고 변형에 미치는 영향에 두고 있다(김기우 외, 2010: 143-144). 이런 점에서 정치교육의 포괄적 정의로서 정치사회화는 가정, 학교, 사회의 평생교육의 과정[the process of (life-long) education]을 통해 실현되는 교육적 과정을 기본적인 배경으로 삼고 있다는 것을 알 수 있다. 그럼에도 불구하고, 정치사회화 이론은 교육학적인 측면보다는 심리학적 관점에서 발달 단계에 따른 정치 관련 내용물의 개인 수준의 수동적인 습득, 사회학적 관점에서 정치적 학습이 일어나는 단계 혹은 과정에 대한 사실적 기술, 정치학적 관점에서 이스턴(Easton)의 체제이론과 그람시(Gramsci)의 헤게모니이론을 통한 거시적 설명을 중심으로 형성되어 있다(김기우 외, 2010: 145-150).

한편, 교육의 입장에서 정치교육은 "정치공동체의 유지 · 발전을 위한 지식, 능력, 가치관을 육성하기 위한 교육적 노력"이라는 협의적 관점에서 정의되고 있다 (서울대학교 교육연구소, 1998). 학교교육 장면에서 정치교육은 지금까지 고등학교 교육과정에서 '정치와 사회'(제1차 교육과정), 정치·경제(제2, 제3차 교육과정), 사회 2(제4차 교육과정), 정치·경제(제5차 교육과정), 정치(제6차, 제7차 및 2007 개정 교육과정), 정치와 법(2009, 2015 개정 교육과정)이라는 다양한 명칭으로 교과교육 형태로 이루어져 왔다. 교과의 내용은 시기별로 약간 차이는 있지만 대체로 시민 생활과 정치, 국민의 권리와 의무, 국가의 조직과 통치, 정치과정과 참여, 민주국가와 정부, 민주정치의 발전, 국제사회와 정치, 정치발전의 과제 등의 단원이 시대별로 강조점이 약간 바뀌는 양상으로 편성되었다. 이의 교재 편찬 작업에 참여하는 대부분의 일반사회 교과교육 전문가들은 정치교육의 목표가 '민주시민성의 함양'에 있다고 동의하고 있다. 그러나 그들은 또한 정치 교과가 지나치게 정치학이라는 내용에 치중하고 있으면서 내용 간에 연계성과 순차성이 부족하고, 학습자의 흥미 유발 부족과 많은 학습량 그리고 타 학문과의 결합을 통한 교과 운영으로 인한 교사의 수업 부담 등을 지적하면서 정치교육의 문제를 제기하고 있다(김명정, 2018: 33-34).

지금까지 정치교육의 의미를 교육과 정치의 관계 속에서 통합 대 분리의 관점 및 정치 지향성(광의) 대 교육 지향성(협의)의 관점으로 대별하여 관점의 대립 측면에서 살펴보았다. 현재 위치에서 정치교육은 교육과 정치의 현실에서의 전개과정 혹은 그 결합의 역사성으로 미루어 보아 극단적인 분리와 통합은 사실상 불가능하다는 것을 알 수 있다. 또한, 정치교육을 학교교육의 장면에 국한하여 보는 협의적 입장도 평생학습사회의 관점에서 볼 때 범위 설정에 문제가 있으며, 인간의 존엄성과 삶의 질 향상을 강조하는 전인교육의 교육 본질에 대한 언급 없이 단지 생애발달 단계에 따라 정치사회화의 기능적 측면만 강조하는 광의의 정치교육은 목적전도 (goal displacement)의 문제를 해결할 수 없다. 이에 따라 정치교육은 교육과 정치의 통합적인 현상으로서 적정한 균형, 상보적인 연계, 공유와 협력을 통한 중화적이고 중용적인 정의로 재개념화될 필요가 있다.

정치교육의 개념을 통합적으로 재개념화할 때 유의할 것은 무엇보다 정치교육의 독자성을 확보하고 정체성을 확립하기 위한 노력의 일환으로 정치교육과 유사한 개념으로 무분별하게 회자되고 있는 (민주) 시민교육이나 공민교육, 이데올로기 교육, 이념교육과 구별하는 것이다. 둘째로 유의할 점은 정치체제 자체가 전 세계적으로 다양하기 때문에 정치교육은 민주주의든, 사회주의든 모든 체제를 관통할 수 있는 개념으로 정의될 수 있도록 보편적 통용 가능성을 염두에 두어야 한다. 셋째는 정치교육이 교육을 위한 정치 혹은 정치를 위한 교육이라는 편향적 해석보다는 '정치에 관한 교육'(혹은 정치의 교육)으로 양수겸장의 미덕을 발휘하는 포용적 해석에 근거해야 한다는 것이다. 이러한 전제와 선행적 논의에 바탕을 두고 이 장에서는 정치교육을 "다양한 체제의 국민(혹은 시민, 공민, 인민 등)이 정치공동체의 존속과 발전을 위해 공동체가 지향하는 공유된 가치와 이념 그리고 체제의 속성을 교육 내용으로 구성하고 학습된 자질과 역량이 실행을 통해 현장에서 발현될 수 있도록 인간의 모든 발달 단계에서 가르치고 배우는 활동"으로 정의한다. 이러한 정치교육의 정의는 포괄적으로 다양한 체제의 국민을 상정했지만, 우리의 상황과 맥락을 적용하게 되면 정치교육은 「헌법」 제1조에 명시된 것처럼 주권이 국민에게 있고, 모든 권력이 국민에게서 나오는 민주공화주의 국가체제에서 이루어진다는 전제를 바탕으로 하고 있다.

4. 정치교육에 대한 기존 접근들

교육과 정치의 중첩 영역으로서 정치교육은 그 실체적 의미의 확인이 정치학과 교과교육학 그리고 교육(정치)학이라는 학문 탐구 분야 사이에서, 정치와 교육이라는 실천의 장면에서, 제도적 구성과 현장적 필요의 요구 사이에서 실제로 존재한다. 물론, 현재 실천적 장면에서 존재하는 현상과 현장에서 필요의 당위성은 충분하지만, 학문 탐구의 대상으로서 정치교육의 현상에 관한 연구와 학문적 토대 구축을 위한 노력은 상대적으로 미진한 상태이다. 따라서 정치교육은 현실에서 부유하는 현장교육을 모호성으로부터 구체화하고, 존재감 상실로부터 실존적인 행태로 대상화하며, 거짓된 신화로부터 확인된 실제로 확립해야 하는 당위적인 과제를 갖고 있다. 현재 정치교육 현상을 체계적으로 탐구하는 학문적 접근은 정치학과 일반사회교육의 교과교육학에서 주로 이루어지고 있다.

1) 정치교육에 대한 정치학적 접근

정치교육에 대한 정치학적 접근은 정치사회화로 일반화되는 경향을 보인다. 정치사회화는 정치체제의 구성원들이 전 생애에 걸쳐 정치적 태도와 행동 양식을 습득하는 과정이다(김기우 외, 2010: 141-143). 정치사회화는 개인이 주체성을 깨달아 자신의 정치적인 자아를 발견하는 학습과정이면서, 개인을 기존 정치체제로 융합시켜 그 체제에 적합한 구성원으로 만드는 동화과정이기도 하다(이동신, 1998: 42). 따라서 정치사회화는 정치체제의 유지, 발전 그리고 지배의 정당성과 관련하여 체제가 정치적 가치와 질서를 개인에게 전수하고 개인이 정치문화와의 상호작용을 통해 그것을 습득하는 과정이다(김기우 외, 2010: 142). 정치사회화는 학교에서 가르침과 일반 통신 매체를 통해 직접 학습이 이루어지기도 하지만, 성장 과정에서 부모를 비롯한 주변 인물의 정치에 대한 태도와 일반의 정치 행태에 대한 인식으로부터 간접적으로 형성될 수도 있다(서울대학교 정치외교학부 정치학 전공 교수진, 2013: 91).

정치사회화 이론과 모형들에 대한 고찰을 통해 볼 때, 정치사회화는 세 가지 관점에서 이루어지고 있다(김기우 외, 2010: 145-150). 첫째는 개인적 관점에서 한 개인이 정치적 정향에 관한 신념, 감정, 평가 등을 얻는 과정을 발달 단계로 나누어 살펴보는 발달심리학에 근거한 개인 수준의 이론들이다(Dawson & Prewitt, 1969:

41-60; 최명, 김용호, 1990: 122; 서울대학교 정치외교학부 정치학 전공 교수진, 2010: 92-95). 둘째는 정치적 학습이 어떤 과정과 단계를 밟아 발달하는지를 패턴화된 모형으로 설명하는 집단 수준의 이론들이다(Pye, 1959: 25-28; Hess & Torney, 1967; Easton & Dennis, 1969: 391-392). 셋째는 정치제제의 구성원으로서 사람들이 갖고 있는 정치적인 기대와 가치는 정치사회화를 통해 형성되고 체제의 유지와 운영방식에 영향을 미친다는 정치체제이론(Easton, 1965)과 정치권력을 장악한 집단이 통치를 공고히 하기 위해 상징을 조작하고 선전과 검열을 통해 피지배 계급에 주입하는 과정을 정치사회화로 보는 헤게모니 이론 등과 같은 체제 수준의 이론들이다(Gramsci, 1988). 정치사회화의 이론과 모형들을 검증하고 개발하기 위하여 정치학 연구자들은 주로 1940년대 이후 경험주의 철학과 논리 실증주의 사유를 기반으로 관찰 현상의 조작적 개념화를 통해 측정 가능한 변수로 조합된 가설을 설정하고 이를 검증하여 확인하는 행태주의적 방법론에 의존하였다. 정치에 대한 선험적 교리와 추상적인 아이디어를 거부하는 행태주의적 정치학은 가치와 사실을 분리하여 정치학의 주요 임무를 사실 세계에 대한 객관적·체계적인 일반화된 이론을 구축하는 데 목적을 둔다(Johnson & Reynols, 2008). 그러나 지식은 사회적 삶의 과정과 깊은 관계에 있으며, 가치와 사실이 분리될 수 없는 것처럼 이론은 실천을 전제로 하기 때문에 행태주의가 추구하는 실증된 객관성과 가치중립성은 허구에 불과하다는 비판에 직면하게 되었다. 이에 행태주의 정치학의 모순과 오류를 일부 인정하고 사회문제 해결의 현실 적합성 제고를 위해 내용 탐구를 우선하는 후기 행태주의 정치학이 나타나고(1970~1980), 1980년대 이후에는 다양성과 차별성을 강조하는 여러 대안적 패러다임에 근거한 다원적 방법론(multi-methodolgy)이 출현하게 됨에 따라 '하나의 과학으로부터 여러 개의 과학'을 수용하는 방법론적 다원주의로 전환되기에 이르렀다(Janos, 1986; 서울대학교 정치외교학부 정치학 전공 교수진, 2013: 29-32).

정치교육에 대한 정치학적 접근은 비록 정치사회화를 통해 정치교육적 내용을 상당 부분 포함하고 있으나 교육학적 이론이나 지식을 기반으로 하고 있지 않고, 대부분 심리학, 사회학, 매스컴론과 결합한 학제간 접근을 통해 이론과 모형을 창출하고 있다는 것을 알 수 있다. 정치사회화는 인간의 전 생애에 걸쳐 학교를 비롯한 다양한 사회화의 매개체에 의해 이루어지고 있음을 알려 준다(서울대학교 정치외교학부 정치학 전공 교수진, 2013). 이런 점에서 정치교육 현상으로서 정치사회화는 평생교육적 함의와 가장 체계화된 정치사회화의 수단으로서 학교교육의 중요성이 강조되고 있다. 특히, 학교교육 장면에서 강조되는 정치사회화는 정치교육의 일부인 시민교육에 초점이 모아진다는 점에서 교과교육학에서 강조하는 정치교육과 일맥상통한다(김기우 외, 2010: 151). 그러나 정치교육에 대한 정치학적 접근은 정치교육의 정의인 "정치공동체의 존속과 발전을 위해 공동체가 지향하는 공유된 가치와 이념 그리고 체제의 속성을 교육내용으로 구성하고 학습된 역량이 실행을 통해 현장에서 발현될 수 있도록 가르치고 배우는 것"이 지향하는 지점은 동일하나 체계화된 교육적 과정의 광범위한 적용으로 교육적이지 않은 것까지 포함하고 있다. 즉, 정치사회화는 교육의 공식적인 과정을 사회화의 한 부분으로 보고 있으며, 무형식과 비형식의 교육 가능성까지 염두에 두고 있다. 이렇게 바람직한 가치의 지향이 결여될 수도 있는 교육의 형식은 공동체가 지향하는 공유된 가치와 이념 그리고 체제의 속성을 동조화하는 데 어려움을 겪을 수 있으며, 이는 정치공동체의 존속과 발전을 힘들게 할 수 있다. 교육적 의미가 결여된 정치사회화는 정치적 교화(political indoctrination)의 희생물이 될 수 있다는 점에서 한계가 있다.

2) 정치교육에 대한 교과교육학적 접근

정치교육에 대한 교과교육학적 접근은 교육활동으로서 정치를 교과목으로 하는 교과를 학교에서 직접 가르치고 배우는 것을 가정한다. 정치사회화를 정치교육으로 보는 정치학적 접근과 달리 교과교육학적 접근은 정치교육을 "정치의 중요한 내용을 엄선하여 교육과정으로 편성하고 교과목을 특정하여 수업 시수에 따라 교사가 교실에서 학생들을 가르치는 학교교육 활동"으로 개념화한다. 이런 점에서 정치교육은 협의적으로 "정치공동체의 유지·발전을 위한 지식, 능력, 가치관을 육성하기 위한 교육적 노력"(서울대학교 교육연구소 편, 1998)으로 정의될 수 있을 것이다.

교과교육학적 접근에서 정치교육은 다소 중첩될 수 있지만 두 가지 의미를 내포하고 있다. 첫째는 정치교육의 목표가 구성원인 시민의 정치적 역량을 강화하는 데 초점이 있으며, 정치교육이 결국 시민교육과 밀접한 관계성을 가질 수밖에 없다는 사실이다(박선형, 2020: 41). 그렇다고 정치교육이 곧 시민교육은 아니며, 정치교육은 시민교육을 포괄하는 개념이다. 그럼에도 불구하고 교과교육 분야에서 사회교육연구자들과 윤리교육학자들이 굳이 정치교육보다 시민교육을 선호하는 것은 정치교육이 안고 있는 정치적 교화와 이데올로기 의식화라는 정치적 편향성과 곡해를 의식하고 있으며, 정치교육의 포괄적 정의를 시대적 요구에 부합하게 구체적으로 표현하는 것이 바람직하다는 판단 때문이다. 그동안 학교교육에서 시민교육은 사회 및 도덕교과에서 정치체제와 관련 제도에 정확한 이해와 바람직한 민주시민의 자질 제고와 역량 함양을 목표로 부분적으로 이루어져 왔다. 문재인 정부에서는 '민주시민교육 활성화'를 국정과제로 설정하였으며, 교육부(2018)는 차기 교육과정 개정 시 시민교과목의 독립 개설, 민주적 학교문화 조성과 학생자치 활성화 등을 실행하기 위한 민주시민학교(가칭) 운영 등을 표방한 「민주시민교육 활성화를 위한 종합계획」을 발표하였다. 둘째로 정치교육은 고등학교 교육과정에서 오래 전부터 '정치' 관련 교과(현재, 정치와 법)로 편성되어 있었기 때문에 '정치 교과에 관한 교육'을 의미한다. 정치 교과를 통한 정치교육은 민주주의, 국가와 정부, 정치과정과 참여 등 시민교육보다 정치학적 지식과 정치과정의 실제를 주지시키는 정규교과로 운영되고 있다.

현재 미국과 영국에서는 시민교육(citizenship or civic education)이라는 용어를 사용하면서 정규 교과로 채택하여 운용하고 있고 사회 교과에서 정치교육 관련 내용을 다루고 있다. 우리나라에서도 마찬가지로 정치교육은 시민교육의 일환으로 사회 및 도덕·윤리 교과에서 간접적으로 실행되고 있지만, 정부에서 민주시민 교육을 정규 교과화할 계획을 하고 있다는 점에서 학교교육에서 시민교육의 비중이 결코 적다고 할 수 없을 것이다. 특히, 미국에서는 대부분 고등학교에서 'American Politics' 혹은 다른 비슷한 명칭으로 우리나라와 마찬가지로 별도의 정치교육 교과를 편성·운영하고 있다. 이처럼 미국과 우리나라의 정치교육은 민주시민의 자질 제고와 역량 함양을 위한 시민교육과 정치체제와 민주주의의 지식적 이해를 꾀하는 정치학 교육[1]이 동시에 분리되어 이루어지고 있음을 알 수 있다. 그러나 박선형(2020: 41)은 이에 대해 정치교육과 시민교육의 밀접한 상호 연계성과 해당 용어 간의 상호 교환성에도 불구하고 각각의 용어들이 교육현장에서 개별적으로 구분되어 활용되고 있으며, 이러한 이원적 분리 활용은 두 용어에 대한 개념적 혼란을 유발하는 주된 원인이 되어 "정치교육은 체제 정당화를 위한 이념교육으로, 시민교육은 민주사회에 필요한 시민역량 제고 교육으로만 국한되어 해석될 가능성이 크다"고 하였다.

정치교육의 이원적 분리 활용은 정치교육 관련 학문공동체의 상이한 연구 지향점과 핵심 연구주제의 차이에 기인한 것으로 보이는데, 이에 따라 정치교육을 정치학 교육으로 보는 정치학 연구자들은 국정 운영체제, 정치 관련 제도 등의 거시적 구조 요인에 관심을 기울이지만, 시민교육 연구자들은 단위학교 수준에서 정치와 시민교육 관련 교육과정 운영과 수업과정 등의 미시적 측면에 주된 초점을 둔다(박선형, 2020: 42). 이러한 연구자들의 관점과 거시-미시 측면의 차이는 교육과정 개편 과정에서 자기 이익을 열망하는 정치적 갈등으로 비화되곤 한다(신현석 외, 2018). 즉, 정치학 연구자들은 학생 부담을 우려하여 시민교육과의 통합을 통해 정치학이 다른 학문과 결합된 교과로부터 분리시켜 독립 과목으로 만들려고 노력하

---

1) 박선형(2020: 41)은 이를 '이념교육'으로 표현하였다.

는 편에 서 있을 가능성이 크고, 시민교육 연구자들은 정치에 관한 지식교육과 별
도로 과목 특성에 부합하는 시민의 자질과 역량교육이 개발·적용되는 교과 운영
이 바람직하다는 의견을 제기할 수 있다.[2] 그러나 정치교육은 근본적으로 두 연구
자 집단 공통의 대상이므로 바람직한 정치교육의 학문적 발전과 교육효과 증진을
위해서는 정치과학 연구 집단과 시민교육 연구 집단이 거시적 차원과 미시적 수
준의 연구를 포괄할 수 있는 상호 협력적 연구풍토를 조성할 필요가 있다(박선형,
2020: 42).

5. 교육정치학의 탐구 영역으로서 정치교육

정치교육에 대한 교육정치학적 접근은 정치교육과 교육정치는 교육과 정치의 교
집합적 현상으로서 실제에서 의미상 구별되지만, 정치교육 현상에 관한 연구를 교
육정치학의 한 탐구 영역으로 체계화하려는 의도를 갖는다. 물론, 정치교육 현상은
교육정치학의 경우처럼 실제에서 관련 쟁점 및 문제의 중요성과 체계적인 탐구의
필요성이 증가하여 학자 사회의 관심이 증대되어 학문공동체 형성의 조건이 충족
되면 정치교육학회가 결성되어 새로운 학문 분야로 창출될 수 있을 것이다. 그러
나 아직은 이러한 여건이 성숙되지 않은 채 정치교육은 정치학, 교과교육학(사회교
육학, 도덕·윤리교육학 등), 교육학(교육철학, 교육정치학 등) 분야에서 각기 접근 논
리를 바탕으로 관심사가 분화되어 개별적으로 탐구되고 있는 실정이다.

정치교육 현상에 관한 과학적 탐구를 바탕으로 학문적 정체성을 갖춘 정치교육
학이 출현하여 이러한 분야별 분리 접근을 통합할 수 있을지는 패러다임 형성의 합
리적·정치적 조건들을 얼마나 충족시킬 수 있는지와 관련된 문제이기 때문에 당
장 실현하기 어려운 과제임에 틀림없다. 이런 상황에 직면하고 있는 현재 시점에

---

2) 이러한 갈등 상황에서 김명정(2018: 43)은 통일적인 조정 과업을 사회과 교육학자가 감당하는 것이 당연한 책무
   라고 주장하였다.

서 정치교육에 대한 교육정치학적 접근은 정치교육의 정치학적, 교과교육학적 접근과 구별되는 교육학적 프레임의 통합적 아이디어를 응축할 필요조건으로서의 의미와 교육과 정치의 공통분모적 현상에 관한 탐구의 필요에 따라 교육정치학이 출현한 것처럼 또 다른 공통적인 현상으로서 정치교육 현상을 교육정치학적으로 접근하는 것은 당연하다는 충분조건으로서의 당위를 충족시키고 있다.

정치교육에 대한 교육정치학적 접근은 "교육은 정치적인 것이고, 정치는 교육적인 가치를 통해 확립되어야 한다"는 교육과 정치의 상보적 명제의 실천을 과학적인 탐구 방법을 통해 구현하고자 한다. 이러한 교육정치학적 접근은 정치교육에 대한 정치학적 접근이 교육적인 가치의 중요성을 간과하고 있는 것과 차별화되는 분기점의 역할을 하면서, 교과교육학적 접근이 정치교육을 지식 습득과 정의 함양으로 나누어 이분법적으로 보는 규범적 탐구의 한계를 극복하고자 한다.

정치교육에 대한 교육정치학적 접근에서는 정치교육을 "다양한 체제의 국민이 정치공동체의 존속과 발전을 위해, 공동체가 지향하는 공유된 가치와 이념 그리고 체제의 속성을 교육내용으로 구성하고, 학습된 자질과 역량이 실행을 통해 현장에서 발현될 수 있도록 인간의 모든 발달 단계에서 가르치고 배우는 활동"으로 정의한다. 이 정의에 따르면 정치교육은 교육의 비정치 신화와 교육의 정치적 중립성이 암시하는 교육과 정치의 분리를 극복한 교육정치학의 탐구 대상으로서 기능할 뿐 아니라 정치공동체의 존속과 발전을 지향한다는 분명한 교육목적, 공동체가 지향하는 공유된 가치와 이념 그리고 체제의 속성을 강조하는 바람직한 가치의 콘텐츠로 구성된 교육내용, 학습된 자질과 역량이 실행을 통해 현장에서 발현될 수 있도록 인간의 모든 발달 단계에서 가르치고 배우는 교육방법과 평가에 이르기까지 교육학적인 교육활동의 구비요건을 모두 갖추고 있다.

정치교육에 대한 교육정치학적 접근은 이처럼 정치교육의 재개념화를 통해 정치교육의 독자성을 확보하고 정체성을 확립하기 위한 노력의 일환으로 개념의 보편적 통용 가능성과 정치에 관한 교육의 이론 및 실제 간 정합성 탐구의 단초를 마련하고자 하였다. 이러한 출발점은 정치교육을 넓은 의미로 "사회 구성원이 속한 사회의 정치 이데올로기와 체제 및 제도에 적응하면서 살아가는 정치사회화의 과정"으로 정의(김명정, 2017: 104)하는 정치학의 교육적 가치 외면으로부터 교육적인 정치교육을 상정하고, 정치교육의 수단이 지식과 실천으로 분리된 교과교육학의 이분법적 모순으로부터 통합적인 정치교육의 입론이 시작되었음을 상징한다. 따라서 정치교육에 대한 교육정치학적 접근은 정치학과 교과교육학이 정치교육의 제도적 구성과 실천적 적용을 통해 남겨 놓은 공백을 메꾸고, 정치교육의 모호성을 구체화하며, 존재의 상실감을 실존하는 행위로 확인하고, 잘못된 허상을 확인된 실상으로 전환하는 임무를 수행하게 된다. 이로써 교육 대상으로서 '바람직한 정치'는 가장 집중화된 가치 지향적 교육의 실천적인 형태로 재현될 수 있을 것이다.

교육정치학적 접근에 의한 정치교육은 정치사회화와 시민교육이 안고 있는 대상 지식의 편중성은 물론 교육을 기능 전달의 수단으로 간주하는 한계를 극복해야 하는 과제를 갖고 있다. 물론, 모든 교육은 국가사회의 특정 목표를 달성하기 위해 지식과 기능 전수의 도구적 기능을 수행해야 하는 방법론적 족쇄가 채워져 있는 것이 사실이다. 그러나 또한 모든 교육은 '교육적'이라 명명된 가치 기준에 의한 판단을 통해 교육의 방향을 설정하고, 교육할 내용을 재구성하며, 교수-학습을 통해 공감하고 전달하는 과정에서 수단적 활동에 내재한 본질적 아이디어가 원심력을 통해 확산·적용되는 자율적인 영역이기도 하다. 정치학과 교과교육학적 접근에 의한 정치교육이 갖는 취약점은 바로 "왜 정치교육을 하는가?"에 대한 교육적인 근본 사유 없이 교육을 단지 지식과 기능 전달의 수단으로 보고 "정치교육을 어떻게 할 것인가?"에 대해 몰입하고 있다는 것이다. 이런 점에서 송경오(2022)가 정치교육의 방향을 성찰적 사유를 훈련하는 교육, 관용을 배우는 교육, 비판적 토의와 논쟁을 기반으로 하는 실천적 정치교육으로 표방한 것은 교육정치학적 접근에 의한 정치교육에 시사하는 바가 크다.

정치교육에 관한 교육정치학적 탐구는 정치체제의 구조 및 정치과정에 대한 이해, 전 생애에 걸친 학습자의 정치사회화 과정, 정치체제의 유지와 발전을 위한 정치참여와 충원, 정치공동체의 일원으로서 다양한 가치와 규범 속에서 민주시민으로 사는 삶을 영위하는 방식과 활동, 바람직한 정치적 선택을 위한 참정권의 행사와 투표 행위, 정치적 가치와 이념이 교육활동 및 정치적 태도 형성에 미치는 영향 등 다양한 주제들에 관한 연구를 통해 이론과 지식을 생성할 수 있다. 이러한 탐구 주제의 넓이와 깊이는 정치학과 교과교육학에 의한 정치교육 접근과 비교하여 다양성 및 심층성 측면에서 차별화될 수 있다. 교육적 의미가 미흡한 정치사회화와 기능적 수단의 한계를 보이는 지식과 역량 중심의 정치교육이 안고 있는 비교육적 성격과 편포성을 교육정치학적 접근으로 탐구주제의 다양성과 심층적인 탐구에 의해서 극복하고자 한다.

  우리는 교육정치학적 접근이 타 학문에 견주어 비교 우위를 갖는 근거를 교육과 정치의 교집합으로서 교육의 정치적 현상을 체계적으로 탐구해 온 학문적 전통과 그 성과에서 찾을 수 있다. 마찬가지로 동형 이종의 현상으로서 정치교육도 정치현상의 교육적 관점을 통해 교육정치학적 탐구의 대상이 될 수 있다. 물론, 이러한 현상의 탐구는 타 접근에 대해 비교 우위를 점하게 한 탐구의 양적 넓이(다양성)와 질적 깊이(심층성)를 보증해 주는 타당한 연구방법의 적용으로부터 질적 우수성을 확보할 수 있을 것이다. 정치교육(혹은 교육정치) 현상에 관한 연구 접근은 융합학으로서의 성격을 갖는 교육정치학이 종래 단일 학문 분야에서 양적 연구 혹은 질적 연구로 제한된 선택을 넘어 정치학과 교과교육학 그리고 이외의 관련 학문들과 협력하는 학제적 연구의 활성화 및 질적 방법과 양적 방법을 상호 보완적으로 통합하여 활용하는 역사 비교적 관점(historical comparative perspective)을 채택함으로써 한층 더 공고화될 수 있을 것이다(신현석, 2021).

주요 개념 정리

☑ **정치**: 인간이 자신의 삶을 향상하고, 행복한 사회를 만들고자 하는 활동이다.

☑ **교육정치**: 교육활동 가운데 발생하는 정치적 사고와 행위로 표출되는 교육의 정치적인 현상이다.

☑ **정치교육**: 다양한 체제의 국민(혹은 시민, 공민, 인민 등)이 정치공동체의 존속과 발전을 위해 공동체가 지향하는 공유된 가치와 이념 그리고 체제의 속성을 교육내용으로 구성하고 학습된 자질과 역량이 실행을 통해 현장에서 발현될 수 있도록 인간의 모든 발달 단계에서 가르치고 배우는 활동이다.

생각해 볼 문제

1. 교육과 정치와 관계에서 파생되는 교육정치와 정치교육은 어떻게 다른 현상으로 표출되고, 교육정치학적 관점에서 이러한 현상을 탐구한다면 어떠한 논리와 방법으로 연구하는 것이 바람직한가?

2. 정치교육의 교육정치학적 관점이 정치교육 현상을 체계적으로 탐구하는 데 있어서 정치학적 관점 및 교과교육학적 관점보다 비교 우위에 있다고 판단할 수 있는 기준과 논거는 무엇인가?

참고문헌

교육부(2018). 「민주시민교육 활성화를 위한 종합계획」. 교육부 민주시민교육과.

김기우 외 12인(2010). 정치학. 서울: 박영사.

김명정(2017). 정치교육이 고등학생의 시민성에 미치는 영향: 부산지역 고등학생을 중심으로. OUGHTOPIA, 32(1), 101-123.

김명정(2018). 정치교육의 재구조화 방안: 입법 중심의 고등학교 「정치와 법」. 시민교육연구, 50(4), 23-48.

김용일(1989). 교육의 정치적 중립성에 관한 일 연구: 교육정치학 연구방법을 중심으로. 고려대학교 대학원 석사학위논문.

박선형(2020). 정치교육(과 시민교육)의 쟁점과 발전과제. 교육정치학연구, 27(4), 27-56.

서울대학교 교육연구소(1998). 교육학 대백과 사전. 서울: 하우동설.

서울대학교 정치외교학부 정치학 전공 교수진(2013). 정치학의 이해. 서울: 박영사.

송경오(2022). '정치교육의 목적과 의미', 한국교육정치학회(편), 정치교육. 서울: 학지사.

신현석(2021). 교육정치학의 학문적 성격 재고: 정체성과 경계 확장의 사이에서. 한국교육정치학회 연차학술대회 발표 논문.

신현석, 정양순, 윤기현(2018). 국가 교육과정 정책에서의 협력적 거버넌스 적용: 쟁점과 과제. 교육행정학연구, 36(2), 31-62.

이동신(1998). '커뮤니케이션과 정치사회화', 이동신, 박기순(편), 정치 커뮤니케이션 원론(제2판). 서울: 법문사.

정일환, 이일용, 김혜숙, 김병주, 권동택, 정제영(2020). 교육정치학: 이론과 적용. 서울: 학지사.

조용상 외 11인(2012). 정치학의 이해(2판). 서울: 법문사.

조현수(2010). 상징과 정치: 민주주의 체제와 전체주의체제의 상징에 대한 비교분석. 한국정치연구, 19(3), 193-216.

최명, 김용호(1990). 비교정치학 서설. 서울: 법문사.

최준렬(1994). 교육재정의 정치학. 교육정치학연구, 1(1), 175-194.

Dawson, R. E., & Prewitt, K. (1969). *Political Socialization*. Boston, MS: Little, Brown.

Easton, D. (1965). *A Framework for Political Analysis*. Chicago, IL: The University of Chicago Press.

Easton, D., & Dennis, J. (1969). *Children in the Political System*. New York: McGraw-Hill.

Eliot, T. H. (1959). Toward an Understanding of Public School Politics, *The American Political Science Review, 53*(4), 1032-1051.

Fraser, E. (1999). Introduction: The Idea of Political Education. *Oxford Review of Education, 25*(1 & 2), 5-22.

Gramsci, A. (1988). *An Antonio Gramsci Reader: Selected Writings, 1916-1935*, edited by David Forgacs. New York: Schoken Books.

Hess, R. D., & Torney, J. V. (1967). *The Development of Political Attitudes in Children*. Chicago, IL: Aldrime Pudrine Publishing Company.

Janos, A. C. (1986). *Politics and Paradigms: Changing Theories of Change in Social Science*. Stanford, CA: Stanford University Press.

Johnson, J. B., & Reynolds, H. T. (Eds.). (2008). *Political Science Research Methods* (6th ed.). Washington, DC: CQ Press.

Kirst, M. W., & Wirt, F. M. (2009). *The Political Dynamics of American Education* (4th ed.). Richmond, CA: McCutchan Publishing Corporation.

Pye, L. W. (1959). *Political Modernization and Research on the Process of Political Socialization*. Items XIII.

Spring, J. (2016). *American Education* (17th ed.). London: Routledge.

제3장

정치교육의 목적과 의미

송경오

> **개요**
>
> 인간은 정치 행위를 통해 가장 인간다워질 수 있고 더 나은 공동체 삶을 영위할 수 있다. 정치는 정치가들의 독점적 행위가 아니라 서로 자유롭고 평등한 관계를 가질 수 있는 공동체 삶의 운영 원리로 작동해야 한다. 이를 위해 성찰적 사유와 관용, 비판적 토의와 논쟁, 그리고 사회적 문제에 직접 참여를 위한 정치교육이 필요하다.

1. 인간의 조건으로서 정치 행위

기원전 6세기부터 아리스토텔레스(Aristoteles)는 인간을 '정치적 동물'이라고 명명한다. 인간에게는 두 가지 모습이 있는데, 하나는 경제적 활동을 하는 인간이고, 다른 하나는 정치적 활동을 하는 인간이다. 전자는 동물과 마찬가지로 생명을 유지하기 위한 활동으로 오이코스(가정)의 공동체를 형성한다. 오이코스들이 연합하여 관리하는 일이 곧 오이노미아(경제)가 된 것이다. 후자는 로고스(이성)의 능력을 가진 인간의 활동이라고 볼 수 있는데, 동물과 달리 이 능력을 갖춘 인간은 폴리스라는 공동체를 형성한다. 폴리스[1]는 단순히 확대된 가정이나 마을이 아닌 로고스를 사용하는 정치공동체이다(김선욱, 2017). 이곳에서 인간은 인간적 본성을 실현

---

1) 정치를 영어로는 politics라 한다. politics는 '도시국가'를 의미하는 고대 그리스어인 polis에서 파생된 것이다.

할 기회를 얻는다. 인간이 더불어 사는 삶 속에서 로고스를 구현하는 것이 정치이고, 정치는 인간으로 하여금 더 나은 삶을 꾸려 가게 해 준다. 이러한 의미에서 아리스토텔레스는 인간을 정치적 동물이라고 이야기한 것이다.

정치가 어떻게 인간과 동물의 삶을 구별하는 삶을 지향할 수 있게 해 주는가? 정치철학자 아렌트(Arendt, 1958)는 집단생활을 하는 인간과 동물에게 갈등은 불가피하지만, 이를 해결하는 방식에 차이가 있음에 주목한다. 동물의 갈등은 주로 먹이를 차지하기 위해 생기고 물리적 충돌로 문제를 해결한다. 하지만 인간은 단순히 생존을 위해서만 갈등이 일어나지 않는다. 서로 다르기 때문에 갈등은 일어난다. 즉, 인간 개개인이 개성을 가지고 있고, 이를 표현함으로써 대립할 때 갈등이 생기는 것이다. 아렌트(1958)는 이를 인간의 복수성(human plurality)의 개념으로 설명하는데, 인간은 개성을 가진 존재이고, 이러한 개성을 표현하고 싶어 하는 존재이기 때문에 이 사이에 갈등이 발생한다. 인간은 이러한 갈등을 해소할 때 물리적 충돌보다 말로서 정치를 통해 일차적으로 갈등을 조정한다. 이것이 인간과 동물의 가장 큰 차이다. 공동체 안에서 살아가는 인간이 서로 다르기 때문에 발생할 수밖에 없는 갈등을 폭력적 행위가 아니라 말로서 설득하고 조정하는 정치적 행위를 통해 갈등을 해결하는 것이다. 이러한 점에서 정치 행위는 인간이 동물과는 다른 지위를 가질 수 있도록 하는 조건인 셈이다. 즉, 인간으로서 품위를 드러내고, 인간다운 삶을 이루면서 공동의 생활을 아름답게 만들어 가는 과정이 정치 행위인 것이다 (Arendt, 1958).

하지만 가장 인간적 행위여야 하는 정치 행위는 현실에서 종종 냉소의 대상이거나 외면받는다. 심지어 누가 정치적 행위에 관심을 가지면, 특정한 목적을 가진 것으로 치부하는 경우도 있다. 현실에서 정치란 인간이 서로의 개성을 확인하고, 대화와 설득을 통해 타협하는 가장 인간다운 행위라기보다는 정치인들과 특정 정치 집단의 사적 이익을 추구하는 일로 여겨진다. 정치 행위의 본래 목적이 왜곡되면서 외면당하고 있는 것이다. 특히, 정치에 대한 반감은 우리나라에서 심각한다. 민

주주의의 가치를 하나하나 내면화하면서 점진적으로 정치를 발전시킨 서구 선진
국과 달리 제반 문제들을 한꺼번에 직면하면서 발전의 단계도 압축적으로 전개되
었던 우리나라에서 정치의 가치를 내면화하거나 제도화하는 수준이 낮거나 미완
일 수밖에 없기 때문이다(안병영, 정무권, 2007; 유시민, 2020). 유시민(2020)이 언급
한 대로 서구에서 200여 년간 피의 대가로 쟁취한 민주주의를 단 50년 안에 이식하
려고 하니 민주주의라는 정치제도는 들어왔지만 후불로 대가를 지급해야 하는 상
황인 것이다. 이로 인해 우리나라 대다수의 시민들은 별다른 정치 행위를 하지 못
한 채 관객 민주주의에 만족하고, 우리의 삶을 결정하는 일은 소수 정치인이나 기
득권에게 맡겨진 상태이다.

　그런데 정치의 왜곡 때문에 시민들이 정치를 외면하게 되면 그 피해는 고스란히
우리에게 돌아온다. 정치는 정치가만의 것이 아니라 시민의 일상생활 속에서도 항
상 작동하기 때문에 시민이 무력하게 방관하는 한 그 대가를 받게 된다. 현대 민주
주의는 시민이 그 책임을 감당하는 시대이다(김선욱, 2017). 현대 민주주의의 제도
안에서 가장 현실적이고 적극적인 대안은 '정치'이다. 현실 정치가 문제라고 해서
정치를 없애는 것이 아니라 정치를 정치답게 만드는 것이 필요하다(최장집, 2020).
아리스토텔레스가 이미 2,600년 전부터 통찰하였듯이 동물과 달리 인간은 정치 행
위를 통해 인간다워질 수 있고, 인간만이 지닌 존엄한 공동체를 영위할 수 있기 때
문이다.

2. 정치교육의 목적

　그렇다면 어떻게 해야 시민이 관객이 아닌 자율적 정치 행위자가 될 수 있을 것
인가? 정치라는 현상을 단순히 권력투쟁으로 바라본다면 모든 시민에게 정치교육
이 필요하지 않을 수 있다. 정치학 일부에서는 정치 행위를 권력 획득의 문제로 보
고 권력을 행사하고 갈등을 해결하는 과정으로서 정치를 이해한다(김영일, 2007).

이에 대해 김영일(2007)은 정치적 현상을 다루고 있는 현대의 여러 정치학 연구들이 정치의 의미를 민주주의 사회에서 다양한 이해와 요구를 조정하고 사람 간의 협력을 이끌어 냄으로써 더 나은 사회를 확립하는 것이라고 정의하고 있지만, 현실에서는 여전히 자원을 분배하는 방식을 놓고 권력을 투쟁하는 과정으로 정치를 이해하는 경향이 강하다는 점을 지적한다.

란다우어(Landauer, 1909; 김영일, 2007 재인용)는 정치란 인간이 인간답게 삶을 영위하기 위해 공동체를 결성하고, 이 과정에서 불가피하게 발생하는 문제들을 협력적으로 해결하기 위해 공동체 구성원들이 참여하는 과정으로 설명한다. 정치란 단순히 사회적 갈등을 해결하는 과정만이 아니다. 공동체 생활을 하는 인간이 서로 평등한 관계에서 자유롭게 자신의 의견을 개진할 수 있는 공동체 삶의 운영 원리로 이해해야 한다. 인간이 자유롭고 평등한 공동생활을 위해서는 자신들의 일을 스스로 결정하고 이에 대해 책임을 지는, 서로 다른 사람들에 대한 상호 인정을 전제로 하는 운영 원리가 필요한 것이다. 이것이 정치의 현대적 의미이다. 아렌트(1958) 또한 정치의 본질은 인간들의 서로 다른 생각을 소통하는 일에 있는 것인지 권력 투쟁에 있지 않기 때문에 정치는 토론을 통해 공동의 해결책을 도출해 나가는 과정이 되어야 한다고 지적한다. 아렌트(1958)에게 있어 정치란 의사 표현, 토론, 그리고 의사결정을 의미한다. 그리고 이는 인간을 인간답게 만들어 주는 조건이다. 인간은 누구나 자신과 관련되어 있는 공적인 사안에 대해 배제되는 것을 바라지 않는다.

현대 사회는 여러 문제에 대해 조정과 해결이 요구되기 때문에 정치가 권력 행사보다는 다양한 이해 관계자들의 갈등을 조정하고, 사회를 발전시키는 사회 운영 기술이 되어야 한다. 즉, 정치는 더불어 사는 공동체의 과제를 민주적으로 해결하는 과정인 것이다. 정치를 이러한 관점에서 바라보았을 때, 민주주의는 사회 운영의 원리가 되고, 시민은 공동생활의 주인으로 강조될 수 있다. 시민은 정치를 바라보기만 하는 관객이 아니라 주체가 되는 것이다(김영일, 2007). 정치적 소외와 관객 민주주의라는 문제를 해결하기 위해서는 이와 같은 정치에 대한 인식 전환이 이루어져야 한다.

여기에 정치교육의 목적이 있다. 정치가 단지 권력투쟁의 과정이 아니라 인간다운 삶의 공동체를 영위하기 위한 '사회 운영 기술'이라면, 모든 시민은 서로 더불어 사는 삶의 공동체를 유지하기 위한 원리를 배워야 하는 것이다. 이와 같은 정치에 대한 인식 전환은 소수의 정치인만으로 실질적인 민주사회를 구현하는 것이 불가능하다는 점을 의미한다. 정치를 생활현상으로 바라본다면, 이를 유지하기 위한 정치교육은 기존의 교육학에서 추구하는 시각과 별반 다르지 않을 수 있다. 정치교육에 대한 일부 국내 연구에서도 정치교육의 목적을 교육학적 시각에서 이해한다. 예를 들어, 박선형(2020)은 교육과 정치를 동일체 성격으로 간주하면서 정치교육은 다양한 정치철학적 관점에서 정치공동체의 바람직한 미래적 발전과 시민교육의 정치적 포용성에 대한 교육적 민감성을 높이기 위해 필요하다고 언급한다. 사회 구성원이 속한 사회의 가치와 체제 및 제도에 적응하여 살아가기 위해서는 정치교육이 필요한 것이다. 민주주의 사회에서 시민의 문화적·가치적 실천이 정치교육의 목적이다. 거시적으로는 국가와 사회의 현실을 분석할 수 있는 안목을 심어 주고, 민주주의 원칙을 이해하도록 하며, 원칙에 반하는 경우 성찰하고 비판할 수 있는 힘을 키워 주는 것이 정치교육이다. 미시적으로는 개인이 자신의 삶을 자율적으로 영위할 수 있도록 도와주고, 정치와 사회생활에 참여할 수 있는 역량을 갖출 수 있도록 하는 교육적 조치가 정치교육인 것이다.

3. 정치교육의 의미

민주주의 사회에서 공동체 삶을 영위하기 위해 불가피하게 발생하는 갈등을 대화와 타협으로 조정하기 위한 사회 운영 원리로서 정치를 이해해야 한다면, 적어도 세 가지 방향에서 정치교육을 추구해야 한다.

1) 성찰적 사유를 훈련하는 정치교육

1960년 이스라엘 예루살렘에서는 세기의 재판이 진행되었다. 독일의 전범 중 한 명이었던 아이히만이 국제경찰에 체포되어 재판이 진행 중이었다. 세계의 언론이 이 재판에 관심을 보였는데, 아이히만이 유대인 600만 명을 학살했던 포로수용소의 총 책임자였기 때문이다. 사람들은 그가 희대의 악인일 것이라고 생각했고, 악마의 모습이 어떠한지를 지켜보고 싶어 했다. 하지만 법정에 선 아이히만은 악마의 모습이 아니었다. 지극히 평범한 사람이었다. 당시 아이히만을 취재하기 위해 재판정에 있었던 정치철학자 한나 아렌트는 아이히만을 지켜보면서 흥미로운 점을 발견한다. 아이히만은 자신의 언어를 사용하지 않고, 관청의 언어로만 이야기한다는 점이다. 그는 스스로 생각을 해 본 적이 없던 사람처럼 굴었다. 자신이 하고 있는 '일의 의미'를 전혀 생각하지 않는 모습이었다. 자신이 나치의 관료로서 명령에 충실했을 뿐이라는 입장을 반복할 뿐이다. 여기에서 한나 아렌트의 위대한 통찰인 '악의 평범성'(Arendt, 1964) 개념이 도출된다.

악은 악인의 모습으로 오는 것이 아니라 지극히 평범한 사람들이 사유하는 능력을 상실한 채 자신이 하고 있는 일의 의미를 전혀 생각하지 못하고 살게 되었을 때 평범한 얼굴을 하고 온다는 것이다. 아이히만은 법을 매우 잘 지키는 사람이었다. 그는 포로수용소에서 유태인을 학살하는 활동은 당시 독일의 법으로 본다면 합법적이었다. 다만, 이때의 법은 나치의 법이었다. 사유할 수 있는 능력을 상실한 아이히만은 나치의 법이 정당한지 아닌지를 고민하지 않았고, 오직 법과 명령에 따라 행동하였다. 마치 탁월한 행정능력을 갖춘 AI와 같았다. 자신의 성찰적 사유능력을 멈춘 인간은 판단능력을 상실한 채 현실에서 일어나고 있는 일의 의미를 제대로 파악하지 못한다. 이 지점에서 악이 발생한다.

성찰적 사유란 자신이 한 일을 돌아볼 수 있는 능력이다. 흔히 우리가 말하는 계산능력이나 사물을 구분하는 인지능력, 상황 파악 등과 같은 능력을 의미하는 것이 아닌 메타인지적 능력이라고 볼 수 있다. 사유할 수 있는 사람은 자기 자신과 대화할 수 있는 능력을 지닌 것이라고 볼 수 있다(김선욱, 2017). 성찰적 사유를 통해 자신을 돌아보았을 때, 내가 바라본 자신이 나 자신과 모순이 발생하여 자신이 한 일이 절대 용납할 수 없는 일이었음을 깨닫게 된다면, 인간은 이 모순을 견딜 수 없게 된다. 이후 인간은 자기모순을 벗어나기 위해 행동하게 된다. 이러한 점에서 아렌트(1964)는 성찰적 사유란 인간을 인간답게 이끌어 주는 능력이라고 이야기한다. 소크라테스(Socrates)는 자신을 돌아보고 검토하지 않은 채 살아가는 것, 그리고 성찰적 사유를 하지 않는 삶은 살아갈 가치가 없다고 말한 바 있다.

그렇기 때문에 아이히만과 같은 악행은 단순히 나치와 같은 극단적 상황에서만 생기는 것이 아니다. 현대 사회에서 우리가 바쁜 생활로 스스로 생각하는 힘을 잃어버리게 되면 언제든지 악의 평범성에 빠지게 될 수 있다. 성찰적 사유를 하지 않아도 우리는 여전히 일상생활을 영위할 수 있다. 마트에서 계산도 할 수 있고, 타인과 관계를 맺으며 지낼 수 있다. 하지만 사유를 중지한다는 것은 자기 스스로 생각하고 판단할 수 있는 능력을 잃는 것이기 때문에 현실에서 현재 일어나고 있는 사건의 의미를 전혀 파악하지 못할 수 있다. 아이히만은 사유하지 않았기 때문에 자기모순을 느끼지도 않았고, 괴로워하지 않았다. 그렇지만 여기서 악은 발생한다. 현대인들은 성실하게 살면 괜찮을 것이라고 생각하지만 생각 없이 성실하게 사는 것은 아이히만처럼 성실하게 악행을 수행하는 사람이 될 수 있는 것이다. 악은 절대적인 악에서만 나오는 것이 아니다. 개인이 자신이 하고 있는 일의 의미를 생각하지 않는 무사유에서 평범한 모습으로 나타나는 것이다. 따라서 인간이 사유를 중지한 채 모순을 경험하지 않는 무사유가 되었을 때 민주주의 사회에서 얼마든지 제2, 제3의 아이히만이 나올 수 있다.

악의 평범성은 우리의 일상에서도 종종 일어난다. 몇 년 전 유해한 성분이 포함된 가습기 살균제로 200여 명의 사망자와 1,500여 명의 환자가 발생한 사건이 있었다. A 대학의 수의학과 B 교수는 이 회사의 의뢰를 받아 살균제 유해성을 사전에 실험한 바 있는데 가습기 살균제와 폐 손상 간에 인과관계가 없다는 연구 결과를 도출하였다. 이후 B 교수는 대가성 금품을 받아 법원으로부터 징역 2년의 판결을 받는다. 법원 판결문에도 언급하고 있지만, B 교수는 독성학 분야에 있어 국내 최고 권위자로서 영향력을 가지고 있었고, 그렇기 때문에 사회적으로 이에 대한 높은 책임을 요구받았다. 만약 B 교수가 자신이 안전하다고 판정한 살균제가 많은 희생자를 만들게 될 줄 알았다면 그는 과연 그렇게 행위했을 것인가? 그는 자신의 행위가 어떠한 결과를 가져올지에 대해 전혀 사유하지 않은 채 안전성을 보증하는 결과를 발표한 것이다.

현대 사회에서 많은 개인들은 자신의 사회적 위치 때문에 혹은 바쁘다는 이유로 사유하는 자아를 잃어버리곤 한다. 이러한 경향은 창조성과 개성이 일의 핵심이고 지적 활동을 주된 노동으로 삼고 있는 교수나 교사에게도 마찬가지이다. 끊임없이 성과를 내라는 요구에 직면하여 교수나 교사들은 자신이 안전하지 않다고 판단하여 모든 사유와 판단을 유보하는 무소신의 모습을 보이는 것이다(송경오, 2016). 이와 같이 인간이 말과 행위로서 자신을 드러내기를 꺼려 하고, 자신의 행위에 대해 성찰하기를 중지한다면 나치의 아이히만이나 B 교수와 같은 악의 평범성이 인류사회의 비극을 지속시킬 수 있다.

여기에 정치교육의 의미가 있다. 오늘날 민주주의 사회에서 정치교육은 개인이 성찰적 사유를 할 수 있는 힘을 키우는 것에서 시작해야 한다. 성찰적 사유는 자신이 행한 것을 되돌아보면서 가치가 있는 것과 가치가 없는 것, 행해야 할 것과 행하지 말아야 할 것을 판단할 수 있는 능력을 가지게 한다. 성찰적 사유를 할 수 있을 때, 우리는 외부의 잘못된 권위나 명령에 저항할 수 있고, 독단에 반대할 수 있는 힘을 가진다. 한국이 형식적으로는 민주주의 사회라곤 하지만 우리가 속한 조직들은 전체주의적 성격을 띨 때가 있다. 몇 년 전 있었던 국정농단에서 펼쳐진 상황 또한 이러한 정치권력의 성격을 증명한다. 과잉생산을 불러오는 성과사회에서 과학기술적 전체주의 또한 위협적이다. 이와 같은 상황에서 악의 평범성은 쉽게 생겨날 수 있다. 이를 막기 위해 시민들은 개인들이 실제 벌어지는 일을 자신의 언어로 자신의 사유한 내용을 표현할 수 있는 훈련을 받아야 하고, 잘못된 명령이라면 비판할 수 있어야 한다. 이러한 로고스(이성)의 긍정적 작동이 가능할 때 정치공동체가 제대로 성장할 수 있는 것이다.

현대 민주주의는 훌륭한 사람을 대표자로 선출하는 제도가 아니라 사악한 사람이 권력을 가지게 되어도 마음대로 악을 행할 수 없게 한다는 강점을 지닌다. 이 덕분에 지금 문명의 대세인 제도가 될 수 있었다. 지난 국정농단에 저항하는 우리나라 국민들과 사법부의 판결이 이와 같은 역설적인 상황을 잘 대변해 준다(유시민, 2020). 성찰적 사유의 힘을 지닌 시민만이 이와 같은 참사를 막을 수 있다. 우리는 흔히 내가 행한 것에 따라서 인과적으로 발생한 실질적인 부정적 결과만을 나의 책임으로 인정한다. 하지만 책임이라는 건 내가 행하지 않았어도 나의 비행위로 인해 생긴 직접적 또는 간접적인 파급효과가 나의 책임이 될 수 있음을 인지해야 한다. 내가 행한 일이 아니니 눈 감아 버린다면 그래서 공동체 내에 더 큰 악행이 벌어진다면 민주주의 사회에서 이는 나의 책임으로 돌아오는 것이다. 법적 문제에서 자유롭더라도 도덕적인 차원에서 우리는 책임을 살펴야 하는 이유가 여기에 있다(Arendt, 1964). 그렇기에 민주주의 사회에서 정치교육은 성찰적 사유를 훈련하는 것에서 시작해야 한다.

성찰적 사유는 단순히 시민들이 자신의 행위를 뒤돌아보는 것을 넘어서서 자신의 생각과 의지를 드러내는 실존적 행위까지 포함한다. 사유를 통해 잘못된 일임을 깨달았다면 나의 의견을 공공의 장의 주도자로 나서서 개진하는 것이 필요하다. 이것이 아렌트(1964)가 이야기한 인간이 말과 행위로 자신만의 독특하고 고유한 인격적 정체성을 나타내는 일이다. 시민들의 '실존적 투신-말과 행위를 통해 타인과 함께 존재하면서 자기를 계시하는 과감한 모험의 감행(Arendt, 1958: 240)'인 것이다.

이러한 의미에서 정치교육을 통해 실현해야 하는 성찰적 사유는 결코 이론적이며 사변적인 성찰이나 관조가 아니다. 오히려 그보다는 인간을 실천적 행위로 이끌어 주는 원천으로 작용해야 한다. 철저한 성찰적 사유를 가능하게 하고, 익명성에 숨지 않고 의견을 개진함으로써 자신의 정체성을 드러내며 책임을 다하는 행위자로서 성장할 수 있도록 정치교육이 수행되어야 하는 것이다.

2) 관용을 배우는 정치교육

보수와 진보의 다툼은 어느 나라에나 있지만, 한국의 이념 진영은 갈등의 골이 깊다. 단순히 선거 때만 이들의 갈등이 첨예해지는 것이 아니라 크고 작은 일상의 정치에서 대립한다. 최근에도 C 장관 자녀의 입시비리를 바라보는 입장 차이로 매주 대규모 집회가 열렸고, 검찰 개혁과 관련한 첨예한 대립이 온오프라인 가릴 것이 없이 벌어졌다. 교육 분야도 예외는 아니다. 자사고 정책이나 「사립학교법」 개정과 같이 정부의 정책에 대해 교원단체 간에 큰 입장 차이를 보였다. 이념 진영 간의 갈등은 때때로 봉합하기 어려울 정도로 심각하다. 유시민(2020)은 우리나라 국민이 이렇게 두 진영으로 나뉘어 대립하는 양상을 역사적으로 고찰하면서 우리나라가 경제뿐만 아니라 정치와 사회문화적으로 변화가 매우 빨랐기 때문에 치러야 하는 후불제 민주주의의 대가라고 분석한 바 있다. 서유럽에서 300여 년 동안 일어난 변화가 우리나라에서는 반세기 만에 일어났고, 그래서 절충이 불가능해 보일 정도로 다른 가치관이 동시에 존재하면서 세대 대립 양상으로 표출되고 있다는 것이다. 따라서 지금 보이고 있는 양쪽 진영 간의 분쟁은 서로 다른 가치관의 투쟁이고, 문화 간 충돌이며, 서로 다른 역사 인식의 충돌이기 때문에 당분간 격렬한 갈등은 피하기 어렵다(유시민, 2020).

이와 같이 세대 간, 이념적 갈등이 심각한 우리 사회에서 건강한 정치공동체를 유지하기 위해서는 무엇보다 민주시민으로서 덕성(德城)을 키우는 것이 시급하다. 이때 정치교육의 핵심은 독단을 배제하고 관용을 배우는 것이다. 독단이란 자기만의 생각에 사로잡혀 다른 사람의 영향력을 거부하는 것이다. 독단적인 사람은 자기만의 틀에 갇혀 있기 때문에 아무리 새로운 이야기를 듣는다고 해도 자기 틀을 벗어나지 않고, 오히려 그 이야기를 자기 틀 안에서 해석하여 말한다. 심지어 남에게도 자신의 생각을 따르도록 요구한다. 독단에 빠진 사람은 대화할 때 자기 생각만 반복적으로 말한다(김선욱, 2017). 자기의 생각은 바꾸지 않으면서 타인에게 자신의 생각만을 관철시키려고 하는 것이다. 이미 우리 사회에는 독단의 모습을 보여 주는 많은 집단과 사람들이 존재한다. 지금 벌어지고 있는 세대 간 · 남녀 간 · 이념 간 분열 또한 자신의 생각만을 관철시키고자 하는 독단에 빠져 있기 때문에 더욱 가열되는 양상이라고 할 수 있다.

반면, 관용은 나와 다른 이를 어떻게 대할 것인가와 관련이 있다. 다름은 분명히 갈등을 일으킨다. 이러한 차이와 다름을 한 사회의 정치 문화가 어느 정도까지 받아들일 수 있는가가 그 사회의 관용 수준을 알려 준다. 그런데 한국 사회의 관용은 그리 깊지 않아 보인다. 문화와 종교의 차이로 난민 수용에 격렬히 반대하거나, 다문화를 배척하는 태도, 그리고 이념적 차이에 대해 혐오하는 경향을 보인다. 특히, 다민족이 아닌 하나의 단일한 정치공동체를 오랫동안 유지해 온 우리나라는 다름에 대한 관용적 태도가 매우 취약하다. 한국인이라는 울타리를 쳐놓고 한국에서 살아가는 다양한 '복수의 인간들'(Arendt, 1958)을 배제한다. 이와 같은 가족주의적 가치관은 같은 울타리 안에 있는 사람들을 더욱더 동질화하고 하나가 되게 함으로써 울타리 밖의 집단에 대한 배타가 심해진다. 집단과 집단 간의 차이가 심해질수록 같은 울타리 안에서의 차이를 받아들일 수 없게 된다. 같은 집단 내에서는 모든 사람이 동일한 생각, 동일한 목소리를 내지 않는 것을 용납하기 어렵다.

하지만 아렌트(1958)에 따르면, 서로 다른 개인들의 복수성에 기인한 차이 때문에 인간은 자유로울 수 있고, 인간다울 수 있는 것이다. 아렌트(1958)가 인간의 조건으로 제시한 복수성은 개인이 자신만의 개성과 의견을 제시함으로써 발현된다. 민주주의 사회에서 개인의 의견이란 특정 대상에 대해 자신만이 갖는 독특한 관점이다. 인간은 누구나 유한하기 때문에 인간의 삶 전체를 모두 통찰할 수 있는 사람은 아무도 없다. 무엇이 정의인지, 무엇이 악인지를 분명하게 말할 자는 없는 것이다. 그렇기 때문에 우리는 자신만의 관점에서 세상을 바라보고, 의견을 제시한다. 이러한 의견의 다양성이 바로 정치의 출발점이다. 다양한 의견 가운데 다수가 잠정적으로 동의하는 의견을 도출하는 것이 정치가 할 일이다(김선욱, 2017). 따라서 민주주의 사회에서는 개인마다 차별화된 의견들을 어떻게 합리적으로 조정하여 합의를 이끌어 낼 것인가가 중요한 과업이다. 어떠한 의견이 합의된 내용이 될지, 어떻게 합의를 도출할 수 있는지를 예측할 수는 없다. 민주주의 사회에는 다양한 사람들이 살고 있고, 이들은 각자의 의견을 가지고 있으며, 이는 예측이 불가능한 내용이 많기 때문이다. 따라서 관용이란 이와 같이 다름에서 불가피하게 생기는 예측 불가능성과 다양한 의견들 간의 경쟁을 견디는 것이다.

우리나라는 건국 이래 긴 시간 동안 독재정권하에 있었다. 형식적 민주주의를 받아들였지만 60년의 과거에도 특정 진영의 입장을 유지하기 위해 폭력이 이루어졌다. 이때, 통치자와 시민 간에는 엄격한 권위적이고 위계적인 관계만이 인정되었다. 시민들의 다양한 의견교환은 있을 수 없으며, 통치자에 의한 일방적인 소통만이 존재할 뿐이었다. 통치자는 시민들이 자율적 정치 행위자로서 판단할 수 있는 능력을 가지고 있다고 여기지 않았기 때문에 의사표현의 자유도 억압당했다. 우리의 과거에 암흑의 시간이 있었다고 해서 또 다른 진영에서 똑같이 행해서는 안 된다. 내용이 무엇이 되었든 절대적 진리인 것처럼 상대방에게 요구하는 것은 또 다른 폭력에 불과하다. 아름다운 목표가 있다 해도, 인간의 자유를 보장하지 않고, 인간의 복수성을 드러낼 수 없는 대화가 작동하지 않는 진리는 위험하다. 다른 진영과의 의견 차이를 견디지 못한 채 권력을 행사하여 독단적인 결정을 내리고 강압적인 방식으로 상대방에게 부여한다면, 이것이 불관용의 행위인 것이다. 자신들이 믿는 것이 진리라고 여기는 정치는 상대방의 침묵을 강요한다. 민주주의는 다양한 의견이 작동하는 체제이다. 개성을 지닌 개인들이 다양한 생각을 표현하고 의견들을 경합하면서 민주주의는 발전하는 것이다. 그렇기 때문에 민주주의 정치는 시끄러울 수밖에 없다(김선욱, 2017). 종종 사람들은 시끄러운 정치를 불편해한다. 이 때문에 의견의 혼돈을 해결할 수 있는 절대적 권위를 찾는다. 물론 많은 의견 속에서 무엇이 옳은 것인가를 논의하고 합의하는 일은 오래 걸리고 어렵다. 하지만 하나의 의견만 절대화된다면 이것은 또 다른 전체주의 양상이다.

그런데 독단을 배제하고 관용을 받아들이는 민주시민으로서의 덕은 타고나는 것이 아니다. 민주적 사회에 살고 있다고 해서 관용이 저절로 생기는 것이 아닌 것이다. 관용은 다름으로 인해 낯선 것에 대해 참고 견디는 일이다. 그렇기 때문에 개인의 자유를 존중하되, 나와 다른 이의 생각과 의견을 이해하는 것에서부터 관용을 배우는 교육이 시작되어야 한다. 때로는 개인의 욕구와 바람보다 전체를 먼저 생각해서 이익 추구를 자제하는 것도 배워야 한다. 그렇다고 단순히 타인이나 사회의 모습을 그대로 인정하고 수용하라는 것이 아니다. 관용은 구체적으로 현상을 들여다보며 어떻게 해서 그렇게 진행되었는지를 체계적으로 살펴보고, 따져보는 일이기도 하다. 그리하여 세상이 잘못되었을 때, 분노의 언어에 귀를 기울이며 분노할 일에 분노하고 올바른 지식과 행동으로 대응해야 한다.

이와 같은 민주시민으로서의 관용의 덕성은 학교 장면뿐만 아니라 학교 밖 장면에서 지속적인 경험을 해야 길러질 수 있다. 인간에게는 로고스(이성)가 있기 때문에 일단 관용의 경험을 한다면, 현실에서 그대로 받아들이고 스스로를 개선하려는 모습을 보인다. 관용의 덕을 갖춘 다수의 시민이 존재할 때 민주주의가 제대로 작동하며 더 나은 사회를 만들 수 있다. 민주주의를 위한 정치교육은 그래서 중요하다. 민주주의의 가치를 지키고, 이를 지키기 위한 덕성을 키우며, 다양한 제도적 장치와 보완이 없다면 민주주의는 이내 후퇴할 수 있다.

3) 비판적 토의와 논쟁을 기반으로 하는 실천적 정치교육

독일은 1949년부터 민주주의를 위한 정치교육을 실시하고 있다. 독일 헌법에서 보장하고 있을 정도로 강력하고 지속 가능한 교육이다. 전 국민을 대상으로 정치교육을 의무교육처럼 실시하고 있기 때문에 학교뿐만 아니라 전역의 15개 정치교육원, 독일정치교육협회와 같은 연구단체, 정당, 그리고 시민단체에서 정치교육을 시행한다. 독일에서 정치교육은 비판능력을 갖춘 민주시민의 소양뿐만 아니라 정치적 상황에 대해 이해할 수 있는 지식과 정치적 분별력을 갖추고 정치적 소신을 행동으로 옮기는 데 초점을 맞추고 있다. 독일은 민주주의를 발전시키기 위해서는 시민이 정치적 상황과 자신의 이해관계를 스스로 분석하고, 정치에 참여할 수 있는 역량을 키우는 정치교육이 필수적이라고 여긴다. 이러한 이유로 독일의 정치교육은 학교 수업에 국한되는 것이 아니라, 평생교육의 주요 내용이다. 최근 독일 정치도 젊은 세대들의 도전을 받고 있다. 낮은 정치참여와 정치혐오가 문제가 되고 있다. 독일은 문제의 원인을 변화하는 세대의 정치적 감수성을 고려하지 않을 채 규범적 목표만을 일방적으로 요구하는 정치교육에 있다고 분석한다. 이에 대응하여 젊은 세대들의 사회참여를 동기화할 수 있는 실천적 활동에 중점을 두는 정치교육이 모색되고 있다(신두철, 2016).

우리나라와 유사하게 이념적 이유로 분단되었던 독일은 민주주의를 발전시키기 위해 국가 차원에서 전방위적으로 정치교육을 실시하고 있다. 이는 아이히만과 같이 무조건적으로 권력에 부응하는 일이 없도록 하고, 전체주의가 다시는 일어나지 않게 하겠다는 굳은 의지를 표명하는 것이다. 반면, 같은 시기 동안 경제적 성장에 주목하다 보니 우리 사회는 민주주의 발전을 위한 정치교육에 대한 논의가 많이 늦어진 편이다. 민주주의가 제대로 뿌리를 내리고 질적으로 한 단계 도약하기 위해서는 민주주의에 대한 비판적 토의와 논쟁이 전제되어야 한다. 민주주의는 생물처럼 지속적으로 변화한다. 사회적·정치적으로 절대 진리나 가치는 존재하지 않는다. 토론과 비판에 기반하여 다수가 합의하고 현시점에서 가치롭다고 판단되는 의사결정을 하는 것이다.

『자유론』의 저자 밀(Mill, 1982)은 인간 공동체가 진정한 자유를 누리기 위해 비판적 토의와 논쟁이 중요함을 역설한 바 있다. 대중은 종종 다수의 진리를 의심하지 않는다. 스스로 생각하고 판단하는 것보다 집단적 권위를 무조건 믿으면서 생활하는 것이 편하기 때문이다. 이로 인해 사람들은 사회문제의 책임을 집단에 떠넘긴다. 국가 역시 다수의 생각을 기준으로 권력을 행사한다. 이에 따라 다수의 생각은 여론이 되고, 지적 권위가 형성된다. 하지만 국가와 정부의 판단이 언제나 옳은 것은 아니다. 소수의 생각을 받아들이면서 다수의 생각을 고쳐 나가는 것이 필요할 수도 있다. 다수의 무비판적 사고에 오류가 있을 수 있기 때문이다(Mill, 1982).

토의와 논쟁이 중요한 이유는 무엇이 문제인지를 명료하게 만들어 주기 때문이다. 민주주의가 발전하기 위해서는 프랑스 에밀 졸라(Emile Zola)가 그러했듯이 다수의 무비판적인 생각에 저항하고 사회의 문제점을 지적할 수 있는 비판적 지성인들이 많아야 한다. 이들이 우선적으로 집단적 권위에 대한 맹신을 비판해야 한다. 집단적 권위의 문제점과 한계점을 지적하고, 개인이 자신의 생각을 말할 수 있는 조건을 만들기 위해 나서야 한다. 하지만 우리 사회는 비판적 토의와 논쟁보다 침묵을 먼저 가르친다. 사정이 이렇다 보니 비판적 지성인이 아니라 주류 언론이 우리 사회의 여론을 주도하고, 담론의 생산자 노릇을 하고 있다. 언론이 여론을 지배하면서 다수의 사람이 찬성하면 무조건 참인 의견이 되는 형편이다. 지배적 담론으로부터 벗어나 비판과 논쟁이 활발하게 진행되는 장이 마련되지 않는 한 우리나라의 민주주의는 전진하기는커녕 오히려 퇴보할 수도 있다.

우리 사회에서 비판적 토의와 논쟁을 실천하는 정치교육이 시급히 요청되는 이유이다. 수학과 과학과 같은 과학적 진리도 증명을 통해 도달한다. 하물며 정치나 사회 등 삶에 관한 문제가 사회적 진리로 받아들여지기 위해서는 치열한 토론을 통한 검증이 필요하다. 의견이 다른 진영의 주장이 옳은지 그른지 고민하지 않은 채 사회적 진리에 도달하기 어렵다. 대립하는 두 주장을 균형 있게 살피고 각자의 논거를 편견 없이 이해하도록 노력하는 태도를 정치교육을 통해 배워야 한다. 특히, 사회에 대한 진실한 지식을 얻기 위해서는 자유토론의 가치를 인정하는 자세가 필수이다.

아렌트(김영일, 2007 재인용) 또한 다양한 의견의 자유로운 표현과 토론에 의해서 정치의 정당성이 도출될 수 있음을 강조한다. 그녀는 "정치의 본질은 토론으로 구성"(p. 199; 김영일, 2007 재인용)되며, "개인의 정치에의 참여는 그 사회의 다양한 의견들의 총체 속에서 자신의 견해를 표출할 수 있고, 다른 한편으로 나와는 다른 사람의 의견이 또한 존재함을 인정할 때 비로소 의미를 가지게 된다"(p. 199; 김영일, 2007 재인용)라고 언급한다. 민주주의에서 하나의 사회적 대안만이 존재하는 것이 아니라 서로 다른 생각을 인정하고, 자유로운 의사교환을 통해 다양한 대안들이 도출될 수 있다. 이러한 점에서 정치교육은 일방적인 가치나 권력에 대한 주입이 아니라 다른 생각들이 교환되는 과정을 이해하고, 토론을 통해 제시된 다양한 의견을 기꺼이 받아들이며, 모호함과 다름을 견디면서 대안을 도출하는 방식을 배우는 교육인 것이다.

한편, 정치교육은 시민들이 사회적 문제에 대해 직접 참여함으로써 정치적이고 사회적 감수성을 높일 수 있도록 해야 한다. 우리나라뿐만 아니라 독일 등 전 세계적으로 젊은 세대들은 정치나 사회적 문제에 무관심하다는 지적이 많다. 하지만 이는 젊은 세대의 개인주의적 사고의 문제라기보다는 공동체의 문제에 열정을 가질 수 있는 기회와 참여할 수 있는 통로가 없기 때문에 생기는 문제일 수 있다(김선욱, 2007). 민주주의의 가치를 규범적으로만 배우는 것은 실천으로 이어지기 어렵다. 자신이 스스로 문제를 느끼고, 변화를 갈망할 때 기꺼이 정치 행위에 참여할 것이다. 최근 기후변화 대책을 촉구하면서 강력한 정치적 행위를 보여 주는 스웨덴의 그레타 툰베리(Greta Thunberg)와 이를 지지하는 젊은 세대들의 전 세계적인 환경 운동, 가까이에서는 우리나라의 촛불혁명에서 보여 줬던 젊은 세대의 참여 등의

3. 정치교육의 의미 87

사례는 우리 사회의 정치교육이 어떠한 방향에서 이루어져야 하는지에 대한 함의를 보여 준다.

민주주의의 경험이 짧은 우리 사회에서 1987년 민주화 열망은 형식적 민주주의를 가져왔지만, 이후 시민참여는 오히려 제한되었다(최장집, 2020). 선거라는 형식적 권리만을 행사할 수 있을 뿐 중요한 정책결정 과정에 철저히 배제되어 있다. 형식적 민주주의하에서 시민의 자유란 그저 외부로부터 통제를 받지 않는 상태라는 소극적 의미로서만 받아들여진다. 란다우어(김영일, 2007 재인용)가 이미 100년 전에 예견하였듯이, 민주주의 사회에서 국가의 권력이 국민에게 있다고 하지만 선거를 통한 정치가를 선출하는 것 이외에는 주인으로서 행사할 수 있는 것이 아무것도 없다. 시민들은 선거권이라는 형식적 권리만 가진 채 스스로 뽑은 정치가들에게 종속되어 버렸다. 공적인 삶을 사적인 삶과 철저히 분리시킴으로써 공적 영역의 일은 정치가들에게 맡겨 버린 채 사적인 삶만을 영위하고 있는 것이다. 시민들에게 약간의 자유와 복지를 보장해 주고, 자본주의에서의 사적 욕망을 채울 수 있는 기회를 주면서 결국 시민들은 정치적으로 무관심해지고 종국에는 정치에 대한 혐오를 가지게 된다(김영일, 2007). 물론 란다우어나 아렌트가 주장하는 현대 민주주의를 보완해야 하는 제도적 해결책이 필요하기도 하겠지만, 교육의 역할도 중요하다.

우선적으로 민주주의에 대한 이해와 사회문제에 관심을 가질 수 있도록 유인하는 정치교육이 수행되어야 한다. 자신과 유착되어 있는 사회문제에 대해 관심을 갖고 참여할 때 민주주의에 대한 이해가 높아질 수 있고, 이는 사회적 실천을 유도할 수 있을 것이다. 민주주의가 진전되기 위해서는 필연적으로 개혁이 진행될 수밖에 없다. 다양한 시민들이 문제를 지적하고, 이에 따른 적절한 제도적 보완이 없다면 민주주의 또한 퇴행할 수 있다. 따라서 시민들이 자신이 느끼는 문제에 대해 직접 행동에 나설 수 있고, 정치적 행위에 참여할 수 있는 현장 중심의 정치교육이 필요한 시점이다. 관객 민주주의에 불과한 경험들은 사회적 삶 속에서 스스로 문제를 해결하는 기회를 상실하게 만들 뿐이다. 실천이 없는 규범적 교육은 공허할 뿐이고, 시민들로부터 외면받게 될 것이다.

주요 개념 정리

☑ **성찰적 사유**: 식물을 식별하는 인지작용이나 문제풀이 능력, 계산 능력 등과는 전혀 다른 정신적 기능으로 자신이 한 일을 돌아볼 수 있는 능력이다.

☑ **자기모순**: 성찰적 사유를 통해 자신을 돌아보았을 때, 내가 바라본 자신이 나 자신과 모순이 발생하여 자신이 한 일이 절대 용납할 수 없는 일이었음을 깨닫게 되는 것이다.

☑ **관용**: 자신의 생각과 입장이 다른 이를 허용하고 인정하는 태도이다. 한 사회의 정치 문화가 어느 정도까지 차이와 다름을 받아들일 수 있는가는 그 사회의 관용의 수준을 알려준다.

생각해 볼 문제

1. 민주주의가 최상의 제도는 아니지만 거대 악을 막기 위해 지금 수준에서 적절한 제도라는 시대적 합의가 있다. 이와 같은 민주주의가 퇴행하지 않기 위해 교육현장에서 어떠한 교육을 어떻게 시행해야 하는가?

2. 교육은 정치적 중립을 지켜야 한다는 주장에 근거해 볼 때 현실참여를 독려하는 실천적 정치교육은 어떠한 견지에서 이루어져야 하는가?

참고문헌

김선욱(2017). 한나 아렌트의 생각. 경기: 한길사.

김영일(2007). 권력현상에서 생활현상으로 '정치'에 대한 란다우어와 아렌트의 이해와 현대적 의미. 한국정치학회보, 41(1), 195-210.

박선형(2020). 정치교육(과 시민교육)의 쟁점과 발전 과제. 한국교육정치학회, 27(4), 27-56.

송경오(2016). 교육행정구현과정에서 교육주체들의 자기소외 현상. 교육행정학연구, 35(2), 71-99.

신두철(2011). 독일 정치교육의 새로운 도전 과제로서 정치혐오와 정치참여. 한독사회과학논총, 21(4), 27-48.

안병영, 정무권(2007). 민주주의, 평등, 그리고 행정: 한국행정 연구를 위한 이론적, 경험적 함의를 찾아서. 한국행정학보, 41(3), 1-40.

유시민(2020). 나의 한국현대사. 경기: 돌베개.

최장집(2019). 민주화 이후의 민주주의. 서울: 후마니타스.

홍은영, 최치원(2016). 문화적 실천으로서 독일의 정치교육 혹은 민주시민교육. 유럽사회문화, 17, 289-320.

Arendt, H. (1958). *The Human Condition.* 이진우 역(1997). 인간의 조건. 경기: 한길사.

Arendt, H. (1964). *Eichmann in Jerusalem*. 김선욱 역(2006). 예루살렘의 아이히만: 악의 평
　　범성에 대한 보고서. 경기: 한길사.

Bernstein, R. (2018). *Why Read Hannah Arendt Now*. 김선욱 역(2018). 우리는 왜 한나 아
　　렌트를 읽는가. 경기: 한길사.

Mill, J. S. (1982). *On Liberty*. 서병훈 역(2005). 자유론. 서울: 책세상.

제**4**장

시민교육 연구의 담론과 쟁점 및 발전 방향[1)]

박선형

> **개요**
>
> 시민권과 시민(권)교육에 대한 학문적 관심의 급격한 증가와 더불어 관련 교육정책이 확대 강화되
> 고 있다. 그러나 단위학교 수준에서의 시민교과 운영의 활성화 정도는 이러한 외형적 규모 증대와
> 시대적 열망과는 다르게 상대적으로 매우 미진한 상황이다. 이 장에서는 시민(권)교육 연구의 담
> 론 및 쟁점 및 미래 발전 방향을 국내외 선행 문헌을 참조로 하여 개괄적으로 참조해 보는 데 주된
> 초점을 둔다.

1. 시민(권)교육 연구동향과 발전 방향

정치교육과 시민교육은 연구초점과 적용범위의 차이를 가지지만, 결국 '시민'을
적용 대상으로 하기 때문에 현실 상황과 교육현장에서 명료하게 구분할 수 없는 측
면이 있다. 시민교육이 정치교육의 출발점이라는 사실을 감안하면 시민교육에 대
한 쟁점과 논점 및 담론 분석은 결국 학문연구 분야로서 정치교육에 대한 미래적
발전에도 기여한다고 볼 수 있다.

20세기 초반까지 탐구주제로서 시민교과는 사회과 관련 교과 연구자와 해당 분
야 교육실무자 등의 일부 소수 연구자만의 관심 대상이었으며, 그 결과 학문공동체

내에서 크게 주목받지 못하며 학문적 위계에 있어 주변적 지위를 차지하였다. 그러나 최근의 급격한 시대적 환경 변화와 사회적 여건 변동(전 세대 연령층 인구의 정치참여 저조, 자유시장과 복지국가의 위기, 공공정책에 대한 사회적 신뢰도 감소, 세계화 시대의 국제화 요구, 다국적 정체성을 포용하는 유럽연합 출현, 9 · 11 사건 이후의 자국 민족주의 부상 등)은 시민교육 정책의제와 관련 연구를 사회과학 분야의 새로운 관심 대상으로 부각시키고 있으며, 정치과학, 사회학, 비판교육학, 청소년심리학, 다문화교육학 등의 다학문적 시각에서의 심층적인 이론 연구 실행과 유의미한 실증적 탐구를 촉발시키고 있다. [2]

시민(권)교육의 대표 연구자인 베겔러스와 그루트(Veugelers & De Groot, 2019: 14)는 이러한 학문공동체의 시민(권)교육 연구에 대한 폭발적 관심 제고 현상을 해당 개념의 '확대'와 '심화'로 설명하고 있다. 그에 따르면 현대의 시민권 개념은 더 이상 특정 국가에 고정된 아이디어가 아니라 유럽연합의 예에서 보듯이 국가 경계를 초월하는 지역 포괄성을 가지며, 세계시민권 사상을 통해 전 세계로 연계 확장되고 있다고 본다. 또한, 시민권 개념은 소수자 권리 우대와 다문화주의 등의 시대적 요구에 따라서 정치 영역을 벗어나 사회적 · 문화적 수준까지 발전 · 심화되고 있으며, 그 결과 국가정책의 중요한 의제로 재형성되고 있다는 것이다.

그러나 시민권과 시민(권)교육에 대한 학문적 관심의 급격한 증가와 더불어 관련 교육정책이 여러 선진 국가에서 강화되고 있지만 단위학교 수준에서의 시민교과 운영의 활성화 정도는 이러한 외형적 규모 증대와 시대적 열망과는 다르게 상대적으로 매우 미진한 상황이다. 예컨대, 시민(권)교육을 2002년 국가 수준 교육과정의 법정이수 과목으로 지정하여 실행하였던 영국의 경우, 2007년 시민교육과정 집행을 검토한 결과, 대부분의 공립학교에서 시민(권)교육이 성과 기반 책무성 교육정

---

2) 융복합 사회과학 시각에서 가장 최근에 출간된 『시민권 전문도서(The Oxford Handbook of Citizenship)』는 소개 글에서 Google을 통해 도서와 자료를 검색한 결과 1980년대까지 시민권 개념이 국적(nationality) 개념과 구분되지 않은 채 혼용되어 사용되다가 21세 초 들어서 해당 용어 빈도가 사상 최고치를 기록하고 있음을 밝히고 있다(Shachar, Baubock, Bloemraad, & Vink, 2020: 3).

책 실행 등으로 인해 학습목표의 우선순위를 차지하지 못하고 있음을 발견하였다. 또한, 2010년 총선에서 보수당이 집권하면서 시민교육 법정과목 지정 이수를 촉발하였던 「크릭 보고서(Crick Report)」(1998)의 핵심 내용인 '지역연계 참여 활동과 정치적 문해력 습득에 기초한 정의지향적 시민권 모델'은 그릿, 회복탄력성과 같은 경제개념 중심의 자기계발 전략 교수와 인성교육으로 축소되었다(Weinberg & Flinders, 2018). 한편, 미국의 시민교과는 과거의 교육과정 실행 상황과 비교해 볼 때 통상 1학기 내에 정부조직과 거버넌스 체제 지식을 습득하는 정도로 교과 영향력이 급속하게 축소되었으며, 시민역량 제고보다는 문해력과 비판적 사고력 및 직무수행 역량 습득에 학습의 초점이 주어졌다(Kahne & Middaugh, 2008).

이러한 예들은 민주시민 양성과 국가정체성 제고를 위한 시민교육의 필요성과 중요성에 대한 교육 구성원의 공통 인식에도 불구하고 단위학교에서의 시민교육의 전방위적 실행은 기대한 만큼의 교육적 효과성을 발휘하지 못하고 있음을 시사한다. 우리나라의 경우, 민주시민교육은 교육부의 정책의제 추진 전담부서(민주시민교육과)가 설치된 이후, 최근 몇 년 사이에 핵심적인 교육정책 의제로 발돋움하고 있다. 주요 시·도교육청은 논쟁·토론 중심 수업 기반 확보 등의 학교민주시민교육활성화 지원 기본계획안(예: 서울특별시교육청)과 학생 주도 시민교육 프로젝트·학교자치 활성화·정의지향적 접근 등의 민주시민교육 정책추진계획(예: 경기도교육청)을 활발하게 구안하여 발표하고 있는 상황이다.

그러나 이러한 시민교육의 교육현장 정책 착근 노력에도 불구하고 해당 정책의제에 대한 교육 구성원의 혼란과 우려는 더욱 가중되고 있는 상황이다. 예컨대, '초·중등학교 민주시민교육 활성화를 위한 방향' 연구에서 이쌍철 등(2019: 115-140)은 교사와 교육행정가가 체감하는 민주시민교육의 주요 문제점을 '학교 민주시민교육의 용어와 개념의 혼란, 교육 구성원의 시민역량과 관련 기술(협의능력, 설득기술 등) 부족으로 인한 민주시민교육의 제한적 실시, 교육과정 운영상의 수업시수 확보와 전문인력 부족, 권위적인 학교 풍토, 쟁점 토론 시 교사 의견 공개에 대

한 우려와 자기검열 태도, 부과업무로 인한 심적 부담으로 인식되는 민주시민교육'
등으로 요약하고 있다. 이는 현재의 민주시민교육 정책의제 설정과 집행과정이 적
용 대상인 단위학교 운영 실태와 상당한 괴리감을 가지고 있으며, 교육공동체 전체
구성원의 목소리를 충분하게 반영하고 있지 못함을 시사한다.

   이러한 혼란 상황은 중앙교육행정기관과 지방교육행정기관의 민주시민교육 관
련 교육정책 의제설정 조율 과정의 미숙련성과 정책실행의 조급성 등이 총체적으
로 반영된 결과에 기인한다고 볼 수 있다. 선진 외국의 연구 사례를 참조해 보면 시
민권의 개념과 유형, 쟁점 중심 수업, 정의지향적 접근의 타당성 등은 상당한 논란
과 이견의 소지를 포함하고 있는 연구주제로서 학문공동체 내에서 이에 대한 비판
적 담론과 다양한 심층적 논의가 진행되고 있다. 이와 더불어 단위학교 수준에서
시민교육의 인과관계와 실증효과가 과연 존재하는가라는 시민교육 정책실행에 대
한 근본적인 의문도 제기되고 있는 형국이다. 이에 비해, 국내 학계와 교육현장의
관련 담론은 상대적으로 매우 미흡하게 전개되고 있다. 이 장은 시민(권)교육 연구
의 담론 및 쟁점 및 미래 발전 방향을 국내외 선행 문헌을 참조로 하여 개괄적으로
참조해 보는 데 주된 초점을 두고자 한다.

2. 시민(권)교육 연구 담론

   시민(권)교육의 연구동향과 주요 이론발달 추세를 확인할 수 있는 대표적 저서
는 두 명의 영국 교육학자와 1명의 미국 교육학자가 공동으로 편집한 『The Sage
handbook of education for citizenship and democracy』(Arthur, Davies, & Hahn,
2008)'이다. 해당 저서는 시민(권)교육에 관한 거의 모든 것, 즉 시민교육의 철학적
시각, 비교연구 관점, 핵심 쟁점과 특성, 시민교육에 관한 교육학 접근 등을 총괄
적으로 다루고 있다. 이는 시민(권)교육이 정치철학적 · 국제적 · 쟁점 현안별 · 특
성적 · 교육학적 성격 모두를 표방하는 복잡다기하면서 논쟁적인 다학문적 접근을

필요로 하는 연구 분야임을 나타낸다.

　이에 반해, 국내 시민(권)교육 연구는 단위학교의 사회과를 중심으로 활발하게 이루어지고 있으며, 해당 분야의 교육과정 운영과 실행방안 및 효과검증에 대한 심층적 논의(예: 사회과 목표제시 전략, 쟁점 중심 교육, 사회과 교육과정 시민어휘 분석, 정치 교육과정 내용체계 적합성, 정치교육이 고등학생 시민성에 미치는 영향 등)가 다양하게 진행 중이다(강대현, 2008; 김경은, 2018; 김명정, 2017; 노경주, 강대현, 2018, 옥일남, 2007). 그러나 이러한 선행연구물들은 다학문적이고 포괄적인 사회과학적 시각에 기반을 두기보다는 특정 교과내용과 교과교육 관점에 치우친 측면이 크다는 비판에 직면할 가능성이 크다. 시민(권)교육이 장기간에 걸쳐서 사회학, 심리학, 역사학, 정치학과 같은 일부 관련 내용(예: 정치사회화)을 중심으로 연구가 진행되어 왔지만 시민권 자체는 아직까지 여타 연구 분야에 상응하는 독립적인 학문적 지위를 획득하고 있지 못한 상황이다(Arthur, Davies, & Hahn, 2008: 3). 시민(권)교육 연구의 학문적 체계성을 확보하고 방법론적 엄정성을 보다 강화하기 위해서는 다학문적이고 교차융합적인 관점의 탐구방식이 추가적으로 필요하다 할 수 있다.

　이와 더불어, 시민(권)교육 관련 교과목의 수업운영 모델과 관련 교수법의 개발은 해당 교과내용학 · 교과교육학 전공자를 포함해서 교육학자들의 협력적 공동연구를 통해서 현실적용성과 실행 가능성을 한층 배가시킬 수 있다. 데이비스(Davis, 2012)는 시민권교육 분야의 핵심적 쟁점과 관련 논의를 다차원적 시각에서 총괄적으로 제시한 바 있다. 이를 요약 · 정리하면 〈표 4-1〉과 같다.

〈표 4-1〉 시민(권)교육의 정의와 유형 및 교수법 초점

시민권 정의와 시민(권)교육	시민(권)교육 교육형태	시민(권)교육 교수방법	시민(권)교육 교수초점

• 철학적 관점
  – 자유주의자 vs 시민공화주의자
• 정치
  – 배타성 vs 포용성
• 위치
  – 지역적, 국가적, 국제적, 글로벌
• 도덕성
  – 종교, '옳은' 일 하기
• 정체성
• 참여적 행위
	• 지위
	  – 교육과정 편성 시 단독 교과 주제로서의 적합성
	  – 학문 주제로서의 연구의 엄정성
	• 인접교과(역사 등)와의 차별성
	• 4가지 경쟁 교육 형태
	  – 시민교육은 단독 교과로서의 권리를 가짐.
	  – 시민교육은 타 교과 연계 기반으로 가르쳐져야 함.
	  – 시민교육은 학교공동체 구성원 간의 상호작용이나 풍토이기에 별도로 가르칠 필요 없음.
	  – 시민교육은 지역 · 국가 · 글로벌 공동체와의 활동을 통해 달성됨.
		• 6가지 적용 가능 유형
		  – 실행학습 기반의 활동적 교수법
		  – 토론 · 논쟁 기반의 상호작용적 교수법
		  – 삶의 실제 쟁점에 초점을 두는 현실 적합성을 갖춘 교수법
		  – 자발적 사고를 촉진하는 비판적 교수법
		  – 집단협업작업 기반의 협력적 교수법
		  – 학습 시 발언권을 가지는 참여적 교수법
			• 5가지 강조점
			  – 현대적 교육내용: 시민교육은 현재에 관한 것임.
			  – 공공맥락: 시민교육은 개인 건강과 우정 등도 다루지만 근본적으로 공중에 관한 것임.
			  – 적합한 실체적 개념: 시민교육은 권력, 권위, 정의, 공동체 등의 실체적 개념에 대한 강력한 개념적 토대를 가져야 함.
			  – 시민권과 관련된 절차적 개념(중요성, 해석, 연대기, 관용, 증거, 참여 등): 시민권이 어떻게 연구되고 규정되는지를 알아야 함.
			  – 성찰적 참여: 참여와 이에 대한 성찰기회를 제공해야 함.

출처: Davis(2012: 32-51)의 핵심 내용을 필자가 요약 · 정리함.

민주주의와 시민권에 대한 정치철학 기반의 경쟁적 관점은 단위학교에서의 시민(권)교육(citizenship education) 실행을 위한 교육과정 구성과 운영 및 교수평가 등에도 강력한 영향을 미쳐 왔다. 특히, 자유주의 관점과 시민공화주의(공동체주의) 관점은 상호 대립적 관점에서 시민(권)교육의 목표와 교육내용 및 운영 형태에 지

대한 영향력을 행사하고 있다. 예를 들면, 자유주의 시민교육의 관점은 개인의 인권·정치적 권리에 대한 보호를 최우선시 하지만 공동체주의 관점은 국가공동체 일원으로서 시민의 의무와 공유적 책임을 강조한다. 최근 들어서는 이에 대한 대안적 시각으로서 사회정의 구현과 해방 실현을 위한 시민(권)교육의 실천 가능성을 강조하는 비판적 관점이 대두되고 있는 상황이다. 아보위츠와 하니시(Abowitz & Harnish, 2006)는 비판적 관점의 시민교육 담론 유형을 페미니즘, 재구성주의, 문화주의, 퀴어 이론으로 세분화하여 제시하면서 세계화 시대에 부상하고 있는 초국가주의도 대안적 시민교육 담론에 추가하고 있다.

　그러나 개별 시각의 주창자들이 시민(권)교육 내용 정립과 실천 가능성을 체계적으로 탐색하고 있지만 교육학적 시각에서 독립적인 시민교육 교수학습 모델을 제시하고 있기보다는 대부분 경쟁적 정치철학 내용에 대한 심층적 소개나 상대 관점에 대한 비판에 머물고 있는 실정이다(Johnson & Morris, 2010; Levinson, 1999; Merry, 2020; Peterson, 2011; Vegelers, 2007). 시민교육 교과는 여타 교과목 비하여 정치이념적 특성, 체계성 결여와 범주화 부족, 지식 개념의 불확실성 등으로 인해 지속적인 비판의 대상이 되고 있다(Kennedy, 2008; Torney-Purta et al., 2001: 162, 166). 또한 시민교육 교육과정 운영과 학습지원에 있어서도 학생의 상호작용을 강조하는 거래적 모델이나 참여 기반의 변혁적 모델보다는 교사 중심의 고정 지식을 단순 전달하는 전송 모델이 주로 활용되고 있다는 반성적 지적이 제기되고 있기도 하다(Evans, 2008). 따라서 각기 다른 정치철학적 관점을 포괄하는 시민교육 교육과정 구안이나 수업 전달의 다양한 방식을 종합적으로 반영하는 선진화된 교수학습 모델 개발의 필요성이 더욱 부각된다고 할 수 있다. 이는 추후 관련 학문공동체의 집중적 연구와 유관 연구자 집단의 융합적 노력이 추가적으로 필요한 부분이다. 상술된 〈표 4-1〉의 시민(권)교육 운영 형태와 교수법 관련 내용은 관련 쟁점과 경쟁적 이론적 시각을 개괄할 수 있는 유용한 참고기제로 활용될 필요가 있다.

3. 시민(권)교육 연구의 쟁점과 논의점

국내·외 시민교육 주요 선행연구(Hesse & Avery, 2008; Veugelers & De Groot, 2019; Westheimer & Kahne, 2004)와 연구 결과물(이쌍철 외, 2019; 박선형 2020)의 내용분석에 근거하여 한국 민주시민교육의 쟁점과 논의점을 예비적으로 제시하면 다음과 같다.

1) Citizenship 기본 용어와 맥락적 활용의 투명성

자연과학 분야와 다르게 사회과학의 핵심 개념들은 연관된 현상의 구조적 복잡성과 연구 개념에 대한 학문적 관심의 중복성을 가진다. 따라서 핵심 개념에 대한 행동과학 기반의 '조작적 정의'가 수반되지 않는 경우, 항상 열려 있는 논쟁거리와 지속적인 쟁점의 대상이 되는 경향이 있다. 민주주의 개념 자체가 복잡성으로 인해 문헌상에서 '난잡'하다는 과격한 평가를 받는 것처럼 시민(권)교육 개념 역시 유사한 상황에 놓여 있다고 할 수 있다. 시민(권)교육은 다양한 정치철학적 관점과 이질적인 민주주의 사상이 혼재 반영된 정치·민주교육과 밀접한 내용 연관성을 가진다. 따라서 국내에서 시민(권)교육 관련 정책을 실행하는 데 있어서 핵심 개념에 관련되는 경쟁적인 민주주의 관점과 이질적인 정치철학적 배경은 상호 구분되어 명료하게 사용될 필요성이 있다.

특히, 주목해야 할 사항은 시민(citizen)과 시민교육 관련 유사 용어의 번역 명료성과 사용 단어의 맥락 적합성이다. 시민이라는 용어는 관련 문헌상에서 civic(공민), citizenship(시민성), civility(정중한 품행)과 혼용되는 측면이 매우 강하다. 특히, 상식적인 관점에서 정치공동체 구성원으로서의 시민의 덕목과 권리 및 의무를 지칭하는 citizenship은 국내 선행연구에서 '시민성, 시민적 자질, 시민됨' 등으로 각각 다르게 번역되거나 원 용어 발음대로 '시티즌십'으로 사용되고 있다(김경은, 2018: 5; 송샘, 이재묵, 2018; 차경은, 2007; 추정훈, 2004: 40). 심지어 해당 용어는 '시민성을 가진 사람들만의 권리'라는 중복적이면서 동어반복적인 정의로 소개되고 있기도 하다(남미자, 장아름, 2020: 33). 또한 국내 연구물들은 각기 다른 용어인 citizenship education과 civic education을 시민교육으로 공통적으로 번역하여 활용하고 있으며, 통상 앞의 용어를 보편적으로 더 많이 인용하는 경향이 있다.

그런데 해당 영어 단어들의 원 의미를 생각해 보면, citizenship은 시민성보다는 시민권으로 번역되는 게 보다 적합할 수 있다. 또한, citizenship education은 시민권교육으로, civic education은 시민교육으로 번역하는 것이 맥락적으로 훨씬 타당할 수 있다. 시민교육의 국어사전 정의는 "자유롭고 평등한 개인 종합체로서 근대 시민사회의 주민을 육성하기 위한 교육"이다. 이는 민주시민 양성에 필요한 모든 교육활동과 제도적 노력을 지칭한다. 시민성에 대한 정의는 "어떤 시민에게 공통적으로 나타나는 가치관, 행동 양식, 사고방식, 기질 따위의 특성"을 지칭한다. 이에 반해 시민권은 "개인을 정치공동체의 구성원으로 만들어 주는 권리와 의무들의 집합체로서 시민이 되기 위한 덕목과 의무까지를 포함하는 포괄적 의미"로 규정된다.[3] 따라서 시민권교육(citizenship education)은 시민교육과 정치교육을 통해 달성해야 할 최종 목표, 즉 정치공동체 시민의 회원자격 확립에 필요한 정치체제에 관한 배경지식(정부구조, 정책, 역사, 문화, 사회, 경제 등) 전달과 민주적 자질 제고 및 덕목 함양을 지향한다고 볼 수 있다.

시민권교육이라는 번역은 시민교육 분야의 철학적 개념 분류에도 정합적으로 부합할 수 있다. 예컨대, 매클로플린(McLaughlin, 1992)은 최소 수준의 시민을 지향하는 교육을 'civic education(시민·공민교육)'으로, 최대치의 시민을 지향하는 교육은 'citizenship education(시민권교육)'으로 지칭한 바 있다. 그에 따르면 시민교육의 첫 번째 입장은 공식적인 학교교과목으로서 학생들에게 관련 지식을 전달하

---

3) 다음 백과사전 https://100.daum.net/encyclopedia/view/177XX61300698

는 명료한 기술적 절차를 지칭한다. 반면, 두 번째 입장(education for citizenship)은 일반적 철학과 가치 원칙에 근거해서 학생들에게 좋은 시민의 이미지를 교육하는 데 중점을 둔다. 한편, 시민권(citizenship)에 대한 권위 있는 소개서에서 벨러미(Bellamy, 2008: 12)는 동 용어가 특정 정치공동체와 관련된 공적 권리와 의무를 포함한 특정한 정치적 실제로서 민주주의 정치와 직접적으로 연결되어 있다고 주장한다. 그에 따르면 시민권은 '민주주의 정치공동체의 회원 자격(membership)', '회원 자격으로 인한 혜택과 권리', '공동체의 정치적 · 경제적 · 사회적 과정에 참여하는 것'으로 구성된다. 여기에 학자별 관점에 따라서 정체성이 추가되기도 한다. 이러한 정의를 고려해 볼 때, citizenship education을 매클로플린이 분류한 첫 번째 의미의 (최소 수준) 시민교육(civic education)으로 번역한다면 민주사회 정치공동체 일원으로서 집합적 생활에 적극적으로 참여하면서 개인 권리 향유를 함의하는 시민권에 대한 근본적 교육보다는 시민교과 기반의 관련 지식 전달과 역량 교육으로 환치될 가능성이 높다.

시민교육 관련 연구 분야에서 해당 용어들에 대한 국내의 기존 번역어 활용은 이미 상당히 고착화되어 있는 상황이다. 외국 이론과 관련 용어의 국내 도입 적용에 있어서 명확한 용어 정의와 정확한 번역은 해당 학문발전을 위한 기본 토대로 작용한다. 따라서 핵심 용어에 대한 명시적인 개념 분류와 정확한 용어 번역은 학문공동체의 추가적인 담론 활성화를 통한 집합적 노력이 필요할 것이다.

이에 더해서 시민(권)교육은 용어의 활용 차원에서 비경제적 중복성과 정당정치 연관성 어감을 적극적으로 배제할 필요성이 있다. 시민교육은 개념 속성과 적용 범위에 있어 민주시민 양성을 자체의 내재적 학습목표로 설정하고 있다. 이를 고려해 보면 정치권 등에서 적극적으로 활용되고 있는 민주시민교육이라는 용어는 '결혼하지 않은 총각'이라는 문장에서 보듯이 일종의 동어반복(tautology)의 그릇된 정책의제 용어 활용의 대표적 사례로 간주될 수 있다. 물론 이에 대해서 시민(권)교육이 단순히 민주주의 정치제체에서만 활용되는 것이 아니라 독재 정권 이념 홍보와 체제유지를 위한 '기능주의적 활용'의 용도로도 사용될 수 있는 점을 감안하면 '민주'라는 용어를 차별적으로 부각시켜서 강조할 필요성이 있다는 반론도 가능하다.

그러나 이러한 논리는 과거 교과서 정책에 있어 정당별로 '민주주의' 용어에 더해서 '한국적' 또는 '자유'를 추가하자는 편향된 정치권 이념 논리 주장과 별다른 차이점을 가지지 않는다. 왜냐하면 시민(권)교육이라는 용어는 좌파와 우파를 초월한 정치적 중립성을 내포하기 때문이다. 이러한 시각에서 보면 민주시민교육이라는 용어는 특정 정당의 명칭을 연상시키는 다소 불필요한 정치적 어감을 가진다. 이러한 모든 상황을 고려해 볼 때 현재의 민주시민교육이라는 용어는 원 취지에 적합한 시민교육이라는 용어로 전용할 필요가 있다.

2) 시민(권)교육의 유형 활용의 정당화와 정치철학 기반의 명료성

시민교육 정책추진을 선도하고 있는 경기도교육청의 '2021~2023 민주시민교육 정책추진계획'은 기본 방향을 '시민적 가치와 역량 중심 시민교육으로 삶 속의 민주주의 실천', '자율과 책임의 민주적 학교문화 조성으로 공공성에 기반한 학교자치 지원', '다양성을 존중하는 세계시민 육성을 위한 공정한 교육기회 실현'으로 설정하고 있다. 시민교육의 핵심 역량을 어떻게 설정할 것인가는 별도의 논의를 필요로 하는 문제로 치부하더라도 전술된 교육 방향은 논리적 정당성과 철학적 근거를 생략한 채 다소 상충적인 시민교육 관점을 포괄적으로 제시하고 있다는 비판이 제기될 수 있다. 자율성은 전통적으로 자유주의 철학이 강조하는 덕목이다. 이에 반해 공적 책임감은 시민공화주의가 추구하는 미덕으로서 참여적 민주주의와 강력하게 연계된다. 민주주의가 자유주의와 시민공화주의의 경합적인 역사적 발전 관계를 통해서 진화 발전하고 있다는 사실을 감안하면 이러한 교육 방향은 적합한 추진 방향과 타당한 내용 구성을 가진다고 볼 수 있다.

그런데 세 번째 교육 방향인 '다양성을 존중하는 세계시민 육성'은 다문화주의와 세계시민주의가 명료하게 구분되지 않은 채 상호 혼재되어 있는 것으로 보인다. 세계시민주의는 사해동포주의에 근거하여 개인과 국가를 초월하여 자신을 세계사회의 일원으로 간주하는 사고방식으로서 보편주의를 지향한다. 이에 반해, 다문화주의는 공동체 구성원의 문화적 다양성을 존중하기 때문에 의사소통의 합리성 등의 보편성을 무시하며 민족고유성 등의 특수주의를 주창한다. 따라서 두 관점은 아주 다른 이질적인 정치 가치체제로서 상호 교차적으로 활용되거나 동의적 의미로 전용될 수 없다.[4]

경기도교육청의 정책싱크탱크인 경기도교육연구원(2021)은 최근 보고서에서 학교급별 민주시민교육 실행방안으로서 비판철학 시각인 '정의지향적 접근'을 강력하게 권고한 바 있으며, 이러한 추천은 경기도교육청의 '2021~2023 민주시민교육 정책추진계획'에 포함되어 있다. 정의지향적 접근은 사회민주주의 정치철학을 지배적 국정 패러다임으로 수용하고 있는 북유럽 국가와 강력한 사회주의 운동을 표방하고 있는 일부 라틴 국가에서 발견되는 대표적 시민(권)교육 유형이다. 베겔러스와 그루트(2019)는 선행연구 분석 결과에 근거하여 서구 국가에서의 청소년이 현실 개선의 문제에 대해 스스로 영향력을 행사할 수 없다고 느끼기 때문에 민주주의 실천과 사회정치적 참여와 같은 거시적인 정의지향적 접근에는 관심이 높지 않으며, 이들은 개인적 자유와 자신의 삶에 의미를 부여하는 자율성 개발과 소속 공동체에 봉사하는 개인주의적 사회참여 활동에 초점을 두고 있음을 밝히고 있다.

COVID-19 발생 이후, 미국과 유럽 등의 서구사회의 정치지형과 사회현상을 살펴보면, 국회 기습 무단점거나 동양인 무차별 폭행 등 보수 우익 집단이 주도하는 자국중심주의와 편향적 민족주의가 더욱 기승을 부리고 있는 것을 목격할 수 있다. 그럼에도 불구하고 서구국가는 보수적인 유교적 전통에 의해서 크게 영향을

---

4) 이에 더해서 우리의 분단국 현실을 반영하여 평화·통일교육도 민주시민교육 중점정책 의제로 선정되어 제시되어 있다.

받고 있는 동양 국가와 비교해 볼 때 상대적으로 개방된 시민의식 소유와 합리적 의사소통에 기반한 풍부한 정치적 담론 역사를 가지고 있다고 할 수 있다. 이런 국가들에서조차 비판철학에 근거한 정의지향적 시민교육 접근 유형이 신자유주의 사상에 의해 크게 영향을 받고 있는 청소년 세대에게 강력한 호소력을 발휘하지 못하고 있다는 사실은 해당 의제의 국내 정책 형성·집행의 제도적 구현 노력에 있어서 신중한 접근과 성찰적 고민이 우선적으로 선행되어야 함을 시사한다. 특히, 좌우보혁 정치이념이 첨예하게 대립되고 있는 한국적 상황을 고려해 볼 때 다양한 시민(권)교육 유형 중 특정 이념 중심의 편향적 접근을 지방교육행정 유관 기관(예: 경기도교육연구원)이 선제적이고 주도적으로 시도할 경우 의도한 정책효과를 달성하기보다는 교육공동체와 사회 전반의 소모적인 논란을 유발할 가능성이 크다.

사실상, 시민(권)교육 대표 연구들은 시민(권)교육의 유형을 유사한 관점에서 세 가지로 구분하고 있으며, 시민(권)교육 실행에 있어서 이의 연계 융합적 활용을 주창하고 있다. [그림 4-1]과 같이 베겔러스(Veugelers, 2007, 2017)는 시민(권)교육 유형을 적응적 시민, 개인주의적 시민, 비판적 민주 시민으로 구분하고 있으며, 웨스트하이머와 칸(Westheimer & Kahne, 2004)은 개인책임감을 가진 시민, 참여적 시민, 정의지향적 시민으로 분류하고 있다. 두 관점의 분류체계의 활용 용어는 다소 다르지만 각 유형은 동일한 시민 특성을 가지고 있으며, 공통적인 교육목표 지향점(훈육, 사회참여, 자율성)을 선별적으로 활용한다. 또한, 시민(권)교육의 각 유형은 정치철학의 자유주의, 공동체주의, 비판주의 시각을 체계적으로 반영한다. 따라서 시민(권)교육과정의 지향점은 시·도교육청의 주도하에 특정 정치철학 중심으로 실행되기보다는 단위학교 중심의 여건과 지역사회 요구 조건 및 교육 이해당사자의 수요 등을 종합적으로 반영하여 전체 시민(권) 교육 유형의 특성을 균형적으로 반영하여 추진하는 것이 바람직하다.

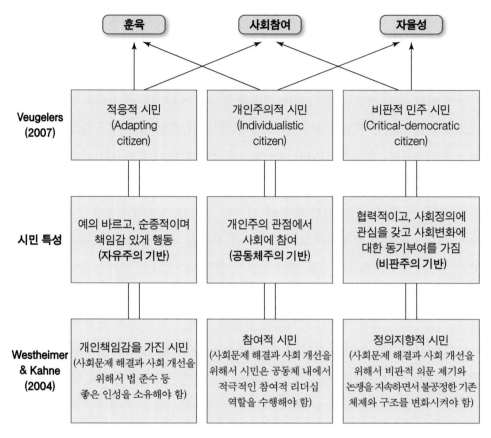

[그림 4-1] 시민(권) 개념 유형

출처: Johnson & Morris(2010: 85)를 수정 · 보완하였음.

〈표 4-2〉 시민(권)교육 유형

구분	개인적 책임감이 있는 시민	참여적 시민	정의 지향적 시민
기술적 설명	• 지역사회에서 책임감 있게 행위함. • 일하면서 세금 납부 • 법률 준수 • 재활용 참여 및 헌혈 • 위기 상황에서 도움을 제공하는 자원 봉사자	• 지역사회 조직이나 개선 노력을 하는 활동적 구성원 • 도움이 필요한 사람들을 살피고, 경제발전을 촉진하거나, 환경을 정화하기 위해 지역사회 노력을 조직화함. • 정부기관들의 작동방식을 알고 있음. • 집단과업을 수행하기 위한 전략을 알고 있음.	• 표면적 원인 이외의 것을 보기 위하여 사회적 · 정치적 · 경제적 구조를 비판적으로 평가함. • 불공평 영역을 찾아서 해결 • 민주적 사회운동과 체계적 변화에 영향을 미치는 방법에 관해서 알고 있음.
예시적 행위	• 푸드 드라이브에 음식 제공	• 푸드 드라이브를 조직하는 것을 도움	• 사람들이 배고픈 이유를 탐구하고 근본 원인을 해결하기 위해 활동함.
핵심 가정	• 사회문제를 해결하고 사회를 개선하기 위해 시민들은 좋은 인성을 가져야 함. – 시민들은 지역사회의 정직함과 책임감을 가지고 법을 준수하는 구성원이어야 함.	• 사회문제를 해결하고 사회를 개선하기 위해 시민들은 기존 시스템 및 공동체 구조 내에서 적극적으로 참여하고 리더십 역할을 담당함.	• 사회문제를 해결하고 사회를 개선하기 위해 시민들은 의문과 논쟁을 지속하면서 시간을 두고 불공정 패턴을 재생산하는 기존 시스템과 구조를 변화시킴.

출처: Westheimer & Kahne(2004: 240).

3) 시민(권)교육의 필수 독립교과목 지위 확보의 타당성

일부 국회의원이 주도하는 각종 포럼 활동과 정책연구소 출간 선행연구물들은 다양한 관점에서 독립교과로서 시민교육의 정규교육과정 편성운영과 공통필수화를 주장하고 있다(김원태, 2020: 58-59). 이러한 주장은 해당 교과의 전담교육 인력 현황과 교원양성기관의 대응 준비도 및 체계적인 관련 연구의 부족 등 교육현장의 여건과 연구 상황을 고려하지 못한, '정치적'으로나 '교육적'으로 시기상조의 일방 향적인 요청이다. 시민교육 교과를 법정이수 단독교과로 교육과정에 편성·실행 하였던 영국의 사례를 살펴보면, 단독교과목 실행을 위한 다양한 위원회의 활동과 각종 학회·포럼 발표를 통하여 교육공동체 구성원의 참여의지 확산과 합의 도출 및 관련 연구물의 축적이 활발하게 선행되었다. 그럼에도 불구하고 최근 시민교육 교과의 지위는 보수연합 정부의 인성교육 강화 교육정책 등과 맞물려서 상대적으 로 축소되고 있는 상황이다. 따라서 시민교과의 법정필수 독립교과목 선정을 위해 서는 무엇보다도 시민(권)교육의 교육적 지향점, 핵심 개념화의 명료성, 바람직한 교육 형태, 적합한 교수방법 등에 대한 논의가 먼저 심층적으로 선행되고, 이를 통 해 관련 연구물 생성과 유의미한 실증적 결과를 창출할 필요성이 있다. 시민(권)교 육의 비전이나 핵심 개념 및 단위학교 내에서의 교육적 실행 방안을 고려하지 않 은 채 해당 교과에 대한 필수 독립교과목 지위 부여는 특정 소수의 목소리만을 반 영하는 기술관료 중심의 인기영합주의(populism)로 귀착될 가능성이 크다. 이러한 맥락을 고려해 보면, 한국교육개발원(이쌍철 외, 2019: 246)이 교육전문가 응답에 기 초하여 제시한 '중장기적으로 민주시민교육과목 신설', 단기적으로는 '현행 체제를 유지하되 기존 과목 내 시민교육 내용 강화(민주시민교육 의미, 목표, 내용을 명료화를 통한 기존 과목 내 시민교육 강화)' 방안은 현재의 교육 현실 여건을 반영한 매우 시의 적이며 타당한 제언이다.

4) 쟁점 중심 토론의 유의점

헤스와 에이버리(Hess & Avery, 2008)는 시민교육 선행연구에 근거하여 학생의 쟁점 중심 토론 참여는 비판적 사고 개선, 대인관계 기술 함양, 민주적 가치에 대한 이해도 향상, 정치참여 의식 함양 등의 교육효과 산출에 긍정적으로 기여하고 있음을 명시하고 있다. 그러나 이들에 따르면 토론교육 활동의 민주적 가치와 교육적 중요성에 대한 교사들의 공통된 믿음과 긍정적 인식에도 불구하고 단위학교 교실에서 실제 토론 중심의 수업활동은 거의 발견하지 못하였다는 충격적인 연구 결과 (Nystrand et al., 2003: 178)도 인용하고 있다(Hesse & Avery, 2008: 508). 이들은 '교실에서 말하는 것'과 '실제 쟁점 중심 토론'은 질적 수준에서 근본적 차이가 있으며, 쟁점 토론은 이미 해결된(settled) 안건이 아닌 열려 있는 논란의 대상이 되는 주제를 다루는 것임을 밝히고 있다. 예컨대, 인종차별의 비도덕성과 비인권성은 민주 사회에서는 이미 합의가 도출된 해결된 사안이기에 쟁점 토론의 대상이 될 수 없다는 것이다. 그러나 논란 주제와 해결된 주제 간의 명확한 차별화(예컨대, 동성애 권리는 우리 사회에서 개인 배경과 집단 이해관계에 따라 다르게 해석됨)는 결국 교사의 몫이기 때문에 쟁점 토론 진행에 대한 교사의 숙련성과 전문성이 요구된다는 사실을 강조하고 있다. 이와 더불어 학생들 간의 쟁점 토론 시 교사 의견의 공개적 표명은 신중을 기해야 하며, 가능한 중립성을 준수하는 것이 필요하고 심지어는 부지불식간의 암시적 · 비언어적 메시지 전달(특정 주제에 대한 부정적 얼굴 표정 등)에도 특별히 유의해야 함을 언급하고 있다. 또한, 민주적 학교교육 실행 조건과 동일하게 쟁점 중심 토론의 활성화를 위해서는 무엇보다도 민주적 학급풍토의 조성이 선결되어야 함을 지적하고 있다. 이러한 논의는 서울시교육청이 추진하고 있는 사회현안 논쟁 · 토론 수업의 성공적 실행을 위한 필수적인 참조기제로 활용될 필요가 있다.

4. 시민(권)교육 연구의 발전 과제

시민교육 연구의 발전 과제 도출은 시민(권)교육 관련 쟁점과 논점, 즉 시민(권)교육의 정치철학적 비전과 지향점 설정, 관련 개념적 용어의 명료성 제고, 시민(권)교과의 독립적 지위 확보 여부, 교육활동 초점과 적합한 교수법 유형 개발 등에 관한 학문공동체의 지속적인 연구 실행과 체계적 결과물 산출 및 이에 대한 교육 구성원들의 의사소통적 이해와 전반적 합의 과정이 반드시 선결될 때에 한해서 가능하다. 이는 시민교육 관련 전문인력의 투입적 활용과 상당한 물적 자원의 체계적 가용이 총괄적으로 필요한 매우 지난하면서도 시간 소모적인 작업이다. 그럼에도 불구하고 관련 쟁점에 대한 선행적 해소 노력이 동반되지 않는다면 발전 과제 도출 작업은 현실적으로 불가능하며, 이는 결국 장님 코끼리 만지기 예화와 같은 불완전한 수준의 백가쟁명식 논쟁을 초래할 가능성이 크다. 외국의 주요 선행연구 결과와 비교해 볼 때 국내 학계의 시민(권)교육 담론 수준은 여전히 학문적 성숙성이 상대적으로 부족한 미완의 발달 단계에 놓여 있다고 할 수 있다.[5] 따라서 현재적 수준에서 시민(권)교육 연구의 발전 과제에 대한 담론은 매우 내용 제약적이며 적용 범위의 한계점을 가질 수밖에 없다. 전술된 논의와 관련 선행 문헌에 기초해서 시론적 수준에서 해당 내용을 제시하면 다음과 같다.

첫째, 단위학교 시민(권)교육, 정치교육, 시민참여, 민주적 학교운영 간의 밀접한 내용적 정합성과 상호 연계적 관계성을 충실하게 이해하고, 이에 대한 양적·질적 교육연구를 시도해 볼 필요가 있다. 선행연구에 따르면 단위학교 차원에서 시민(권)교육의 성공적 추진은 정치철학 기반의 시민(권)정의(자유주의 vs 시민공화주의, 민주주의 제반 유형), 시민(권)교육 형태(단독교과, 타 교과 연계, 지역사회 연계 등)와 적합한 교수방법(실행학습 기반, 토론 기반, 쟁점 기반 등) 구안, 시민(권)교육 실행 초점(현재적 쟁점, 공공성 맥락, 실체적 개념 등) 설정 등의 제반 핵심 주제와 논점들에 관한 포괄적 연구 결과 축적과 이를 단위학교 수준에서 적용할 수 있는 해당 교원의 전문역량 확보에 달려 있다. 또한, 단위학교의 시민(권)교육은 거시적 차원에서는 정치사회화 과정으로 규정되는 정치교육과 중범위 수준에서의 지역사회 기반

---

5) 연구자의 이러한 비판적 관점에 대해서 상이한 의견도 제시될 수 있다. 예컨대, 정용주(2021: 116)는 국내의 민주시민교육 제도화 논의는 1987년 개헌 이후부터 지금까지 30년 넘게 지속되었으며 민주화운동 기념사업회 등을 중심으로 영국 Crick 보고서 번역 출간과 미국·프랑스 시민교과서와 교육과정 분석 기반의 시민교과 육성방안에 대한 논의 등이 지속적으로 진행되면서 시민(권)교육의 교육적 지향점, 핵심 영역 설정, 교수학습 방법, 평가에 대한 심층 논의가 축적되었고, 이를 통하여 의미 있는 연구 결과물이 생성되었다고 주장한 바 있다. 이러한 관점의 차이는 독자들의 개별적 판단을 필요로 하는 지점이다.

의 공동체 개선 활동에 초점을 두는 시민참여와 긴밀한 연계적 관계를 형성하면서 단위학교 차원의 민주적 조직운영과도 밀접한 관련성을 가진다. 이러한 맥락에서 보면 시민(권)교육이 민주적 학교의 교육 풍토와 내적 특성 및 자치 거버넌스와 어떠한 인과적 관계와 연계적 질적 특성을 가지는지에 대한 종합적인 교육 효과성 검증도 해당 분야의 연구 활성화를 위해서 추후 체계적으로 시도될 필요가 있다.[6] 시민(권)교육 실행 관련 제반 요인들과의 상호 연계적 관계성을 추론적 수준에서 도식화하면 [그림 4-2]와 같다. 이는 시민(권)교육의 생성구조 탐구와 구성 요인 확인 및 실행방안 구안을 위한 종합적인 개념적 지형도로서의 역할을 담당할 수 있다.

---

[6] 고품질의 시민(권)교육은 민주주의 의식 제고, 정치적 문해력 함양, 정치적 신뢰성 고양, 시민참여 촉진 등의 긍정적 교육효과를 생성하는 것으로 알려져 있다. 특히, 사회적으로 불우한 비주류 소외 집단 배경의 청소년 학생의 시민참여는 시민(권)교육을 통하여 가시적으로 향상될 수 있다는 실증적 증거가 확인된 바 있다(Campbell, 2019). 그러나 여전히 시민교육 성과와 정치적 참여 간의 실증적 증거는 매우 부족한 상황이다. 향후, 해당 분야 연구의 활성화를 위해서는 사회 불평등 감소와 사회 배경별 정치참여에 대한 학교 시민(권)교육의 역할과 중재 효과에 관한 종단연구와 개별학교 특성 확인을 위한 질적 연구 및 장기적 차원의 혼합방법 연구 등이 체계적으로 실행될 필요성이 있다.

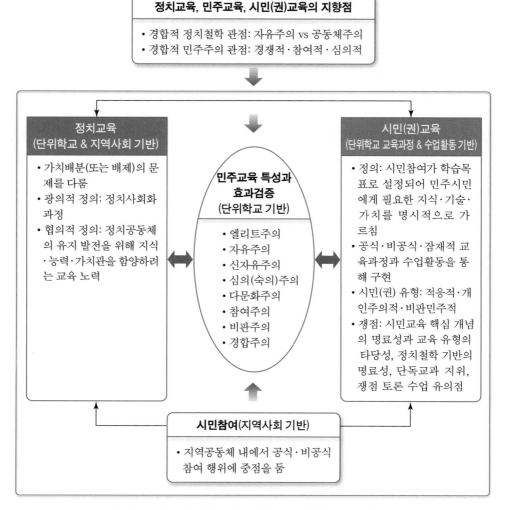

정치교육, 민주교육, 시민(권)교육의 지향점

• 경합적 정치철학 관점: 자유주의 vs 공동체주의
• 경합적 민주주의 관점: 경쟁적 · 참여적 · 심의적

정치교육
(단위학교 & 지역사회 기반)

• 가치배분(또는 배제)의 문제를 다룸
• 광의적 정의: 정치사회화 과정
• 협의적 정의: 정치공동체의 유지 발전을 위해 지식 · 능력 · 가치관을 함양하려는 교육 노력

민주교육 특성과
효과검증
(단위학교 기반)

• 엘리트주의
• 자유주의
• 신자유주의
• 심의(숙의)주의
• 다문화주의
• 참여주의
• 비판주의
• 경합주의

시민(권)교육
(단위학교 교육과정 & 수업활동 기반)

• 정의: 시민참여가 학습목표로 설정되어 민주시민에게 필요한 지식 · 기술 · 가치를 명시적으로 가르침
• 공식 · 비공식 · 잠재적 교육과정과 수업활동을 통해 구현
• 시민(권) 유형: 적응적 · 개인주의적 · 비판민주적
• 쟁점: 시민교육 핵심 개념의 명료성과 교육 유형의 타당성, 정치철학 기반의 명료성, 단독교과 지위, 쟁점 토론 수업 유의점

시민참여(지역사회 기반)

• 지역공동체 내에서 공식 · 비공식 참여 행위에 중점을 둠

[그림 4-2] 시민(권)교육의 상호 연계 실행 체계 개념도[7]

둘째, 시민(권)교육의 교육과정 구성 내용 영역과 평가 방향이 신중하게 논의될 필요성이 있으며, 이에 관해서는 중앙교육행정 차원에서 단위학교 수준으로 적절한 권한위임이 이루어져야 한다. 통상적으로 중앙교육행정조직은 교육정책 집행

---

7) 민주주의 교육을 위한 8개의 경쟁적 관점은 제5장에서 다룬다.

과정의 완결성을 보장하고 현장 적용성을 더욱 강화하기 위하여 성과책무성 평가
기반의 법적 정책수단을 으레적으로 가용하는 성향이 있다. 그러나 이러한 정책실
행의 강제적 수단은 의도한 교육효과 달성에 실패하는 경우가 많다. 특히, 책무성
평가는 달성 목표에 전념하는 외적 책무성 강화로 인하여 교육조직 구성원의 자율
성 감소와 주체성의 쇠퇴를 초래하는 내적 책무성 약화로 귀결되는 경향이 있으며,
수단과 목적의 전치 현상으로 대변되는 교원의 도덕적 해이 현상 초래라는 부작용
을 유발하기도 한다(예: 미국의 경우, NCLB 법안 단위학교 재정지원 수주를 위해 특정
학교에서 학업성취도 평정시험 실시 과정에서 학업성취 미달 학생의 의도적 배척, 출제 예
상 시험문제 대비 수업운영으로 인한 교육과정의 파행 등). 이는 시민(권)교육 정책실행
사례에서도 예외는 아니다.[8] 따라서 한국형 시민(권) 교육 모델 정립과 시민(권)교
육체제의 선진화 달성을 위해서는 '중앙교육행정조직의 획일적 규제와 간섭으로부
터 독립하여 지역에서 교육 주체들에게 시민교육의 교육과정 구성과 교수방법, 교
육환경 여건 조성 등에 관한 결정 권한을 부여하는 동시에 이에 따른 책임을 부과
하는 것'(정용주, 2021: 119-120), 즉 시민(권)교육의 내적 책무성 기제를 적극적으로
활용하는 것이 필요하다.

이를 위해서는 단위학교 수준에서 가용할 수 있는 시민(권)교육의 목적과 시민
(권) 개념 유형에 대한 교육공동체와 교육이해당사자 및 구성원 간의 합의와 공감
대가 형성될 필요성이 있다. 이미 시민(권) 개념의 기본 유형은 [그림 4-1]을 통해
서 확인된 바 있다. 이에 더해서 민주주의 교육의 틀 안에서 시민(권)교육을 실행

---

8) 학교 시민교육 활성화와 미국적 가치(자유, 애국심, 정직, 봉사, 인성) 구현을 목표로 하는 비영리 조직인 Joe
Foss Institute는 일련의 입법 로비 활동을 통해서 시민교육실행안(Civic Education Initiative: CEI)을 18개 주에
서 입법화하여 시민교육 관련 100개 시험 문항(미국 정부의 구조와 역할, 헌법수정안 내용 등)을 고등학교 졸
업 의무시험 항목으로 부과하고 있다. 이러한 시민교육 시험문항의 법적 실행은 시민교육 교과의 영향력과 중
요성을 보존하는 긍정적 역할을 담당한다. 그러나 동시에 시민교육 교과활동을 통해서 민주적 시민참여와 헌신
적 시민의식을 고양시키기보다는 100개 문항 관련 사실적 지식의 암기에만 주안점을 둠으로써 결국에는 시민교
육 교육과정 운영의 수동적 실행과 교수활동의 협소화를 초래하는 부작용을 양산한다는 비판점에 직면하고 있다
(Brezicha & Mitra, 2019).

하는 학교조직의 교육목적을 어떻게 설정할 것인가에 대한 체계적 논의가 선행되어야 한다. 교육의 목적은 단위학교 조직이 달성해야 할 도착 목표로서 시민(권)교육의 내용체계와 발전 방향성을 결정하기 때문이다. 교육의 목적은 학자별로 다양한 관점(예: 수단적 관점 vs 발달적 관점)이 제기될 수 있다. 이 중에서 비에스타(Biesta, 2009: 39-41)의 교육목적에 관한 세 가지 관점은 특히 주목할 필요성이 있다. 그에 따르면 교육의 목적은 자격화(Qualification), 사회화(Socialization), 주체화(Subjectification)의 복합적 구조를 가진다. 자격화는 전통적 교육 관점으로서 개인 성장과 경력개발에 필요한 지식과 기술 및 역량 획득에 초점을 둔다. 사회화는 특정 사회의 문화전승과 전통 지속에 필요한 규범 학습과 가치 습득에 목표를 둔다. 이에 반해 주체화는 전통적 질서에 순응하는 모습에서 탈피하여 비판적으로 성찰하는 독립적인 개인 존재로의 전환을 강조한다. 비에스타는 세 가지 교육목적은 결코 분리될 수 없기 때문에 교육 구성원은 이들 목적의 교차적 지점에서 좋은 교육 실현에 전념해야 한다고 주장한다. 시민(권)교육의 실천 목적도 이와 동일하다. 좋은 시민(권)교육은 민주시민이 갖춰야 할 자격 조건 획득과 민주주의 체제 유지에 필요한 정치사회화 과정 습득 및 독립적 개별 존재로서 주체적 시민의식 함양을 포괄적으로 지향할 필요가 있다. 이와 더불어, 바람직한 시민(권)교육 실현을 위해 상이한 세 가지 교육목적을 단위학교 수준에서 어떻게 교차 균형적으로 반영할 것인가의 문제, 즉 황금분할 비율의 결정은 철저하게 교육 구성원의 심의적 담론과 합의적 의사결정에 의해 결정되어야 한다. 이러한 추진 방향성이야말로 교육 구성원의 내적 책무성 구현과 교육자치제의 실질적 실현을 위한 작은 출발점의 역할을 담당하기 때문이다. 〈표 4-3〉은 이를 위한 참조기제로 작동할 수 있다.

⟨표 4-3⟩ 시민(권) 개념 유형과 교육의 목적

교육목적 시민(권)유형	자격화	사회화	주체화
개인책임감을 가진 시민	• 시민으로 활동하기 위한 충분한 자원과 기술 보유	• 선한 시민의식에 관한 문화적·규범적 관점 보존(법 준수, 이웃 도움)	• 자신 스스로의 행위가 중요하다는 믿음 • 보다 거대한 선에 대한 의무감
참여적 시민	• 시민환경에 적용할 수 있는 지도성 기술 입증	• 삶의 방식으로서 시민참여 가치 함양	• 조직화된 활동이 시민사회를 향상시킬 수 있다는 믿음
정의지향적 시민	• 불의 관련 직무를 처리하기 위한 비판적 사고와 분석 기술 강조	• 시민은 권위에 의문을 제기해야 한다는 믿음 장려	• 정치적 주체 행위자로서 불의는 해결되어야 한다는 믿음

출처: Mitra et al. (2016: 195).

주요 개념 정리

☑ **시민(권) 교육**: 자유롭고 평등한 개인 종합체로서 근대 시민사회의 주민을 육성하기 위한 교육으로 민주시민 양성에 필요한 모든 교육활동과 제도적 노력을 지칭한다.

☑ **시민성**: 시민에게 공통적으로 나타나는 가치관, 행동 양식, 사고방식, 기질 따위의 특성을 지칭한다.

☑ **시민권**: 개인을 정치공동체의 구성원으로 만들어 주는 권리와 의무들의 집합체로서 시민이 되기 위한 덕목과 의무까지를 포함하는 포괄적 의미로 규정된다.

생각해 볼 문제

1. 단위학교 수준에서 지향해야 할 시민(권)교육 유형과 정의는 무엇인가?

2. 시민(권) 교육 교수방법 중 쟁점 중심 토론의 중요성과 유의점은 무엇인가?

참고문헌

강대현(2008). 시민교육과 사회과 교육과정: 시민교육을 위한 사회과 교육내용 구성 방안
    연구. 사회과교육, 47(3), 165-188.

경기도교육연구원(2021). 학교급별 민주시민교육 실행 방안.

경기도교육청(2021). 2021~2023 민주시민교육 정책추진계획(요약).

김경은(2018). 사회과 교육과정에 나타난 '시민' 어휘 분석. 시민교육연구, 50(4), 1-22.

김명정(2017). 정치교육이 고등학생의 시민성에 미치는 영향: 부산지역 고등학생을 중심으
    로. OUGHTOPIA, 32(1), 101-123.

김원태(2020). 발제 3 학교 시민교육의 필요조건과 충분조건 갖추기. 학교민주시민교육이
    나아가야 할 방향 및 입법과제. 포럼 자료집.

남미자, 장아름(2020). 청소년 정치참여의 의미와 학교교육의 방향. 교육정치학연구, 27(1),

31-60.

노경주, 강대현(2018). 시민교육 관점에서 본 쟁점 중심 교육의 의의와 전략. 시민교육연구, 50(4), 49-76.

박선형(2020). 정치교육(과 시민교육)의 쟁점과 발전 과제. 교육정치학연구, 27(4), 27-56.

박선형(2021). 지방교육자치를 위한 시민교육의 쟁점과 발전 과제. 교육정치학연구, 28(3), 125-154.

송샘, 이재묵(2018). 다문화사회 이주민의 정치참여 활성화를 위한 민주시민교육. 아태연구, 25(1), 61-91.

옥일남(2007). '정치'교육과정의 내용 체계의 적합성에 대한 분석 연구. 시민교육연구, 39(2), 93-136.

이쌍철, 김미숙, 김태준, 이호준, 김정아, 강구섭, 설규주, 임희진(2019). 초·중등학교 민주시민교육 활성화를 위한 방향과 과제. 충북: 한국교육개발원.

정용주(2021). 지방교육자치를 위한 시민교육의 쟁점과 발전과제에 대한 토론.

차경은(2007). 시티즌십의 정체성에 관한 연구. 한국행정사학지, 21, 65-94.

추정훈(2004). 민주시민성교육 과정 속에서의 민주주의 교육. 시민교육연구, 36(2), 399-422.

Abowitz, K. K., & Harnish, J. (2006). Contemporary discourse of citizenship. *Review of Educational Research, 76*(4), 653-690.

Arthur, J., Davies, I., & Hahn, C. (Eds.). (2008). *The SAGE handbook of education for citizenship and democracy*. London: SAGE.

Bellamy, R. (2008). *Citizenship: A very short introduction*. Oxford: Oxford University Press.

Biesta, G. J. J. (2009). Good education in an age of measurement: On the need to reconnect with the question of purpose in education, Educational Assessment. *Evaluation and Accountability, 21*(1), 33-46.

Birzea, C. et al. (2004). *All-European study on education for democratic citizenship Policies*. Strasbourg: Council of Europe.

Brezicha, K., & Mitra, D. L. (2019). Should we be testing civics? Examining the implications of the civic education initiative? *Peabody Journal of Education, 94*(1), 63–77.

Campbell, D. (2019). What social scientists have learned about civic education: A review of the literature. *Peabody Journal of Education, 94*(1), 32–47.

Crick Report (1998). Education for citizenship & the teaching of democracy in schools, Initial Report. London: Qualifications and Curriculum Authority.

Davis, I. (2012). Perspective on citizenship education. In J. Arthur & H. Cremin. (Eds.), *Debates in citizenship education* (pp. 32–40). London & New York: Routledge.

Evans, M. (2008). Citizenship education, pedagogy and school contexts. In J. Arthur, I. Davies & C. Hahn (Eds.), *The SAGE handbook of education for citizenship and democracy* (pp. 519–532). London: Sage.

Hess, D., & Avery, P. G. (2008). Discussion of controversial issues as a form and goal of democratic education. In J. Arthur, I. Davies & C. Hahn (Eds.), *The SAGE handbook of education for citizenship and democracy* (pp. 506–518). London: Sage.

Johnson, L., & Morris, P. (2010). Towards a framework for critical citizenship education. *The Curriculum Journal, 21*(1), 77–96.

Kahne, J., & Middaugh, E. (2008). High quality civic education: What is it and who gets it? *Social Education, 72*(1), 34–39.

Kennedy, K. J. (2008). The citizenship curriculum: Ideology, content and organization. In J. Arthur, I. Davies & C. Hahn (Eds.), *The SAGE handbook of education for citizenship and democracy* (pp. 483–491). London: Sage.

Levinson, M. (1999). Liberalism, pluralism and political education: Paradox or paradigm. *Oxford Review of Education, 25*(1 & 2), 39–58.

McLaughlin, T. H. (1992). Citizenship, diversity and education: A philosophical perspective. *Journal of Moral Education, 21*(3), 235–250.

Merry, M. S. (2020). Can schools teach citizenship? *Discourse: Studies In the Cultural Politics of Education, 41*(1), 124–138.

Mitchell, D. E. (1989). Education politics for the new century: Past issues and future directions, In D. E. Mitchell & M. E. Goertz (Eds.), *Education politics for the new century* (pp. 153-167). London: Falmer Press.

Mitra, D., Bergmark, U., Kostenius, C., Brezicha, K., Maithreyi, R., & Serriere, S. (2016). Ironies of democracy: Purposes of education and the construction of citizens in Sweden, India and the United States. *Citizenship Teaching & Learning, 11*(2), 191-210.

Nystrand, M., Wu, L., Gamoran, A., Zeiser, S., & Long, D. (2003). Questions in time: Investigating the structure and dynamics of unfolding classroom discourse. *Discourse Processes, 35*(2), 135-198.

Peterson, A. (2011). Civic republicanism. In J. Arthur, & A. Peterson (Eds.), *The Routledge companion to education* (pp. 20-27). Taylor & Francis Group.

Shachar, A., Bauböck, R., Bloemraad, I., & Vink M. (Eds.). (2020). *The Oxford handbook of citizenship.* Oxford: Oxford University Press.

Torney-Purta, J., Lehmann, R., Oswald, H., & Schulz, W. (2001). *Citizenship and education in twenty-eight countries: Civic knowledge and engagement at age fourteen.* Amsterdam: IEA.

Veugelers, W. (2007). Creating critical-democratic citizenship education: Empowering humanity and democracy in Dutch education. *Compare, 37*(1), 105-119.

Veugelers, W. (2017). Education for critical-democratic citizenship. Autonomy and social justice in a multicultural society. In N. Aloni & L. Weintrob (Eds.), *Beyond bystanders* (pp. 47-59). Rotterdam, The Netherlands: Sense Publishers.

Veugelers, W., & De Groot, I. (2019). Theory and practice of citizenship education. In W. Veugelers (Ed.), *Education for democratic intercultural citizenship* (pp. 14-41). Leiden: Brill Sense.

Weinberg, J., & Flinders, M. (2018). Learning for democracy: The politics and practice of citizenship education. *British Educational Research Journal, 44*(4), 573-592.

Westheimer, J., & Kahne, J. (2004). What kind of citizen? The politics of educating for democracy. *American Educational Research Journal, 41*(2), 237-269.

제5장

시민교육과 민주교육의 정치철학 기반[1]

박선형

> **개요**
>
> 이 장에서는 시민(권)교육의 정치철학 기반, 학교교육과 민주교육 및 시민(권) 교육의 연계성, 민주학교의 특성 등 포괄적으로 분석 확인하는 데 초점을 둔다. 또한 시민(권)교육의 발전에 강력한 영향력을 미치고 있는 자유주의와 공화주의의 핵심 주장과 함의점을 살펴보는 데 주안점을 둔다.

1. 시민(권)교육의 쟁점과 정치철학

선행연구에 따르면 시민(권)교육은 '시민참여가 학습목표로 구체적으로 설정'(Veugelers & De Groot, 2019: 14)되어 있어야 하며, "민주시민에게 필요한 지식과 기술 및 가치를 명시적으로 가르치는 것"(Kahne & Middaugh, 2008: 34)으로 정의된다. 이는 민주사회에 필요한 유능한 역량과 책임감을 갖춘 시민(competent and responsible citizens)은 공식적으로 시민(권)교육을 통해서만 양성이 가능함을 의미한다. 따라서 지방교육자치제 도입 30주년을 맞이해서 더욱 긴요해진 교육민주주의 회복과 교육자치 강화를 위해서는 시민(권)교육의 제도적 활성화 방안과 선진화된 접근에 대한 체계적 탐구와 심층 논의가 그 어느 때보다도 적극적으로 개진될 필요성이 있다. 특히, 민주시민교육 활성화 의제의 현 정부 교육 분야 국정과제 선

---

[1] 이 장은 박선형(2021)을 참조로 하여 작성되었다.

정, 교육부의 2018년 '민주시민교육과' 교육부 전담 조직 출범, 관련 법안 입법 시도, 지역교육청의 학교민주시민교육 진흥 조례 제정, 시민교육 전문가와 학문공동체의 각종 포럼 운영 등은 시민(권)교육에 관한 심층 담론의 시대적 필요성을 공명하는 체계적인 협력적 노력이라고 할 수 있다.[2]

그러나 시민(권)교육의 제도적 안착과 관련 연구 활성화를 위한 민관학의 상호협력 연계노력에도 불구하고 시민(권)교육의 개념과 목표 및 정치철학적 기반, 관련 쟁점, 단위학교 추진 방향과 실행 방안 등에 대해서는 여전히 교육현장 이해당사자의 혼란과 이견이 도출되고 있는 상황이다(이쌍철 외, 2019). 이 장은 이러한 문제의식을 반영하여 시민(권)교육과 관련된 쟁점(정치철학 기반, 학교교육과 민주교육 및 시민(권) 교육의 연계성, 민주학교의 특성)과 발전 과제를 포괄적으로 분석 확인하는 데 초점을 둔다. 이를 위해서 먼저 정치철학의 주요 관점인 자유주의와 공화주의의 핵심 주장을 살펴보고자 한다. 두 관점은 시민(권)교육의 정치철학적 기반이자 교육 지향점으로서 강력한 영향력을 발휘하고 있기 때문이다.

2. 시민(권)교육의 정치철학 기반과 교육적 지향점: 민주주의와 자유주의 및 시민공화주의

한나 아렌트(Hannah Arendt, 1958, 1998)는 '인간의 조건'에서 인간은 타인과의 의사소통과 상호작용 관계를 맺는 행위를 통해서 정치적 동물로서의 활동적 삶을 형성한다고 주장한 바 있다. 즉, 인간은 본성상 정치공동체를 떠날 수 없는 존재라는 것이다. 이는 인간이 자신의 삶 속에서 정치적 이념과 정치철학적 전제로부터 결코 자유로울 수 없음을 뜻한다.

---

2) 교육부는 예비교원의 학교민주시민교육 전문성과 시민역량 제고를 위하여 4년 지원 사업으로 교원양성대학 시민교육 역량강화사업을 공지하여 2020년에 총 12개 교육대학·사범대학을 선정한 바 있다. 또한 성공회대학교 민주주의연구소는 2019년에 민주시민교육 연구를 전담하는 교육부 정책중점연구소로 선정되어 관련 연구 결과물을 생성하고 있다.

바람직한 민주주의의 핵심 가치와 좋은 사회를 지향하는 최고의 정치체제의 성격은 시대적 배경과 철학적 시각 및 학문적 관점에 따라서 다양하게 규정되고 있다. 그럼에도 불구하고 전 세계적으로 민주주의는 정치공동체의 규범적 이상이자 현실적 정치체제의 전형으로서 지배적인 위치를 차지하고 있다. 국제연합(United Nation, 2005: 1)은 '자유, 평등, 인권, 관용, 책임' 등의 민주주의 기본 가치를 명시적으로 결의한 바 있으며, 전 세계 120여 개 국가 인구의 절반 이상이 투표 행위를 통한 선거 민주주의에 근거하여 지도자를 선출하고 있다는 사실(Bellamy, 2008: 3)은 이를 예증한다. 서구 민주주의는 자유주의(liberalism)와 민주주의에 뿌리를 두고 있다. 자유주의는 권력 분리, 개인적 자유, 법치 등의 정치적 교의를 보장하는 데 초점을 둔다.[3] 이에 반해 민주주의는 평등과 대중의 주권에 보다 밀접한 연계성을 가지는 경향이 있다. 현대의 지배적 정치체제 이념인 자유민주주의는 이러한 두 개의 정치철학 전통이 합쳐진 결과이다(Sant, 2019: 655).

지배적 정치체제의 철학적 이념으로서 자유민주주의는 공교육의 성격과 시민교육의 형태 및 운영 등에 강력한 영향을 미치고 있다. 최고의 체제와 관련된 모든 관행과 제도들을 심층적으로 탐구하는 정치철학 이념은 바람직한 교육공동체 구축을 위한 발전 방향과 좋은 시민의 발달적 성격을 총괄적으로 안내하기 때문이다. 문헌상에서 민주주의는 전통적 시각인 '경쟁적 민주주의'와 시대 상황을 반영한 대안적 시각인 '참여적 민주주의' 및 '심의적 민주주의'가 바람직한 민주주의의 대표 유형의 자리를 놓고 상호 경합적 관계를 유지하고 있다(Shorten, 2015: 110; 박선형, 2020: 32).

민주주의의 세 가지 경쟁적 관점과 더불어 민주주의의 진화 발전을 촉진시킨 대립적 정치철학인 자유주의와 시민공화주의(공동체주의) 역시 학교교육과 시민(권)교육에 지대한 영향을 미치고 있다. 자유주의(liberalism) 사상은 가치 다양성과 도

---

3) 자유주의는 정치적 자유주의와 시장 자유주의 이념과 개인주의가 복합적으로 결합된 신자유주의로 구분된다. 이 장에서 자유주의는 정치적 자유주의를 뜻한다. 신자유주의의 핵심 주장은 후술될 민주주의 교육 유형에서 다룬다.

덕적 중립성에 근거하여 평등한 시민으로서의 개인의 자유와 권리를 절대적으로 중요시한다. 즉, 자유주의는 원칙적으로 개인을 보호하는 법적 지위를 지칭한다. 이에 반하여 시민공화주의는 개인 삶을 규정하는 사회적 실제와 공동체적 정체성을 강조하면서 공동선(the common good)의 달성에 전념한다. 즉, 시민공화주의는 평등한 대우 속에서 법치로서의 국가 개입의 중요성과 국가에 대한 시민의 적극적 헌신을 강조한다. 각각의 관점을 시민(권) 교육에 적용해 보면 자유주의 시민(권)교육은 개인의 권리 확보와 법적 지위 제고에 보다 많은 관심을 기울이는 경향이 있다. 이에 반해서 시민공화주의 시민(권)교육은 상대적으로 시민참여와 공동체 활동에 더 초점을 둔다고 할 수 있다.

　자유주의와 시민공화주의는 서구의 다양한 역사적 맥락과 시대적 상황을 반영하여 지속적으로 진화 발전하는 정치사상이다. 민주주의의 역사적 발전 역시 자유주의의 핵심 교리와 시민공화주의(공동체주의)의 기본 사상이 시대적 변천을 거치면서 양자 수렴적으로 발전한 결과에 기인한다.[4] 각 정치철학의 특징적 인간관과 내용적 차이 및 실행과정의 문제점을 제시하면 〈표 5-1〉과 같다.

〈표 5-1〉　자유주의와 시민공화주의(공동체주의) 비교

구분	자유주의	공동체주의(시민공화주의)
인간관	• 인간은 분리 고립되어 독립적임. • 군집 동물과 유사하게 인간은 안전을 추구함.	• 인간은 상호 의존적이며 관계성 속에서 존재함. • 인간이 추구하는 것은 생존이 아니라 잘 사는 것, 즉 행복임.
정치 사회 관점	• 보편주의: 인간의 보편성을 상정함. 　- 문화적 차이와 상관없이 인간이 추구하는 바는 동일함. • 주관주의: 최종 판단은 개인에게 귀	• 특수주의: 공동체에 소속된 사람들은 각기 다르며, 문화적 차이를 가짐. • 객관주의: 인간은 공동체에 소속되면, 그 공동체가 추구하는 목적을 인지하며, 이

---

4) 쇼튼(Shorten, 2015)은 자유주의와 시민공화주의에 더해서 현대 정치사상의 지형을 확인할 수 있는 3가지 대안 시각으로서 자유주의적 민족주의, 헌정 애국주의, 다문화주의를 추가적으로 제시하고 있다(제1장 참조).

	속됨. – 모든 선택은 개인의 의사가 우선임.	를 통해 자기 정체성을 가짐.
문제점	• 개인주의로 인한 개인화와 원자화 • 개인에게 최종 판단을 맡기는 주관주의로 인한 도덕적 상대주의 경향성 • 국가의 중립성을 지나치게 강조하는 반면 개인의 사회적 권리 보장 증진에 인색	• 인간에 대한 몰이해와 인간의 공공성에 대한 지나친 강조로 개인의 자율성 침해 • 전체적 선호의 사회 공학적 강요 • 객관주의로 인한 다양성의 침해와 극단적 형태의 전체주의화 경향성
정치 권력	• 정치권력은 제한(limited)되어야 함. – 인간의 권리는 자연적이며 천부적이기 때문임.	• 정치권력은 통제(regulated)되어야 함. – 인간의 권리는 획득되는 것이며, 사회적으로 구성되기에, 그 내용을 사전에 정할 수 없기 때문임.
민주주의 와의 관계	• 민주주의와 상호 견제적으로 동등하게 공존 – 개인적 자유를 위해 주권적 자유가 보장되어야 함. – 국가는 필요악이며 안정과 예측 가능성이 우선시됨. • 소수자의 권리의 침해를 막기 위해 중립적 판단이 요구됨. – 국가의 중립성, 제3자적 판단 요구	[시민공화주의] • 민의의 반영을 통한 헌법의 자유로운 개정을 강조함으로써, 민주적 심의를 우선시함. • 반면, 국가의 중립성보다는 전체적 선호를 위한 개인적 선호의 희생이 불가피함을 강조 • 객관주의에 입각한 공공선의 강조 [신로마공화주의]5) • 민주주의와 헌정질서의 균형 민주적 심의와 비지배적 조건을 위한 헌정적 질서의 필요 강조 – 시민적 자유와 개인적 자유의 제도적 균형을 통한 주권적 자유의 확보에 초점을 둠. • 제3자적 판단, 중립성을 믿지 않음. – 제3자를 견제할 수 있는 장치를 요구하며, 시민의 참여가 보장되는 심의제도를 모색함. 즉, 견제력 중심의 비지배의 제도화를 추구

출처: 곽준혁(2008: 183, 186)의 표를 합쳐서 작성하였음.

---

5) 이사야 벌린(Isaiah Berlin)에 따르면 자유는 통상적으로 일체 간섭의 부재를 뜻하는 자유주의 관점의 '소극적 자

일찍이 정치철학자와 교육사상가가 설파하였듯이 정치와 교육은 필연적 불가분의 관계를 가진다. 교육 행위 자체는 통치를 하기 위해서 필요하며, 통치 행위를 하기 위해서는 교육이 선행적으로 이루어져야 하기 때문이다. 또한 정치교육은 시민교육과 필수불가결한 연관성을 가진다(Ruitenberg, 2009: 280). 최선의 정치공동체에 대한 탐구(정치교육)는 공동체 구성원을 얼마나 좋은 시민으로 양성(시민교육)하는가에 달려 있으며, 선한 민중의 정치참여가 더 많이 보장될수록 최선의 정치체제가 구현될 수 있기 때문이다. 이러한 맥락을 고려하면 시민(권)교육의 지향점과 운영 목표 및 실행 방안은 정치철학의 주요 경쟁적 개념과 이론적 기제 및 시대적 요구 사항을 반영하여 다양하게 전개될 가능성이 크다. 따라서 시민(권)교육의 단위학교 활성화를 위해서는 정치철학의 경쟁적 관점과 주요 아이디어의 공식ㆍ비공식 교육과정 개발 반영 가능성과 단위학교 현실 적용성을 교육 구성원(특히, 교원) 대상의 전문성 연수 프로그램 실행과 교원 학습공동체 활동 등을 통하여 정밀하게 검토할 필요성이 있다. 정치철학은 메타 기제로서 자유와 권력, 좋은 사회를 지향하는 최고의 정치제제 유형, 자유와 권력, 헌법 유형과 국가 성격, 시민(권)의 정의 등 시민교육에 영향을 주는 모든 정치 이론과 제도 관행을 기술적ㆍ규범적으로 심층 탐구하는 학문이기 때문이다.

3. 학교교육과 시민교육 및 민주교육

1) 시민교육과 민주적 학교교육

학교교육은 교육과정 실행과 관련 수업활동 전개를 통해서 청소년을 책임 있는

유'와 자신의 삶을 스스로 결정할 수 있는 자율로서의 공동체주의 시각의 '적극적 자유'로 구분된다. 최근 들어 대칭적인 이러한 단순 도식화를 극복하기 위하여 페팃(Pettit) 등의 신로마 공화주의자들은 지배가 일체 없는, 즉 비지배 조건으로서의 '비지배자유'를 제시하여 두 가지 전통적 자유의 개념을 절충하려는 노력을 기울이고 있다. 이는 신(로마)공화주의로 지칭된다.

미래 시민으로 사회에 참여할 수 있도록 체계적으로 준비시키는 과정이다. 역사적으로 시민 덕목과 정치체제에 관한 기본 지식은 사회교과(시민교과)를 통해서 학생에게 전달되었다. 이에 더해서 학교는 범교과적 차원에서 도덕적 가치, 인성, 좋은 행동, 협력적 태도 등 민주적 시민참여에 필요한 지식과 기술 및 태도를 함양하는 데 관심을 기울였다. 공교육의 역사는 함께 더불어 사는 지혜와 도덕적 책임감을 갖춘 민주시민 양성의 필요성이 공립학교 시스템 구축과 의무교육 실행을 촉진하였던 주요 요인 중 하나였음을 예증하고 있다. 이러한 맥락에서 마세도(Macedo, 2000: 122)는 공립학교의 핵심 교육목적이 시민적 이상(civic ideals)을 촉진하는 것이었음을 언급한 바 있다. 따라서 학교교육과 시민교육은 상호 내포적인 불가분의 관계를 가진다고 할 수 있다.

문헌상에서 시민교육은 시민참여와 상호 교차적으로 병행 활용되는 경향이 있다. 시민교육과 시민참여는 궁극적으로 최선의 정치공동체 탐구를 지향하는 정치교육의 영역에 공통적으로 포함되지만 각각의 분야는 발생 층위와 초점 대상이 상이하다고 할 수 있다(박선형, 2020: 42-43). 정치교육은 국가적 수준에서의 정치 관련 제도 등의 거시적 구조 요인을 강조하고, 시민교육은 단위학교 수준에서 정치교육 실행과 민주시민 역량 제고를 위한 교육과정 활동에 초점을 두는 성향이 있다. 이에 반하여 시민참여는 단위학교와 지역사회 수준에서 다양한 참여 행위(헌혈, NGO 참여 등)와 봉사활동을 통한 사회화 실현과 공동체 생활 개선에 초점을 둔다.[6] 이러한 층위적 관계성을 고려해 볼 때 학교는 시민의식과 참여 역량 및 정치적 문해력 등을 포괄적으로 교육하여 거시적 정치교육과 중범위적 수준의 시민참여를 실질적으로 가능하게 함으로써 종국에는 민주시민교육 활성화를 촉진하는 필요불가결의 기초 전진기지의 역할을 담당한다. 따라서 학교교육의 공식적 · 비공식

---

6) 유럽 학교의 민주적 학교 거버넌스의 효과적 실제를 확인하는 영국 시민재단 보고서(Huddleston, 2007)는 민주적 가치와 이와 관련된 시민역량 제고는 학교의 공식적인 교수활동에만 근거해서는 원천적으로 가능하지 않으며 학생의 참여적 실제 행위가 발생할 때 체계적으로 이루어짐을 밝히고 있다.

적 교육활동을 통한 시민교육과 시민참여 및 정치교육 실행의 운영적 측면과 이에 따른 교육효과에 관한 체계적인 심층 연구가 적극적으로 필요하다고 할 수 있다.

일찍이 존 듀이(John Dewey, 1938)가 학교를 민주적 삶을 준비하는 축소 모형의 공동체로 규정한 이후, 학교는 민주주의 시민학습을 촉진·실천할 수 있는 공적 공간이라는 관습적 사고가 교육공동체에 강력하게 확립되어 있다. 즉, 학교교육은 민주교육과 동일한 의미를 가진다는 것이다. 그러나 이러한 규범적 기대치와 다르게 학교의 관료제 거버넌스 구조와 계층적 조직 특성은 기존의 사회적 통제규범을 확대 재생산하여 조직 구성원의 복종을 강제하는 측면이 있다. 이러한 교육조직의 순응관리체제 특징은 학교운영의 초점을 시민교육 실행보다는 외부에서 부과된 성과책무성 달성에만 몰두하게 만든다는 비판도 제기되고 있다(Evans, 2008: 527). 이와 관련하여 허들스턴(Huddleston, 2007: 6)은 유럽 학교의 민주적 거버넌스 실패와 권위주의적 학교운영 형태에 관하여 다음과 같이 기술한 바 있다.

학교 민주주의의 개념은 아직 가르치는 전문직에서 보편적으로 수용되고 있지 못하며(Rowe 2003), 여러 국가의 학교기풍(school ethos)은 여전히 권위주의적 권력구조에 의해서 종종 지배되고 있다(Birzea et al., 2004). 학생참여 기회는 종종 국가와 지역이 규정한 교육과정 및 시험제도의 요구 사항과 교사와 학교지도자가 부모와 기타 외부 기대치에 근거하여 자신들의 원칙을 조정해야 한다고 느끼는 필요성에 의해서 제한되는 것으로 인식되고 있다(Pol et al., 2006).

이러한 비판적 시각과 더불어 시민(권)교육과정이 엘리트 중심의 인종화 담론을 주입하면서 기존 정치제도에 대한 기본 지식 획득에만 초점을 두어 민주시민 의식 제고와는 유리된 강제적 교육 형태를 시연하고 있다는 지적도 대두된다(Merry, 2020: 124). 또한, 시민(권)교육과 시민참여 및 정치교육이 단위학교 수준에서 포괄적으로 실행되어야 하고, 그 교육효과가 실증적으로 검증될 필요가 있다는 현실적인 희망 사항과는 다르게 학교가 과연 이를 적극적으로 수행할 수 있는 민주적 역량을 제대로 갖추고 있는가라는 의문점이 지속적으로 제기되고 있는 상황이다.

민주시민을 체계적으로 양성하기 위한, 즉 시민교육을 위한 학교의 민주적 교육 유형과 실행 방법은 정치철학의 경쟁적 관점과 연구자의 상이한 시각에 따라 다양하게 제시될 수 있다. 예컨대, 시민교육 전문가인 웨스트하이머(Westheimer, 2019: 11-13)는 민주적 삶에 부합하는 시민의 능력과 습관을 함양하기 위한 민주시민교육 프로그램이 지향해야 할 세 가지 특징적 방향성을 다음과 같이 언급하고 있다.

첫째, 질문하도록 가르친다. 웨스트하이머에 의하면 전체주의는 단 하나만의 진리만을 전적으로 강요한다. 따라서 민주사회에서 교사는 학생이 전통적 권위에 과감하게 도전하면서 불편한 질문을 지속적으로 제기할 수 있는 교육기회를 풍부하게 제공하는 것이 필요하다.

둘째, 다양한 관점을 교수한다. 학생은 수업시간에 다양한 아이디어와 상이한 접근 방식을 경험하면서 사회 개선을 위한 민주적 대화에 참여하고, 공동체 구성원과 협력하면서 비판적 공감능력을 제고할 수 있다는 것이다.

셋째, 현재의 쟁점에 집중하게 만든다. 학생 스스로가 주위 환경과 상황 여건 및 현재의 쟁점에 관여할 때 더욱 강력한 참여적 행위가 발생할 수 있다. 따라서 과거의 역사적 논쟁(노예제, 여성 투표 참정권 등)보다는 현재의 경쟁적 아이디어(낙태, 보편교육의 타당성 등)를 비판적으로 논의하고, 지역사회 기반 프로젝트를 참여적으로 수행할 때 실천적 경험에 근거한 민주시민 역량이 제고될 수 있다는 것이다. 효과적 시민교육 실행을 위한 웨스트하이머의 제언은 비판적 사고 증진, 다양성 수용, 현장기반 실천적 문제해결력 함양을 위한 다분히 원론적인 주장이라고 할 수 있다.

이와는 대조적으로 뱅크스(Banks, 2015) 비판철학 관점에서 변혁적 시민(권)교육의 필요성을 강조한다. 그에 따르면 시민권교육은 '성공한 시민(권)교육'과 '실패한 시민(권)교육'으로 구분된다. 후자는 인종적 · 민족적 · 문화적 · 언어적 · 종교적 차이 등으로 인하여 이주민 신분 또는 2세대 교포로서 거주 국가의 민족정신(ethos)과 핵심 가치를 내면화하지 못하여 구조적으로 배제되어 결국 정치적 · 사회적으로 소외되는 경우를 뜻한다. 뱅크스에 따르면 실패한 시민권(failed citizenship)을 경험한 집단 구성원은 정치적 효능감과 참여 수준이 낮게 나타나며, 국가보다는 자신의 민족정체성에 충성하는 성향이 높다. 그는 이러한 정치적 배제와 문화적 소외 현상을 극복할 수 있는 구조적 포용성 확보와 국가 정체성 함양 및 정치적 효능감 제고는 오로지 학교 기반의 변혁적 시민(권)교육 실행을 통해서만 가능함을 역설하고 있다.

뱅크스는 변혁적 시민(권)교육의 적용을 통하여 학생은 지식의 지배층 권력관계 반영과 인종 편향성 및 소수 문화집단 배척성 등을 비판적으로 자각하게 되고, 스스로의 문화적 정체성을 심층 확인하면서 민주사회 구축에 필요한 의사결정 기술과 실천적 활동역량을 습득할 수 있다고 본다. 그 결과, 학생은 성공한 시민으로서 사회 변화를 주도할 수 있다는 것이다. 뱅크스의 이러한 주장은 기존 시민(권)교육과 차별화되는 시민(권)교육의 개념적 분류(성공한 시민권 vs 실패한 시민권)와 더불어 다층적 배경 특성(언어, 종교, 인종 등)의 시민(권)교육에 대한 부정적 영향력을 확인하고, 이에 대한 일종의 '해독제'로서 비판철학 기반의 대안(변혁적 시민권교육)을 제시했다는 의의를 가진다.

이러한 장점에도 불구하고 뱅크스의 논증은 전술된 웨스트하이머의 주장과 마찬가지로 단위학교 수준에 적용할 수 있는 구체적 실천 방안(예: 교육과정 운영 방안, 관련 교수법 개발 및 실행 등)이 결여된 다소 추상적인 주장으로 간주될 수 있다. 따라서 웨스트하이머와 뱅크스의 시민(권)교육 실행에 관한 개별적 주장은 내용적으로는 다소 상이하지만 원론적 원칙 수준에만 머문다는 비판적 시각에서 자유롭지 못하다.

이러한 한계점은 민주주의 개념 자체가 사상과 아이디어의 공유 과정과 비판적 토론이 언제든지 가능한 열린 의사소통을 통해서 자연스럽게 진화·발전해 왔다(Crick, 2002: 11-14)는 역사적 사실에 근거한다. 따라서 민주주의와 시민(권)교육에 대한 다양한 관점과 상이한 이견에 대한 성찰적 숙고와 심층적 이해는 바람직한 한국형 시민(권)교육 모델의 정착을 위해서는 필수불가결한 일이라고 할 수 있다.[7] 이를 위해서는 무엇보다도 단위학교의 민주교육(democratic eduction)을 어떻게 구현할 것인지, 민주교육의 특징과 촉진 방법은 무엇인지, 민주교육의 제반 관점은 무엇인지에 대한 이론적 구명 작업은 반드시 선행될 필요성이 있다. 바람직한 정치교육 구현과 좋은 시민을 양성하는 시민교육은 결국 단위학교의 민주교육을 통해서 가능하기 때문이다.

2) 민주적 학교와 민주주의 교육

민주주의 개념 자체가 본질적으로 논쟁적이고 복잡(심지어는 난잡)하기 때문에 민주적 학교와 민주교육의 특징을 일목요연하게 정리하기는 쉽지 않다. 이러한 제약 요인을 문헌 연구의 자체적 한계점으로 인정하면서 선행 문헌의 주요 내용을 참조하여 해당 주제에 관한 관련된 논의를 요약적으로 제시하면 다음과 같다. 폴란(Polan, 1989: 29)은 다소 간의 흠결에도 불구하고 선진국가의 민주주의 제도가 훌륭하게 작동하는 것처럼 학교는 권위주의적 전통과 위계적 실제에 의해 제약을 받지만 토론과 참여 등의 교육활동을 통해서 민주주의가 성공적으로 구현되고 있다고 본다. 그에 따르면 여타 사회조직과 비교해 볼 때 학교는 '필연적 민주주의(inevitable democracy)'가 발생하는 가장 선진화된 공식적 기관이다. 민주적 학교운영의 중요성을 적극 지지하는 트래퍼드(Trafford, 2008: 411)는 이러한 견해를 적극적으로 수용한다. 그는 민주적 학교는 모든 교육 이해당사자, 특히 학생의 참여가 학교 거버넌스(교육과정, 교수학습 방법, 학교정신, 전문성 발달 계획 등) 전반에 전적으로 보장되어야 한다는 허들스턴(Huddleston, 2007)의 견해에 동의하면서 민주적 학교와 민주적 교육에 대한 다양한 학자의 관점을 소개하고 있다. 이를 요약하면

---

7) 민주주의와 교육의 관계를 체계적으로 구명한 대표 학자는 존 듀이(John Dewey, 1938)이다. 그러나 민주주의 교육에 대한 듀이의 학문적 기여점은 학자별 관심에 따라 다양하게 해석되고 있으며, 상이한 정치철학적 관점을 정당화하는 근거로 활용되고 있음은 이를 예증한다(Westheimer & Kahne, 2004: 238).

〈표 5-2〉와 같다.[8]

민주적 교육 발생 풍토 (Harber, 1995: 9)	민주적 학교 특징 (Huddleston, 2007: 11)	민주적 학교위원회 특성 (Inman & Burke, 2002: 7)	민주적 학교의 효과 (Trafford, 2005: 60-61)
• 개인과 집단 간의 상호존중과 다양성에 대한 관용 • 의견 형성 시 증거 존중 • 증거에 기반해서 자신의 의견 변화 가능성에 대한 수용 의지 • 정치적 정보에 대한 비판적 입장 소유 • 모든 사람을 동등한 사회적 정치적 권리 소유자로 간주 • 민주주의 교육은 이성, 열린 마음, 공정성 촉진에 초점을 두어야 함.	• 학교에서 참여의 가치와 권한위임에 대한 학생의 자신감 수준 • 학교협의회 · 학생의회와 같은 학생대표 구조의 존재 • 학교 문제해결 기여로 인해 학생이 존중받을 수 있는 기회 • 학교 환경이 민주적 원칙을 모델화하거나 참여 관행을 촉진하는 정도 • 참여와 민주적 실제에 관한 명시적 교수 간의 연계성 • 토론을 위한 개방된 수업 풍토 • 학교를 벗어난 참여 조직과 지역사회와의 연계	• 회의 시간은 수업시간 표 안에 포함됨. • 위원회는 학급이나 학년이 아닌 전체 학교를 대상으로 함. • 명시적 대표와 보고 기제가 있음. • 회의는 의제와 회의록에 의해 공식적으로 진행됨. • 위원회는 공식적인 법을 가짐. • 위원회는 주요 정책 결정에 관해 공식적으로 협의함. • 의제 범위는 교직원과 학생이 결정함. • 협의회는 교장으로부터 직접 감독을 받음.	• 학생과 교사 간의 관계 개선 • 청소년의 책임감 향상 • 학업기준 향상 • 훈육 개선 • 소외 감소 • 무단결석과 배척 행위 감소 • 포용성 증가 • 동기부여 개선 • 자신감 제고와 자존감 향상 • 도전 수용성 향상 • 높은 기대치의 규범화 • 학교의 효율성 향상

〈표 5-2〉 민주주의 교육 풍토와 민주적 학교의 제반 특성

한편, 산트(Sant, 2019)는 민주주의의 본질적 속성이 다양한 적대적 의견을 건전한 비판적 담론과 투쟁적 논쟁 과정을 통하여 새로운 의미를 발견하여 이를 재구

---

8) 민주적 학교운영의 대표 사례는 1968년에 학생자치 기반의 대안학교로 설립된 미국의 Sudbury Valley School이다. 이 학교는 모든 학생과 교직원(부모는 제외)으로 구성된 학교의회(학생이 의장 역할 수행)를 운영하면서 학교 거버넌스와 관련된 전체 의사결정(예: 교사계약 등)을 집단 협의과정을 통해서 처리한다.

성하는 데 있다는 무페(Mouffe)의 경합적 다원주의(agonistic pluralism)에 착안하여 상이한 논쟁적 시각에서 2006년도부터 2017년까지의 기간에 출간된 민주교육 관련 연구 자료와 선행 문헌을 검색하여 총 1,589편을 확인하였다. 그는 자체 선별기준(질적 수준, 영어 작성 여부, 민주교육에 대한 초점, 독자의 이용 가능성)을 적용하여 최종 선정된 377개의 문헌에 대한 체계적 내용 분석을 실시하여 민주교육의 대표적 이론적 기제로서 8개 유형을 도출하였다. 엘리트주의, 자유주의, 신자유주의, 심의주의, 다문화주의, 참여주의, 비판주의, 경합주의가 그것이다. 각각의 시각에 대한 핵심 원리와 교육적 시사점 및 비판적 논의점은 〈표 5-3〉과 같다.

산트는 8개의 민주교육의 경쟁 이론기제 중 개인 중심의 자유와 권리를 최우선적으로 보장하는 자유주의가 교육현장에서 가장 광범위하게 수용되고 있으며, 이에 대한 대안적인 시각(다문화주의, 심의주의, 경합주의)은 공동체주의를 지향한다고 본다. 그에 따르면, 자유주의, 엘리트주의, 비판주의 민주교육 유형은 사회를 조직하는 보편적 구조가 존재하며, 이를 개선할 수 있는 보편적 방법이 있다고 가정한다. 이에 반하여 다문화주의와 경합주의 민주교육 형태는 다원화된 존재론을 가정하면서 특수주의를 지지한다. 결국 8개의 경쟁적 민주교육 유형은 '개인주의 vs 공동체주의' 양극단으로 구성된 스펙트럼과 '보편주의 vs 특수주의' 양극단으로 이루어진 또 다른 스펙트럼의 연속선상에서 존재한다는 것이다.

〈표 5-3〉 민주주의 교육을 위한 경쟁적 관점과 핵심 주장

구분	엘리트주의	자유주의	신자유주의	심의(숙의)주의	다문화주의	참여주의	비판주의	경합주의
핵심 원리	• 민주주의 엘리트 담론과 연계됨 (예: 플라톤 국가론의 철인정치). • 정치는 민주주의 가치에 대한 심층적 이해와 헌신적 소양을 갖춘 소수 엘리트가 전담해야 함. • 대중은 투표 행위를 통해 엘리트 정치인의 성과책무를 평가함.	• 민주주의 교육의 가장 강력한 담론 유형 • 자유를 특권화하며, 시민의 평등성을 옹호하고 개인의 우선권을 강조. • 외부 장애의 부재를 뜻하는 소극적 자유와 자신의 주체적 선택과 결정에 따라 목적을 실현하는 적극적 자유 중 후자를 더 강조함.	• 민주주의는 개인선호의 집합이라는 집합적 민주주의(aggregative democracy)와 연계 • 외부 강제력의 부재인 소극적 자유를 극도로 특권시함. • 국가에 대한 공적 책임보다는 개인의 권리를 중시함. • 시장은 개인 선호와 관점이 경쟁하는 공적 포럼임.	• 모든 시민을 공적 의사결정의 실질적 공동저자로 간주함. • 롤스(Rawls)와 하버마스(Habermas) 이론에 기반한 상호주관적 합의적 이성을 중시함. • 자유롭게 개방된 공적 사결정 과정을 통해 공정한 합의가 도출될 수 있다고 봄.	• 다원성과 다양성에 대한 논제를 좌아 선시함. • 이사소통 합리성 등 모든 참고기제의 보편성과 아 선순위를 부인하는 특수주의에 기반 • 지배적 존재론과 우선적 인 식론에 도전	• 참여와 교육은 내재적으로 연계됨. • 실천행위(praxis)를 강조	• 평등과 사회 변혁 추구 • 물질적 사회 구조와 지배적 이념 및 패권적 헤게모니로부터의 해방 강조	• 개방성과 이의제기가 원칙에 근거함. • 민주주의 의미는 시공간 변화에 따라 항상적이다 로 구성됨. • 이의제기는 민주적 방안의 핵심 구성 요인

교육적 시사점						
• 엘리트 계층과 대중은 구분되어 자기차별적인 이원적인 시민교육 프로그램(예: 싱가포르의 시민교육 프로그램) • 세계박애주의 관련 지식과 가치와 서양 규범 및 외국어는 엘리트 대상으로, 대중교육은 순종자세를 대상으로 실행됨.	• 자아실현의 균등한 기회 제공 차원에서 보편교육 보장(예: 인성 프로그램 권선언 등) • 자유주의 정치체제 운영에 대한 지식·기능 및 개인의 권리·의무·비판적 사고를 강조하는 시민교육 지지	• 공교육을 자유시장의 실천 사례로 규정 • 학교는 개인 사상을 조건화하기 때문에 단위학교 차원의 민주시민교육과정 설계 및 집행을 거부 • 탈산민주주의 실현을 위해서 학교선택권과 교육화 기반 성과 책무성 교육정책 강조	• 모든 교육이 해당사자가 참여하는 심의적 의사결정 과정에 기반한 교육정책 옹호 • '비앞박'과 '무차별' 원칙에 근거해서 다원성이 보장되어야 함. • 시민교육은 공적 심의를 위한 가치와 기술을 교수함.	• 국가가 지역사회 문제에 대한 교육적 의사결정 권한이 있는지 여부에 대해 비판적 의문을 제기 • 자신에 대한 이해와 의사소통 능력 촉진 및 이질적 문화 간 이해를 강조하는 민주적 교육과정 강조	• 교육과정 설계, 학생위원회 결성, 봉사학습 등의 교육활동 전반에 학생참여를 적극 권장 • 행위지향적 교육을 옹호.	• 지배적 이념에 의해 사회화되고 불평등 권력관계를 영속화하는 비인간화 교육을 탈피하고자 함. • 교사와 학생 간의 상호주관적 이해에 기반으로 개인자유와 적단해방 및 사회현실 변화를 도모함.	• 이의제기와 반대가 용이한 안전한 공간 창출가 필요함. • 교육기관은 민주주의 정치체제와 의미가 지속적으로 구성·재구성되는 공간임. • 감정표현을 위한 정치적 정서교육 강조

비판적 논의점	• 민주주의 교육에 반하는 것으로 간주되며, 극히 소수의 관점임. • 최소 수준의 민주주의 교육 행태로 간주됨.	• 합리적 자율성 강조로 인한 공적 영역과의 이사소통 단절 • 현실 개선 참여 부족	• 전 세계적 교육정책의 지배적 담론이지만 민주교육의 실천과 공공 교육의 역을 저해한다는 비판을 받음.	• 이사소통 과정은 결코 중립적이지 않으며 발언권이 없는 학생은 쉽게 배제됨.	• 평등의 보편적 원칙을 고려할 때 교육의 다원화는 실패하기 쉬움. • 특수주의는 지역사회 고립을 초래	• 참여가 사회적 재생산과 사회 재구성 중 어떤 관점을 지지·촉진하는지에 대한 논쟁이 있음.	• 학생의 비판적 사고는 기존 신임관에 의해서 영향을 받음. • 학생과 교사 간의 평등한 대화 기반의 교육실행 난점 발생	• 갈등을 지나치게 강조하여 연대감을 경시

출처: Sant(2019: 662-679)의 논의 내용을 표로 요약 정리함.

　그는 8개 민주교육의 이론적 기제가 적용된 교육정책과 교육실제 사례를 분석하여 내용적 특성과 지향적 강조점이 차별화되는 3개의 민주주의 교육정치 관점을 분류하였다. 민주주의를 위한 교육(education for democracy), 민주주의 내에서의 교육(education within democracy), 민주주의를 통한 교육(education through democracy)은 이에 해당한다. 각 관점의 핵심 주장을 요약 정리하면 〈표 5-4〉와 같다.

　산트(2019: 685)에 따르면, 3가지 민주주의 교육 유형 중 첫 번째는 교육을 사회적 재생산으로 규정하며, 세 번째 유형은 교육을 사회재건으로 정의한다. 이에 반해서 신자유주의와 엘리트주의가 속해 있는 두 번째 입장은 학문적 공동체 내에서 '비민주적 성격'으로 인해서 가장 많은 비판의 대상이 되고 있다고 주장한다. 이 관점은 민주주의와 교육은 각자 독립된 성격을 가지며, 교육이 민주적 원칙을 통해서 작동해야 한다는 당위론적 주장에 도전한다. 신자유주의자들은 민주주의와 교육을 결국 시장 원리와 자본주의 사회를 실현하는 수단적 도구로 간주한다.

　요약하면, 민주주의 교육은 다양한 정치철학적 이념과 사상적 관점에 따라서 다양하게 규정되고 전개되고 있다. 따라서 민주시민 양성을 목표로 하는 시민교육은 경쟁하는 상이한 관점의 핵심 주장을 시대적 요구 상황과 이에 대한 교육적 민감성을 반영하여 시민교육과정 구안과 실행과정 및 교수학습 활동 설계에 어떻게 총괄적으로 적용할 것인지에 관해서 보다 성찰적인 연구 자세가 필요하다고 할 수 있다.

〈표 5-4〉　민주주의 교육의 3가지 대표 유형

구분	민주주의를 위한 교육	민주주의에서의 교육	민주주의를 통한 교육
대표 유형	자유주의, 비판주의(일부 관점), 심의주의, 참여주의	신자유주의, 엘리트주의	참여주의, 심의주의, 다문화주의, 비판주의, 경합주의
핵심 주장	• 민주주의를 보편적 규범 필수로 간주하며, 교육은 이를 달성하기 위한 적극적 도구임. • 교육은 사회계층 이동성을 위한 수단으로 간주되며, 자유민주주의의 근간으로서 대중 학교교육 실행에 영향을 미침. • 교육을 미래 민주주의의 실현 도구로 개념화	• 성숙한 성인이 민주적으로 교육을 통제할 수 있음. • 교육과 민주주의는 규범이 기보다는 수단적 도구임. • 민주주의는 규범 필수가 아닌 개인 자유와 엘리트 지배를 효과적으로 확보하기 위한 정치체제임. • 교육과 민주주의는 상호 독립적인 관계	• 강화된 자유민주주의체제에서 교육자들이 가장 선호하는 관점임. • 교육과 민주주의는 서로 상생하는 관계임.
교육관 · 교육정책	• 시민교육은 대부분의 자유민주주의체제의 교육과정 목표에 내재되어 있음. • 민주적 인성 요인(지식을 갖춘 합리적 시민) 숙달에 초점을 둠. • 심의와 참여 중심 교육과정 정책은 각각 보다 숙의적이고 활동적인 시민의 필요성을 강조	• 신자유주의 교육정책은 현재 세계적으로 지배적인 위치를 차지함. • 교육정책은 도덕적 열망보다는 개인의 요구에 조응해야 함. • 대표적 정책 사례는 학교선택, 표준화 및 책무성 정책임.	• 정책결정은 의사결정과정에서 공동체 구성원이 참여하는 민주적 정신을 통해서 개념화됨. • 정책은 특수주의 · 공동체주의 존재론과 상호 주관적 · 경험적 인식론에 근거함. • Gutman의 비탄압(non-repression)과 비차별(nondiscrimination) 원칙 준수
	• 민주시민의 자질을 정의하고, 이를 보다 잘 학습하게 만드는 적합한 교육학을 확인하는 데 중점을 둠.	• 교육과 민주주의를 상호 독립적인 것으로 간주함. • 이 유형에 해당하는 실질적인 교육실제는 없음.	• 학생이 사실상 시민으로서의 역할을 담당 • 교육과 정책의 밀접한 상호 연계성을 이해하면서 민주적 참여를 통한 민주적 학습이 제도적으로 구현됨.

교육 실제	• 인문학과 사회과학 교육 과정이 민주적 학습 구현 에 가장 효과적임. 　－ 자유주의는 정치적 지 　　식과 비판적 사고 촉진 　－ 심의주의는 쟁점을 통 　　한 의사소통 능력, 문제 　　해결력, 심의역량을 교 　　수·학습할 것을 권고 　－ 참여주의는 학교 거버 　　넌스, 봉사학습, 모의 　　실험 등을 통한 참여적 　　역량 제고 강조 　－ 다문화주의는 자신과 　　타인의 문화에 참여할 　　것을 요구 　－ 비판주의는 사회문제 　　를 검토함으로써 지배 　　구조를 폭로하기 위한 　　지식 획득을 강조하며 　　지역사회와 협력하여 　　불평등을 감소시킴. 　－ 경합주의는 정치적 주 　　장과 도덕적 주장 간의 　　차이 이해를 돕는 정치 　　적 감정 교육을 중시	• 민주적 참여는 본질적으 로 교육적 성격을 가지며 이를 통해서 민주주의 새 로운 가능성이 창출됨. 　－ 후기구조주의 다문화 　　주의는 지식과 존재의 　　관계를 재구성하는 과 　　정에서의 비데카르트 　　인식론(예: 심신일원 　　론)에 참여할 수 있는 　　기회 창출 필요성 강조 　－ 참여주의는 민주적 참 　　여를 위한 활동 중심 교 　　육학을 주창 　－ 경합주의는 교육기관 　　의 정치적 공간 속성으 　　로 인해 정치적 담론과 　　연대가 출현하기 때문 　　에 교사·학생의 정치 　　적 주장과 정치적 이견 　　을 공식 표현할 수 있는 　　경로 창출을 권고

출처: Sant(2019: 681-684)의 핵심 내용을 표로 정리함.

주요 개념 정리

☑ **자유주의**: 가치 다양성과 도덕적 중립성에 근거하여 평등한 시민으로서의 개인의 자유와 권리를 절대적으로 중요시한다. 즉, 자유주의는 원칙적으로 개인을 보호하는 법적 지위를 지칭한다.

☑ **시민공화주의(공동체주의)**: 개인 삶을 규정하는 사회적 실제와 공동체적 정체성을 강조하면서 공동선(the common good)의 달성에 전념한다. 즉, 시민공화주의는 평등한 대우 속에서 법치로서의 국가 개입의 중요성과 국가에 대한 시민의 적극적 헌신을 강조한다.

☑ **민주주의 교육 유형**: 민주주의를 위한 교육(education for democracy), 민주주의 내에서의 교육(education within democracy), 민주주의를 통한 교육(education through democracy)으로 구분된다. 첫 번째 관점은 교육을 사회적 재생산으로 규정한다. 두 번째 관점은 교육을 시장 원리와 자본주의 사회를 실현하는 수단적 도구로 간주한다. 마지막 관점은 교육의 목적을 사회 재건으로 정의한다.

생각해 볼 문제

1. 자유주의와 시민공화주의의 주요 특징은 무엇인가?

2. 자유주의와 시민공화주의의 정치교육(시민교육) 실행과 운영에 대한 교육적 강조점은 무엇인가?

3. 민주적 학교의 특징과 학생자치의 상호 관계성은 무엇인가?

4. 민주주의 교육의 여덟 가지 경쟁적 관점 중 우리 교육 현실에 적합한 시각은 무엇인가?

참고문헌

곽준혁(2008). '공화주의', 한국정치학회(편), 정치학 이해의 길잡이. 서울: 법문사.

박선형(2020). 정치교육(과 시민교육)의 쟁점과 발전 과제. 교육정치학연구, 27(4), 27-56.

박선형(2021). 지방교육자치를 위한 시민교육의 쟁점과 발전 과제. 교육정치학연구, 28(3), 125-154.

이쌍철, 김미숙, 김태준, 이호준, 김정아, 강구섭, 설규주, 임희진(2019). 초 · 중등학교 민주시민교육 활성화를 위한 방향과 과제. 한국교육개발원.

Arendt, H. (1998 [1958]). *The Human condition* (2nd ed.). University of Chicago Press.

Banks, J. A. (2015). Failed citizenship, civic engagement and education. *Kappa Delta Pi, 51*(4), 151-154.

Bellamy, R. (2008). *Citizenship: A very short introduction.* Oxford: Oxford University Press.

Birzea, C. et al. (2004). *All-European study on education for democratic citizenship Policies*. Strasbourg: Council of Europe.

Brezicha, K., & Mitra, D. L. (2019). Should we be testing civics? Examining the implications of the civic education initiative? *Peabody Journal of Education, 94*(1), 63-77.

Crick, B. (2002). *Democracy: A very short introduction*. Oxford: Oxford University Press.

Dewey, J. (1938/1980). *Experience and education*. Carbondale, IL: University of Southern Illinois Press.

Evans, M. (2008). Citizenship education, pedagogy and school contexts. In J. Arthur, I. Davies & C. Hahn (Eds.), *The SAGE handbook of education for citizenship and democracy* (pp. 519-532). London: Sage.

Harber, C. (Ed.) (1995). *Developing democratic education*. Ticknall: Education Now Books.

Huddleston, T. (2007). *From student voice to shared responsibility: Effective practice in democratic school governance in European schools*. London: Citizenship Foundation.

Inman, S., & Burke, H. (2002). *School councils: an apprenticeship in democracy?* London: Association of Teachers and Lectures.

Kahne, J., & Middaugh, E. (2008). High quality civic education: What is it and who gets it? *Social Education, 72*(1), 34-39.

Macedo, S. (2000). *Diversity and distrust: Civic education in a multicultural democracy*. Cambridge: Harvard University Press.

Merry, M. S. (2020). Can schools teach citizenship? *Discourse: Studies In the Cultural Politics of Education, 41*(1), 124-138.

Pol, M. et al. (2006). *Democracy in schools*. Brno: Masary University.

Polan, A. (1989). School: The inevitable democracy? In C. Harber & R. Meighan (Eds.), *The democratic school*. Ticknail: Education Now Books.

Rowe, D. (2003). *The business of school councils: An investigation into democracy in schools* (2nd ed.). London: Citizenship Foundation.

Ruitenberg, C. W. (2009). Educating political adversaries: Chantal Mouffe and radical democratic citizenship education. *Studies in Philosophy and Education, 28*, 269–281.

Sant, E. (2019). Democratic education: A theoretical review (2006–2017). *Review of Educational Research, 89*(5), 655–696.

Shorten, A. (2015). *Contemporary political theory.* London: Red Globe Press.

Trafford, B. (2005). School democracy and school improvement. *Learning for Democracy, 1*(1).

Trafford, B. (2008). Democratic schools: Towards a definition. In J. Arthur, I. Davies & C. Hahn (Eds.), *The SAGE handbook of education for citizenship and democracy* (pp. 410–423). London: Sage.

United Nations. (2005). Resolution adopted by the general assembly on 16 September 2005. 2005 World Summit Outcome.

Veugelers, W., & De Groot, I. (2019). Theory and practice of citizenship education. In W. Veugelers (Ed.), *Education for democratic intercultural citizenship* (pp. 14–41). Leiden: Brill Sense.

Westheimer, J. (2019). Civic education and the rise of populist nationalism. *Peabody Journal of Education, 94*(1), 4–16.

Westheimer, J., & Kahne, J. (2004). What kind of citizen? The politics of educating for democracy. *American Educational Research Journal, 41*(2), 237–269.

제2부

정치교육의 실천적 토대

백선희

제6장

정치교육을 위한 교육과정

> **개요**
>
> 이 절에서는 정치교육을 위한 교육과정을 살펴보기 위해 국가 교육과정의 교과(군) 교육과정과 창의적 체험활동 그리고 범교과 학습 주제에서 정치교육과 관련된 요소가 어떠한지 살펴보았다. 또한, 정치교육의 실행을 위한 교수 · 학습방법의 사례를 제시하여 실제 학교현장에서 교사가 정치교육을 실천하기 위해 필요한 기본 정보를 제공하고자 하였다.

1. 국가 교육과정과 정치교육

정치교육을 위한 교육과정을 살펴보기 위해서는 우선 우리나라의 국가 교육과정의 구조와 편제 등에 대한 기본 사항을 파악해야 할 것이다. 비록 제7차 교육과정 이후부터 추진된 교육과정 자율화, 분권화 정책에 따라 시 · 도교육청별 지역 교육과정을 개발, 보급하고,[1] 학교 교육과정의 특수성을 강조하고 있으나 국가 교육과정이 우리나라 초 · 중등학교의 교육과정 운영에 미치는 영향을 여전히 무시할 수 없기 때문이다. 우리나라는 해방 이후 교수요목기에 이어 2015 개정 교육과정에 이르기까지 국가 교육과정을 개발하여 단위학교에 보급하고 있다(홍후조, 2018).

---

1) 각 시 · 도교육청별 교육과정이 개발되어 있다. 예를 들어, 경기도교육청에서는 경기도 초 · 중 · 고등학교 교육과정 총론을 개발, 보급하고 있으며, 대구광역시교육청에서는 대구미래교육과정 총론 및 각론을 개발 · 보급하고 있다.

가장 최근까지 적용되고 있는 국가 교육과정인 2015 개정 교육과정은 교과(군) 교육과정과 창의적 체험활동으로 구성되어 있다. 이 절에서는 교과 교육과정과 창의적 체험활동에 포함된 정치교육의 요소를 살펴보고, 학교급별로 정치교육을 실행하기 위한 교수·학습방법에는 어떠한 것들이 있는지 아울러 살펴보고자 한다.

1) 국가 교육과정 총론과 각론

2015 개정 교육과정은 총론과 각론으로 구분되어 있다. 총론에서는 우리나라 국가 교육과정의 성격, 구성의 방향, 학교급별 편성·운영의 기준, 학교 교육과정 편성·운영, 학교 교육과정 지원과 같은 교육과정이 지향해야 할 전반적인 관점과 운영 방향이 제시되어 있다. 특히, 학교급별 교육과정 편성·운영의 기준에서는 초등학교 1학년부터 중학교 3학년까지는 공통 교육과정으로 고등학교 1학년부터 3학년까지는 선택 중심 교육과정으로 편성·운영한다는 점을 명시하고, 공통 교육과정과 선택 중심 교육과정의 교과 분류에 대한 기본적 사항을 명시하고 있다.

2) 국가 교육과정 편제 안에서의 정치교육

현재 초·중등학교에 적용되고 있는 국가 교육과정[2]의 편제를 살펴보면 초·중·고등학교 모두 교과 교육과정과 창의적 체험활동으로 구성되어 있다. 초등학교의 교과(군)은 국어, 사회/도덕, 수학, 과학/실과 체육, 예술(음악/미술), 영어 교과를 포함하고 있는데, 다만, 1, 2학년의 교과는 국어, 수학, 바른 생활, 슬기로운 생활, 즐거운 생활로 한다고 명시되어 있다. 중학교의 교과(군)은 초등학교와 유사한데 과학/기술·가정/정보 교과군에서 차이가 있다. 고등학교의 교육과정 편제는 고등학교 유형에 따라 두 가지로 제시되어 있다. 일반 고등학교(자율고 포함)

---

2) 2021년 집필 당시 2015 개정 교육과정이 초·중등학교에 적용되고 있었다.

와 특수목적 고등학교(산업 수요 맞춤형 고등학교 제외)는 기초, 탐구, 체육 · 예술, 생활 · 교양 영역과 각 영역별 교과(군)이 제시되어 있으며 특성화 고등학교와 산업 수요 맞춤형 고등학교는 기초, 탐구, 체육 · 예술, 생활 · 교양 영역은 일반 고등학교의 편제와 같고 전문 교과가 추가되어 있다. 구체적인 교과(군)에 관련된 내용은 〈표 6-1〉과 같다.

〈표 6-1〉 학교급별 교과 교육과정 영역 및 교과(군)

학교급	교과 영역 및 교과(군)	
초등학교	국어, 사회/도덕, 수학, 과학/실과, 체육, 예술(음악/미술), 영어 ※ 다만, 1, 2학년의 교과는 국어, 수학, 바른 생활, 슬기로운 생활, 즐거운 생활	
중학교	국어, 사회(역사 포함)/도덕, 수학, 과학/기술 · 가정/정보, 체육, 예술(음악/미술), 영어, 선택* * 선택 교과: 한문, 환경, 생활 외국어(독일어, 프랑스어, 스페인어, 중국어, 일본어, 러시아어, 아랍어, 베트남어), 보건, 진로와 직업 등	
일반 고등학교 (자율고, 특수목적고[3] 포함)	보통 교과	기초 영역: 국어, 수학, 영어, 한국사 탐구 영역: 사회(역사/도덕 포함), 과학 체육 · 예술 영역: 체육, 예술 생활 · 교양 영역: 기술 · 가정, 제2외국어, 한문, 교양
특성화고, 산업 수요 맞춤형 고	보통 교과	기초 영역: 국어, 수학, 영어, 한국사 탐구 영역: 사회(역사/도덕 포함), 과학 체육 · 예술 영역: 체육, 예술 생활 · 교양 영역: 기술 · 가정, 제2외국어, 한문, 교양
	전문 교과 II	17개 교과군(경영 · 금융, 보건 · 복지, 디자인 · 문화콘텐츠 등)

국가 교육과정 편제에서 창의적 체험활동 역시 학교급별로 시수가 제시되고 있다. 창의적 체험활동은 비교과 교육과정으로 2009 개정 교육과정부터 도입되었다. 2009 개정 교육과정에서는 기존의 재량활동과 특별활동을 합하여 창의적 체험활

---

3) 산업 수요 맞춤형 고등학교는 특수목적고 유형에 해당하지만 교육과정은 특성화고와 함께 제시되어 있다.

동으로 하고, 창의적 체험활동의 네 가지 영역을 자율활동, 동아리활동, 봉사활동, 진로활동으로 정하였다. 2015 개정 교육과정에서 창의적 체험활동이 학교 교육과정에서 차지하고 있는 시수는 초등학교 744시수(1~2학년군 안전한 생활 64시수 포함),[4] 중학교 306시수,[5] 일반 고등학교 24단위(408시간)[6]으로 학교급별로 다소 차이가 있으나 전체 수업 시수의 약 9~12%를 차지하고 있다.

2. 정치교육을 위한 교육과정 실행

정치교육은 다른 교육과정의 학습 요소와 같이 교과 교육과정과 창의적 체험활동, 그리고 이 모두를 통합한 교육과정의 모든 장면에서 지도할 수 있는 범교과 학습주제를 통해 실행될 수 있다. 이 절에서는 정치교육을 위한 교육과정 실행의 양상을 교과 교육과정과 창의적 체험활동, 그리고 전반적인 교수 · 학습방법으로 구분하여 살펴볼 것이다.

1) 사회과 교육과정과 정치교육

국가 교육과정 편제 내에서 모든 교과와 창의적 체험활동이 정치교육과 조금씩의 관련을 맺고 있다고 할 수 있지만 가장 많은 비중을 차지하는 것은 사회과라 할 수 있을 것이다. 시민의 권리와 의무, 입헌주의 권력 분립, 법치주의와 같은 핵심 개념들은 대부분 일반사회의 영역으로 다루어지고 있기 때문이다(김명정, 2012: 8). 1955년 개발된 제1차 교육과정부터 2015 개정 교육과정에 이르기까지 시민교육과 관련된 사회과 교육과정에 포함된 교과는 〈표 6-2〉와 같다.

---

4) 2015 개정 교육과정의 초등학교 전체 수업 시수는 5,892시수로 창의적 체험활동은 전체 수업 시수의 약 12.6%이다.
5) 2015 개정 교육과정의 중학교 전체 수업 시수는 3,366시수로 창의적 체험활동은 전체 수업 시수의 약 9%이다.
6) 2015 개정 교육과정의 일반 고등학교 전체 이수 단위는 204단위로 창의적 체험활동은 전체 이수 단위의 약 11.7%이다.

〈표 6-2〉　제1차 교육과정~2015 개정 교육과정의 사회 교과[7]

교육과정	사회과 과목
제1차	일반사회
제2차	일반사회, 정치경제
제3차	정치경제, 사회문화
제4차	사회 I, 사회 II
제5차	정치경제, 사회문화
제6차	공통사회, 정치, 경제, 사회문화
제7차	사회, 법과사회, 정치, 경제, 사회문화
2007 및 2009 개정	사회, 법과사회, 정치, 경제, 사회문화, 법과정치
2015 개정	사회, 통합사회, 경제, 정치와 법, 사회 · 문화

　2015 개정 교육과정의 초등학교 사회과 교육과정에서 제시된 내용 중 정치교육과 관련된 부분은 〈표 6-3〉과 같다. 초등학교 1~2학년군의 교육과정에서는 사회/도덕 교과 시수가 배당되지 않기 때문에 3~4학년군과 5~6학년군의 사회 교과 교육과정에서 제시된 정치교육과 관련된 내용들은 3~4학년군에서의 공공기관, 사회 변화, 다문화 사회, 타 문화 존중, 지역 문제 해결 등이 포함되어 있다. 5~6학년군에서는 헌법, 자유민주주의, 국회, 행정부, 법원의 기능, 경제적 정의, 세계시민의 자세, 지구촌 평화 방안, 세계시민으로서의 참여 등과 같은 내용이 포함되어 있다 (곽혜송, 송미화, 2017).

---

7) 이 내용은 김명정(2012)에서 제시된 내용 중 관련 주제를 발췌, 정리한 것이다.

〈표 6-3〉   2015 개정 초등학교 및 중학교 사회과 교육과정 민주시민교육[8] 관련 내용

학년군	영역	내용
3~4학년군	지식 · 이해	정치: 공공기관
	사회 · 문화	사회 · 문화: 사회변화/다문화 사회의 문제와 해결 방안
	가치 · 태도	타 문화 존중
	참여 · 실천	지역 문제 해결
5~6학년군	지식 · 이해	정치: 인권/헌법/기본권/법의 의미와 성격/자유민주주의, 민주화 과정/시민의 정치 참여의 역사/민주주의 의미와 중요성/민주적 의사 결정의 원리/민주정치 기본 원리/국회, 행정부, 법원의 기능/남북통일/지구촌 평과/지속가능한 미래
		경제: 경제적 정의
	가치 · 태도	권리와 의무의 조화/준법/민주주의 실천 태도/세계시민의 자세
	참여 · 실천	민주적 의사 결정 원리의 실천/지구촌 평화 방안의 모색/세계시민으로서의 참여

2) 창의적 체험활동과 정치교육

정치교육이 단일 교과목으로 지정되어 있는 경우는 매우 드물며(박선형, 2020) 따라서 여러 개의 교과에서 다루어지거나 혹은 창의적 체험활동에서도 다루어질 수 있다. 창의적 체험활동은 실천성, 자발성, 공동체성을 강조한다는 점에서 정치교육을 실천하기에 좋은 환경을 제공한다(유제순, 2017).

창의적 체험활동의 각 영역별 활동, 학교급별 중점은 〈표 6-4〉와 같다. 영역별 활동을 살펴보면 정치교육을 구현하기에 가장 적합한 활동은 우선 자율활동을 들 수 있다. 자율활동에선 자치 · 적응활동을 통해 초등학교에서는 민주적 의사 결정의 기본 원리 이해 및 실천, 중학교에서는 원만한 교우 관계 형성, 자주적이고 합리

---

8) 곽혜송, 송미화(2017)은 민주시민교육 실천 유형을 탐구하기 위하여 초등학교 사회과 교육과정에서 관련 내용을 발췌하여 정리하고 있다. 민주시민교육이 정치교육과 상당 부분 그 의미가 일치하는 부분이 있다는 점에서 해당 표를 제시하였다.

적인 문제해결능력 함양, 그리고 고등학교에서는 공동체 구성원으로서의 주체적
역할 수행, 협력적 사고를 통한 공동의 문제 해결 등과 같은 중점을 통해 정치교육
과의 연계성을 엿볼 수 있다.

〈표 6-4〉 **창의적 체험활동 영역별 활동 체계표**

영역	활동	학교급별 교육의 중점

자율
활동
	• 자치 · 적응활동
	• 창의주제활동 등
		〈초〉• 입학 초기 적응활동, 사춘기 적응활동
		    • 민주적 의사 결정의 기본 원리 이해 및 실천
		    • 즐거운 학교생활 및 다양한 주제 활동
		〈중〉• 원만한 교우 관계 형성
		    • 자주적이고 합리적인 문제해결능력 함양
		    • 폭넓은 분야의 주제 탐구 과정 경험
		〈고〉• 공동체 구성원으로서 주체적 역할 수행
		    • 협력적 사고를 통한 공동의 문제 해결
		    • 진로 · 진학과 관련된 전문 분야의 주제 탐구 수행

동아리
활동
	• 예술 · 체육활동
	• 학술문화활동
	• 실습노작활동
	• 청소년단체활동 등
		〈초〉다양한 경험과 문화 체험을 통한 재능 발굴, 신체 감각 익히
		    기와 직접 조작의 경험, 소속감과 연대감 배양
		〈중 · 고〉예술적 안목의 형성, 건전한 심신 발달, 탐구력과 문제
		    해결력 신장, 다양한 문화 이해 및 탐구, 사회 지도자로서의
		    소양 함양

봉사 활동	• 이웃돕기활동 • 환경보호활동 • 캠페인활동 등	〈초〉봉사활동의 의의와 가치에 대한 이해 및 실천 〈중 · 고〉학생의 취미, 특기를 활용한 봉사 실천

진로
활동
	• 자기이해활동
	• 진로탐색활동
	• 진로설계활동 등
		〈초〉긍정적 자아개념 형성, 일의 중요성 이해, 직업 세계의 탐
		    색, 진로 기초 소양 함양
		〈중〉긍정적 자아개념 강화, 진로 탐색
		〈고〉자신의 꿈과 비전을 진로 · 진학과 연결, 건강한 직업의식
		    확립, 진로 계획 및 준비

출처: 교육부(2015). 창의적 체험활동 교육과정(안전한 생활 포함), p. 6.

　　구체적으로 자율활동의 활동별 목표와 내용을 살펴보면 자치·적응활동을 통해 민주시민교육을 강조하고 있음을 알 수 있다(〈표 6-5〉 참조). 자치·적응활동의 활동목표에 성숙한 민주시민으로 살아갈 수 있는 역량 함양을 포함하고 있으며 활동 내용으로는 학급회의, 전교회의, 모의회의, 토론회, 자치법정과 같은 협의활동, 1인 1역 등의 역할분담활동, 교우활동, 사제동행 활동 등의 친목활동 등을 포함하고 있다.

〈표 6-5〉 **자율활동 영역의 활동별 목표와 내용**

활동	활동 목표	활동 내용(예시)
자치 · 적응 활동	성숙한 민주시민으로 살아갈 수 있는 역량을 함양하고, 신체적·정신적 변화에 적응하는 능력을 길러 변화하는 환경에 적극적으로 대처한다.	• 기본생활습관 형성활동-예절, 준법, 질서 등 • 협의활동-학급회의, 전교회의, 모의의회, 토론회, 자치법정 등 • 역할분담활동-1인 1역 등 • 친목활동-교우 활동, 사제동행 활동 등 • 상담활동-학습, 건강, 성격, 교우 관계 상담활동, 또래 상담활동 등
창의 주제 활동	학교, 학년(군), 학급의 특색 및 학습자의 발달 단계에 맞는 다양하고 창의적인 주제를 선택하여 활동함으로써 창의적 사고역량을 기른다.	• 학교·학년·학급특색활동-100권 독서하기, 줄넘기, 경어 사용하기, 연극놀이, 뮤지컬, 텃밭 가꾸기 등 • 주제선택활동[9]-주제 탐구형 소집단 공동 연구, 자유 연구, 프로젝트 학습(역사탐방 프로젝트, 박물관 견학활동) 등

출처: 교육부(2015b). 창의적 체험활동 교육과정(안전한 생활 포함), p. 6.

　　창의적 체험활동 영역 중 정치교육과 연관이 많은 또 다른 영역은 봉사활동이라 할 수 있다. 봉사활동은 이웃돕기활동, 환경보호활동, 캠페인활동 등을 통해 봉사활동의 의의와 가치에 대한 이해 및 실천(초), 학생의 취미, 특기를 활용한 봉사 실

---

9) 창의주제활동의 '주제선택활동'은 자유학기의 '주제선택활동'으로 활용될 수 있으며, 다른 학기, 다른 학교급에서도 편성·운영할 수 있다.

천(중·고)에 중점을 두고 있다(〈표 6-6〉 참조). 봉사활동의 활동별 목표를 살펴보면 이웃돕기활동은 타인을 이해하고 배려할 수 있는 공동체 역량, 환경보호활동은 환경을 보호하는 마음과 공공시설을 아끼는 마음, 캠페인활동은 사회현상에 관심을 갖고 참여하여 사회적 역할과 책임을 분담하고 사회 전반에 이바지하는 태도 함양을 제시하고 있다. 활동 내용으로는 친구돕기활동, 지역사회활동, 환경정화활동, 자연보호활동, 공공질서, 환경 보전, 학교폭력예방 등을 위한 각종 캠페인 활동이 포함되어 있다.

〈표 6-6〉 **봉사활동 영역의 활동별 목표와 내용**

활동	활동 목표	활동 내용(예시)
이웃돕기 활동	타인을 이해하고 배려할 수 있는 공동체 역량을 함양한다.	• 친구 돕기 활동-학습이 느린 친구 돕기, 장애 친구 돕기 등 • 지역사회활동-불우이웃 돕기, 난민 구호 활동, 복지 시설 위문, 재능 기부 등
환경보호 활동	환경을 보호하는 마음과 공공시설을 아끼는 마음을 기른다.	• 환경정화 활동-깨끗한 환경 만들기, 공공시설물 보호, 문화재 보호, 지역 사회 가꾸기 등 • 자연보호 활동-식목 활동, 자원 재활용, 저탄소 생활 습관화 등
캠페인 활동	사회 현상에 관심을 갖고 참여함으로써 사회적 역할과 책임을 분담하고 사회 발전에 이바지하는 태도를 기른다.	• 공공질서, 환경 보전, 헌혈, 각종 편견 극복 캠페인 활동 등 • 학교폭력 예방, 안전사고 예방, 성폭력 예방 캠페인 활동 등

출처: 교육부(2015b). 창의적 체험활동 교육과정(안전한 생활 포함), p. 8.

이외 동아리활동과 진로활동은 앞서의 자율활동과 봉사활동에 비해 정치교육과의 연관성이 낮아 보인다. 그러나 동아리활동과 진로활동에서 구체적으로 어떠한 목표와 내용으로 활동을 하느냐에 따라 얼마든지 정치교육의 실행과 연관시킬 수 있다. 예를 들어, 동아리활동을 통해 인권 관련 캠페인에 참여한다거나 진로활동을 통해 비영리단체활동에 관심을 갖고 진로를 추구한다든지 하는 것은 모두 정치교육과 관련될 수 있다.

3) 범교과 학습 주제

앞서 교과 교육과정과 창의적 체험활동을 통해 다양한 주제와 방법으로 정치교육이 이루어질 수 있다는 점을 확인하였다. 아울러 2015 개정 교육과정에서는 각 교과나 창의적 체험활동에서 개별적·분절적으로 이루어질 수 없는 주제를 범교과 학습 주제로 정하고 학교 교육과정 전반에서 통합적으로 다루고, 학교, 지역사회 및 가정과 연계하여 지도한다는 점을 명시하고 있다. 2015 개정 교육과정에서 제시한 범교과 학습 주제에는 민주 시민 교육, 인권 교육, 다문화 교육, 환경·지속가능발전 교육과 같은 정치교육의 요소를 상당히 포함하고 있다.

〈2015 개정 교육과정의 범교과 학습 주제〉

안전·건강 교육, 인성 교육, 진로 교육, 민주 시민 교육, 인권 교육, 다문화 교육, 통일 교육, 독도 교육, 경제·금융 교육, 환경·지속가능발전 교육

3. 정치교육을 위한 교수·학습방법

정치교육에서 다루고 있는 대부분의 주제는 실천을 담보로 해야 한다. 예를 들어, 법과 관련된 내용은 단순히 법의 원리와 내용을 아는 것에서 그치지 않고 법의 취지와 의의를 알고, 정의를 위해 실천할 수 있어야 할 것이다. 정치교육의 지도를 위한 교수·학습방법 역시 지식과 이론을 전달하는 강의식보다는 학생참여가 보장되는 방법을 적극 활용할 필요가 있다. 토의·토론 학습, 체험 학습, 하브루타 수업 등의 교수·학습방법을 고려할 수 있다.

1) 토의 · 토론 학습

토의 · 토론 학습은 교과 교육과정과 창의적 체험활동에서 모두 활용할 수 있다. 예를 들어, 사회/도덕 교과에서 다루는 정치 · 사회적 이슈를 토론 수업에서 활용할 수 있다. 그러나 실제 초 · 중 · 고 학생들을 대상으로 한 조사 결과 우리나라의 학생들은 정치사회적 이슈에 대한 토의 · 토론 기회를 충분히 갖고 있지 않은 것으로 나타났다(박윤경, 이승연, 2015). 정치교육은 무엇보다도 지식과 더불어 실천까지 이어져야 한다는 점에서 단순히 개념이나 이론을 이해하는 데 그쳐서는 안 될 것이다. 더 나아가 정치교육의 개념과 이론을 내면화할 수 있도록 학생들의 삶에서 의미하는 바를 논의하고 경험할 수 있는 기회가 제공되어야 할 것이다. 이러한 점을 고려하여 수업에서 정치교육을 위해 토의 · 토론을 활용할 수 있는 단계는 다음과 같다(곽혜송, 송미화, 2017).[10]

> 사례를 보고 나의 질문 만들기 → 토의 · 토론 주제 정하기 → 토의 · 토론 주제에 대한 자신의 생각 정하기 → 친구들과 의견 공유 및 비교하기 → 토의 · 토론 주제에 대한 결론 내리기(가장 좋은 주제 정하기)

2) 체험 학습

정치교육은 공감을 필요로 한다는 점에서 타인의 입장을 이해해 보기 위한 체험학습이 좋은 교수 · 학습방법으로 활용될 수 있다. 또한, 실제로 선거에 참여한 경험을 통해 시민의식이 생겼다는 고등학생의 경험이 보고된 바 있다(이인수, 2020). 체험학습은 현장학습, 현장체험학습, 교외체험학습, 수련활동 등과 같은 용어로도

---

10) 곽혜송, 송미화(2017)에서 제시한 토의 · 토론형 수업구성안은 초등학생을 대상으로 하는 수업을 전제로 한 것이다. 여기에서 제시한 방안은 연구자들이 제시한 방안을 초 · 중등 학생 모두에게 제시할 수 있도록 다소 수정한 것이다.

사용되며(정문성, 설규주, 2008), 교과 교육과정과 창의적 체험활동에도 모두 활용될 수 있다. 예를 들어, 평화 · 통일교육 현장체험학습을 구성하기 위한 프로그램 개발 단계는 다음과 같다(이경은, 2021).[11]

평화 · 통일교육과 도덕과, 사회과 핵심 역량 도출 → 체험학습 목표 도출 → 프로그램 주제 선정 → 체험학습 장소 이미지와 학습 주제 연계 → 체험학습 장소별 교육활동 선정 → 교수 · 학습 방법 선정(예: 토의 · 토론, 글쓰기, 자료 활용 등) → 체험학습 평가(예: 체크리스트 및 평정 척도, 성찰일지 등)

---

3) 하브루타 수업

하브루타 수업은 학생들 간 둘씩 짝을 지어 함께 토론하면서 학습하는 방식으로 우리나라에서는 교사의 지식 전달 중심의 수업을 지양하고자 하는 하나의 방안으로 제시되었다. 하브루타는 문답의 형태로 진행된다는 점에서 토의 · 토론학습과는 구분된다(구정화, 2002). 하브루타를 활용한 정치교육의 예시로서 사회과 평화수업의 과정은 〈표 6-7〉과 같다(고유연, 2019).

〈표 6-7〉 **하브루타를 활용한 사회과 평화수업 과정**

단계	수업활동	질문 유형
열기	• 수업 주제와 관련한 이미지 텍스트 등을 제시하여 질문을 생성함.	• 텍스트에서 찾아낼 수 있는 것은 무엇인가? • 텍스트와 관련하여 우리가 생각해 볼 수 있는 것은 무엇인가?
의미 파악	• 다양한 방법으로 텍스트를 읽고, 텍스트 속 의미를 파악하여 글쓰기를 통해 정리하도록 함.	• 텍스트에서 의미를 모르는 낱말은 있는가? • 텍스트의 중심내용은 무엇이며, 주제는 무엇인가? • 이 텍스트는 무엇을 말하고자 하는가? 왜 그렇게 생각하는가?

---

11) 이경은(2021)에서 제시한 체험 학습 프로그램 개발, 실행, 평가 단계를 간략하게 요약한 것이다.

| 이해 | • 해석 단계에서 파악한 의미를 토대로 파트너와 상호작용함. | • 나의 텍스트 해석에 대해 찬성/반대하는가? 왜 그렇게 생각하는가?
• 이 텍스트를 통해 우리가 더 논의해 볼 필요가 있거나 논의해 보고 싶은 것이 있는가? |
| 성찰 | • 이해 단계를 통해 발전시킨 해석을 정리하고 성찰적 질문에 대한 생각을 공유함. | • 나의 삶에서 불합리하고 정의롭지 못한 이와 유사한 상황을 경험한 적이 있었는가?
• 내가 불합리하고 정의롭지 못한 이 같은 상황의 피해자라면 어떠하겠는가? 나는 이 상황의 가해자 또는 방관자는 아니었는가?
• 평화라는 가치를 생각해 볼 때, 오늘 수업을 통해 알게 된 점은 무엇이며 그것에 대한 여러분의 생각은 어떠한가? |

출처: 고유연(2019: 59, 71).

4) 프로젝트 학습

프로젝트 학습은 킬패트릭(Kilpatrick)이 제안한 교수 · 학습방법으로 "정성을 기울인 유목적적 활동(hearty purposeful act)"으로 규정된다(Kilpatrick, 1918). 프로젝트 학습의 과정은 목적 설정하기(purposing), 계획 세우기(planning), 실행하기(executing), 판단하기(judging)의 4단계로 구분되며, 프로젝트를 통해 학생들은 구체적인 학습(specific learning)이 가능하다(홍후조, 2018). 프로젝트 학습 역시 학습의 내면화를 가능하게 하는 활동을 제공한다는 점에서 정치교육의 실행에 적합하다. 프로젝트 학습을 고등학생 대상 생태시민성 교육에 활용한 사례를 제시하면 다음과 같다([그림 6-1] 참조).

1단계: 기후변화의 이해
1주 차: 활동 안내, 기후변화 소개, 모둠 구성
2주 차: 기후변화의 원인은 무엇일까? – 모델링 활동

2단계: 기후변화 문제 상황에 대한 통찰
3주 차: 모둠별 탐구 · 조사 활동 주제 탐색과 실행
4주 차: 모둠별 활동 결과의 발표와 토의

3단계: 사회적 실천의 계획과 참여
5~6주 차: 기후변화에 맞서는 우리들의 사회적 실천 계획
7주 차: 기후변화 대응 실천의 실행과 활동 평가

[그림 6-1]　생태시민성 교육을 위한 프로젝트 활동 개요[12]

5) 교과와 창의적 체험활동 통합 설계

정치교육을 위해서는 교과와 창의적 체험활동의 통합 설계를 활용할 수 있다. 이를 위한 구체적인 단계는 다음과 같다(유제순, 2017).[13] 우선 교과 및 창의적 체험활동의 내용 중 정치교육과 관련된 내용을 수평적으로 분석한다. 이때 사회과, 도덕과, 국어과 등 정치교육과 관련된 이슈를 발굴할 수 있는 여러 개 교과를 고려할 수 있으며 창의적 체험활동에서도 어떠한 영역에서 어떠한 시수를 활용할 수 있을지 고려해야 한다. 주제 선정 단계에서는 학생들의 발달 단계에 적합하고, 학생들의 관심과 흥미를 반영하여 적절한 정치교육 관련 주제를 선정한다. 목표 설정 단계에서 고려할 점은 교과별 성취기준, 창의적 체험활동 영역 및 활동별 목표, 학생

---

12) 박우용(2020), p. 48의 내용을 그대로 담되, 그림의 제목은 이 절의 취지에 맞게 다소 수정하였다.
13) 유제순(2017)에서 제시한 단계를 고려하되 초 · 중등 학생 모두에게 제시할 수 있도록 다소 수정하여 제시하였다.

에게 함양하고자 하는 핵심 역량 등을 고려한다. 망(network) 조직 단계에서는 핵심 주제를 중심으로 소주제, 교육내용, 학습 주제 등을 그래픽으로 구성한다. 이때 소주제, 교육내용, 학습 주제 등이 어떤 교과에서 그리고 창의적 체험활동은 어느 영역에 해당하는 것인지 함께 표시한다([그림 6-2] 참조). 평가 계획 단계에서는 학생들에게 함양하고자 하는 역량이 무엇인지, 도달해야 할 성취기준은 무엇인지 등을 고려하고, 개인과제와 공동과제를 적절히 안배하여 수행평가의 형태로 평가 도구를 개발한다. 통합 단원 전개 계획 단계에서는 구체적인 교수 · 학습계획안을 구성한다. 마지막 실행 단계에서는 수업에서 교수 · 학습계획안을 실행한다. 실행 전 단계에서의 계획이 잘 이루어질 수 있도록 수업 내용, 학생의 반응, 평가, 시간 안배 등에 유의한다.

교과 및 창의적 체험활동 내용 분석 → 주제 선정 → 목표 설정 → 망(network) 조직 → 평가 계획 → 통합 단원 전개 계획 → 동합 단원 실행 → 평가

[그림 6-2] 망(network) 조직 예시[14]

---

14) 유제순(2018)의 [Figure 2]의 내용(p. 128)을 간소화하고 각 주제별 출처를 알기 쉽게 제시하기 위하여 왼쪽에 교과 및 창의적 체험활동의 영역을 표시하였다.

주요 개념 정리

☑ **국가 교육과정 편제**: 우리나라 국가 교육과정의 총론에서는 학교급별 교육과정 편제를 제시하고 있다. 국가 교육과정은 크게 교과(군) 교육과정과 창의적 체험활동으로 구성되어 있으며 학교급별, 교과(군)별 시수에 따라 운영된다.

☑ **창의적 체험활동**: 창의적 체험활동은 비교과 활동으로 네 개 영역으로 구성된다. 네 개 영역은 자율활동, 동아리활동, 봉사활동, 진로활동이며 각 영역별로 학교급별 활동의 중점, 활동의 목표, 평가의 중점 등을 갖고 있다.

☑ **범교과 학습 주제**: 국가 교육과정 총론에서는 각 교과나 창의적 체험활동에서 개별적·분절적으로 이루어질 수 없는 주제를 범교과 학습 주제로 정하고 학교 교육과정 전반에서 통합적으로 다루고, 학교, 지역사회 및 가정과 연계하여 지도한다는 점을 명시하고 있다.

생각해 볼 문제

1. 우리나라의 국가 교육과정에서 정치교육을 실행할 수 있는 교과와 관련 내용은 무엇인가?

2. 우리나라의 국가 교육과정에서 정치교육을 실행할 수 있는 창의적 체험활동의 구체적 영역과 내용은 무엇인가?

3. 학교급별로 정치교육을 실천할 수 있는 구체적인 방안은 무엇인가?

참고문헌

고유연(2019). 하브루타를 활용한 사회과 평화수업 실천 및 효과 분석. 한국교원대학교 교육대학원 석사학위논문.

곽혜송, 송미화(2017). 초등학교 민주시민교육 실천 유형 연구. 사회과교육연구, 24(1), 11-30.

교육부(2015a). 초·중등학교 교육과정 총론. 세종: 교육부.

교육부(2015b). 창의적 체험활동 교육과정. 세종: 교육부.

구정화(2002). 사회과 논쟁문제에 대한 웹 기반 토론수업의 효과 연구. 시민교육연구, 39(2), 1-21.

김명정(2012). 사회과 교육과정에 나타난 시민교육 목표와 내용의 변천: 고등학교 일반사회 영역을 중심으로. 시민교육연구, 44(2), 1-28.

박선형(2020). 정치교육(과 시민교육)의 쟁점과 발전 과제. 교육정치학연구, 27(4), 27-56.

박우용(2020). 고등학교 기후변화 동아리 프로젝트 활동이 생태시민성 함양에 미치는 영향. 서울대학교 대학원 석사학위논문.

박윤경, 이승연(2015). 초·중·고 학생들의 정치·사회적 이슈 및 이슈 토론 관련 인식 조사: 학교 시민 교육에의 시사점. 시민교육연구, 47(2), 53-84.

유제순(2017). 교과와 창의적 체험활동의 통합적 설계를 통한 민주시민교육 방안. 내러티브와 교육연구, 5(3), 109-137.

이경은(2021). 학생 주도 평화·통일교육 토등 현장체험학습 프로그램 개발. 서울교육대학교 교육전문대학원 석사학위논문.

이승미, 이수정, 정영근(2020). 창의적 체험활동에서 편성·운영되는 다양한 교육 활동의 실태 및 개선 방향 탐색. 교육연구논총, 41(2), 53-80.

이인수(2020). 선거연령 하향이 교육현장의 정치교육에 미치는 영향. 교육정치학연구, 27(4), 145-173.

정문성, 설규주(2008). 시민교육을 위한 미래형 체험학습 방안 연구: 경기도 사례를 중심으로. 시민교육연구, 40(3), 133-170.

홍후조(2018). 알기 쉬운 교육과정(2판). 서울: 학지사.

Kilpatrick, W. (1918). The project method. *Teachers College Record, 19*(4), 319-335.

제7장

정치교육을 위한 학교문화

박희진

개요

정치교육과 이를 위한 학교문화를 논의하기에 앞서 우선적으로 고려해야 할 사항은 교육과 정치, 그리고 문화의 관계를 어떻게 볼 것인가의 문제이다. 교육을 무엇이라고 규정하며 정치는 이와 어떤 관련성을 가지고 있다고 볼 것인지에 따라 수반되는 학교문화에 대한 논의가 달라질 수 있기 때문이다. 우리의 관심이 대한민국이라는 정치·사회 맥락 안에서의 이루어지는 교육에 관한 것이라는 점에서 정치는 민주주의 국가에서의 정치를 뜻하는 것으로 보는 것이 자연스럽다. 그렇다면 민주주의 국가에서 이루어지는 교육 중 일부, 혹은 전부에 대하여 우리 사회는 어떠한 속성을 가정하며 무슨 기능을 기대하고 있는가. 이에 대한 대답이 정치교육의 목적과 내용, 방향을 이해하기 위해 전제되어야 할 것이며, 이를 구현하기에 적합한 학교문화의 속성이 규명될 수 있을 것이다. 정치교육을 특정 교과를 통해서 이루어지는 정치에 대한 교육으로 볼 것인지, 전반적인 공교육을 통해 의도하는 시민교육으로 볼 것인지에 대해서도 정치교육의 목적과 범위가 확연하게 달라질 수 있다. 이 장에서는 정치교육을 민주시민교육의 등가적 개념으로 보고, 이를 위한 학교문화를 탐색해 보고자 한다.

---

1. 학교 정치교육과 문화에 대한 관점

정치교육에 대한 다양한 관점에 따라 학교문화의 중요성에 대해서도 다양한 이해가 존재할 수 있다. 정치교육을 정치에 대한 교육을 본다면 정치에 대한 지식의 습득에 주안점을 두게 되고, 정치참여자를 위한 교육이라면 정치에 참여할 수 있도록 하는 역량 제고에 주된 관심을 두게 될 것이다(이인수, 2020: 147-148). 대개 학교 정치교육은 정치에 관한 정보와 지식을 학습하는 동시에 다양한 활동을 통해 정치적 가치관의 정립과 '정치적 역량' 강화(박선형, 2020: 41)를 의도한다는 측면에서 이 두 가지를 동시에 충족시키는 교육으로 여겨지는 것으로 볼 수 있다(이인수, 2020: 148). 후자를 조금 더 강조하는 관점에서는 정치교육을 "정치공동체의 유지 · 발전을 위한 지식, 능력, 가치관을 육성하기 위한 교육적 노력"(서울대학교 교육연구소 편, 1998; 박선형, 2020: 40에서 재인용)으로 규정하기도 한다. 그 외에 정치학의 관점에서 정치교육을 이해하는 경우, 정치교육의 지향을 '최선의 정치공동체에 대한 궁극적 탐구'로 보기도 한다(박선형, 2020: 33).

그간 학자들은 교육과 정치의 관계가 매우 밀접함을 주장한 바 있으며, 심지어 "교육하려는 시도는 통치하기 위한 것이고 통치하기 위해서는 교육을 실행해야 한다"(Gutmann, 1989: 71-73; Frazer, 1999: 12; 박선형, 2020: 28에서 재인용)고 주장하기도 했다. 같은 맥락에서 사회학자이자 교육학자이자인 에밀 뒤르켐(Emile Durkheim)은 일찍이 교육을 아동이 정치사회의 구성원으로 준비되기 위한 지적 · 도덕적 · 신체적 성장과 발달 과정으로서의 사회화로 보았다(Durkeim, 1978: 72; 김신일, 2019: 62에서 재인용). 이때 사회화란 공동체가 공유하고 있는 문화를 학습하고 전승하는 행위를 일컫는다. 문화는 학습과 축적을 통해 공유되는 속성을 가지고 있어서, 교육을 통해 이를 전달하는 것이 가능하고 공동체는 문화를 공유함으로써 유지되는 것이기 때문에 교육의 주된 기능은 문화의 습득과 공유가 되어야 한다는 것이다. 즉, 교육을 통해 우선적으로는 현재의 공동체 구성원 사이에서의 유대감을 형성하게 하고, 미래의 구성원들에도 공유된 가치를 전달하도록 하여 공동체의 지속에 기여하게 한다는 것이다. 또한, 뒤르켐의 사회화는 보편사회화와 특수사회화의 개념으로 세분화되어 설명되기도 한다. 먼저, 보편사회화는 모든 구성원이 공유해야 할 소양과 합의에 해당하는 문화에 대한 교육을 뜻하며, 특수사회화는 구성원들 각자가 공동체에서 가지게 되는 기능과 역할에 따라 필요한 부가적 교육을 뜻한다(김신일, 2019).

뒤르켐이 제안한 이와 같은 두 가지 측면에서의 사회화 개념은 오늘날까지 이어지는 공교육의 학교급별 역할과 기능으로 상당 부분 유지되고 있다고 볼 수 있다. 예컨대, 우리나라에서는 중학교까지의 교육을 기초교육이자 의무교육으로 규정하여 대한민국 모든 국민이 시민으로서의 삶을 영위하는 데 필수적인 것으로 간주하고 있다. 또한, 고교 무상교육, 다양한 직업교육과 고등교육 부문에 대한 광범위한 규모의 국가 재정지원 정책을 추진하여 직업교육 기회 확대를 위한 노력을 기울이고 있다. 구성원의 사회화를 위한 다양한 교육활동은 결국 공동체 일원을 길러내기 위한 과정이라고 할 때, 학교교육의 모든 교육의 영역과 교과는 시민을 길러내기 위한 정치교육의 영역이라고 볼 수도 있을 것이다.

이와 같이 뒤르켐은 사회체제 유지와 발전을 위한 방안으로써의 교육의 기능을 강조한다는 점에서 교육과 사회화를 '동일시'하였다는 평가를 받기도 한다(김신일, 2019: 62). 교육을 통한 사회화는 현재 공동체의 유지는 물론, 미래로 이어지는 공동체의 존속을 담보하기 위한 문화전달의 사회화로 간주하였다는 것이다. 이와 같은 사회화의 관점에서 교육과 문화의 관계를 본다면, 문화는 교육을 통해 전달되어야 할 교육내용이자 교육과정에 해당하며 교육의 목표는 사회의 구성원으로 필요한 역량을 습득하는 것이라는 점에서 민주주의 국가에서는 민주시민을 길러내는 과정이라고 할 수 있을 것이다. 이와 같은 교육의 핵심적인 내용으로서의 문화에 대한 관점과 함께, 교육을 위한 문화에 대한 관점도 있다. 특히, 정치교육을 (민주)시민교육과 교환 가능한 개념으로 본다면 시민성 함양을 지원하는 학교문화에 대한 논의가 가능해진다. 그간 교육현장에서는 정치교육 대신 민주시민교육이라는 용어를 대중적으로 사용해 왔으며, 이는 독일을 비롯한 여러 나라에서도 마찬가지이다(박희진, 2019: 97; 신두철, 2021, 이인수, 2020: 149에서 재인용).

정치교육과 마찬가지로 시민교육에 대해서도 다양한 관점과 기대가 존재하는 것은 마찬가지이나, 본 연구에서는 다수의 선행연구에 대한 분석을 토대로 관용, 참여, 윤리, 봉사에 대한 인지적 학습과 함께 태도의 변화와 실천 경험의 축적(박희진, 남궁지영, 2018: 167-170)을 위한 교육으로 보겠다. 이때 시민교육을 위한 학교문화는 관용에 대한 인지적 학습과 이를 실천하도록 하는 학교의 문화와 여건, 정치 · 사회적 활동의 중요성, 내용 및 방식을 학습하고 이를 학교 안팎에서 실천할 수 있도록 하는 문화와 여건, 준법과 윤리의 기준과 방식을 학습하고 학교 안과 밖에서 이를 실천하도록 하는 문화와 여건, 봉사의 중요성에 대한 인식과 경험을 축적하도록 하는 문화와 여건을 지속적으로 제공할 수 있는 공유된 가치체계를 일컫게 된다. 또한, 최근에는 시민교육의 개념이 확장되어 현재의 갈등해결과 미래의 공존을 위해 국제사회에서 가장 보편적으로 채택하는 교육전략으로 채택되는 경향을 보인다. 즉, 시민성 및 관련한 인지적인 학습과 성취뿐만 아니라, 태도와 실천으로 이어지도록 하는 사회정서역량의 중요성에 대한 강조가 두드러지고 있는 것이다.

예를 들면, 유럽연합에서는 파리선언을 통해 시민교육의 중요성과 이를 위한 회원국들의 노력을 약속한 바 있다. 이렇게 공동체에 대한 위협의 상황에서 시민교육의 중요성을 강조한 것은 새로운 접근은 아니다. 이미 독일정부가 정치교과와 종교교과의 운영에 대한 교육자들의 합의인 보이텔스바흐 협약(Beutelsbacher Konsens, 1976, 1986)을 통해 공교육을 통한 시민교육의 방향을 재확인한 바 있고, 영국에서는 당시 교육부 수장의 스승이었던 크릭 교수팀이 소위 「크릭 보고서(Crick Report)」를 발간하면서 시민교육에 대한 사회적 합의를 도출하기 위한 노력을 기울인 바 있다(Citizenship Advisory Group, 1998). 이후 막대한 세금을 투자하여 봉사학습 프로그램인 National Citizenship Service를 영국의 모든 청소년을 대상으로 실시한 바 있다(박희진, 2018). 싱가포르에서는 21세기 싱가포르의 교육목표를 시민교육 및 인성교육(Citizenship and Character Education)으로 내걸고 정부, 교원양성기관, 학교가 일관성 있는 실천을 해 오고 있는 것으로 알려져 있다(De Coster et al., 2018; 박희진, 2018). 싱가포르의 경우, 구성원의 인종, 문화적 배경이 다양하고 집단 간 사회경제적 배경의 차이가 큰 경향을 보이다 보니, 사회유지의 방편으로 공동체성을 강조하는 전략을 채택한 것으로 분석되기도 한다(박희진, 2019).

이와 같은 국제사회의 시민교육에 대한 최근이 관심은 다문화, 다인종화되는 사회의 공동체성 유지를 위한 절박한 문제의식에서 비롯된 것으로 알려져 있다. 어떠한 배경과 정체성을 가지고 있는 구성원이건 간에 지식과 태도를 습득하도록 하고 행위를 통해 구현되도록 하여 공동체를 안전하게 유지하고자 한다는 것이다. 따라서 이때 시민교육에서 가장 핵심적인 내용은 다문화 수용성과 반편견 교육이며, 주요 역량으로는 비판적 사고력과 미디어역량을 꼽을 수 있다. 사회관계망이나 미디어를 통해 끊임없이 생산, 유통되는 다량의 정보와 지식에 대하여 사고하여 분별할 수 있도록 하는 것이 중요하다는 것이다. 이와 같은 시민교육의 관점에서 미디어를 통해서 유통되는 문화적인 내용들은 분별과 판단이 수반되는 소비와 생산의 대상으로 간주된다고 볼 있겠다.

2. 우리나라 시민교육과 문화

민주시민으로서 갖추어야 할 자질, 의식과 태도를 함양하고, 사회에 적극적으로 참여하는 것은 미래사회를 살아가는 데 필요한 핵심 역량 중의 하나이다(박희진, 남궁지영, 2018: 165). 국제 비교조사에서도 시민성에 대한 항목을 포괄적으로 포함하는 경향을 보이며, 대부분의 선진국에서는 국가 차원에서의 교육목표로 민주시민의식 혹은 민주시민역량의 함양을 포함하고 있는 것으로 보고된다(김창환, 2013: 53). 우리나라에서도 공교육이 추구하는 인간상 구현의 주요한 내용으로 민주시민으로서의 자질 함양을 국가 교육과정을 통해 제시하고 있다(교육부, 2015: 1; 박희진, 남궁지영, 2018: 165에서 재인용). 민주시민으로서의 자질 함양이 국가 교육과정의 핵심 목표로 제시하고 있는 이상 학교 교육과정 전반의 교육활동을 통해 시민성 함양이 이루어져야 한다는 것은 자명하다. 민주시민 교육의 성격 자체가 관련 지식의 습득에서 그치는 것이 아니라 태도와 가치의 변화 및 실천으로 이행될 때 교육의 목표가 달성되었다고 볼 수 있기 때문이다. 더욱이 주지하는 바와 같이 우리나라 교육과정의 목표가 되는 시민성 함양의 방향은 「인성교육진흥법」과 이에 따라 추진되고 있는 인성교육정책과 매우 흡사하고(박희진 외, 2018: 4), 이후 교육부의 관련 부서가 민주시민교육과로 개칭, 출범된 이후 추진된 민주시민교육정책 또한 내용상 상당히 유사한 경향을 보이며 실행되어 왔다.

2018년 이후 현 정부에서 추진하고 있는 민주시민교육은 인성교육을 계승하고 흡수하며 외연을 넓혀 가고 있는 실정에 가깝다고 볼 수 있겠다. 인성교육의 경우, 시행 초기 창의적 체험활동이나 학교행사 등 일회적 활동을 중심으로 이루어지던 것이 점차 교육과정 재구성을 통한 수업의 변화에 대한 관심과 실천으로 변화한 바 있다(박희진 외, 2017: 422). 학교교육의 중심이자 가장 긴 시간을 할애하는 교과수업에서 인성교육이 이루어지는 것이 지속적인 실천과 학습효과의 측면에서 필요하다는 전문가의 지적과 학교현장의 요구가 실제 학교현장에서 구현되고 있는 것이다. 학교현장에서 혁신학교의 확대와 교육과정 재구성에 대한 공감대와 역량이 어느 정도 축적되어 있는 상태이다 보니 가능했다고 볼 수도 있겠다. 민주시민교육의 경우, 교육부가 「민주시민교육 활성화를 위한 종합계획」(2018. 11.)을 발표한 바에 따르면 독립교과로 시민교육을 편성하는 방안을 열어 두고 있었으나, 가까운 시일 내에 현실화되기는 어려울 것으로 보인다. 우리 사회 민주시민교육에 대한 공감대가 충분히 이루어졌다고 보기 어려운 상황에서(박희진, 2019), 독립교과를 개설하는 것은 상당한 준비와 노력을 요하기 때문이다. 또한, 미래사회 변화에 따른 학교교육의 변화와 적응력 향상에 대한 기대가 거세지면서 특정 교과를 중심으로 분절적으로 이루어지는 교육에 대한 반성적 흐름이 우리나라에서뿐만 아니라 국제에서도 감지되고 있기 때문이다(최수진 외, 2019; OECD, 2018).

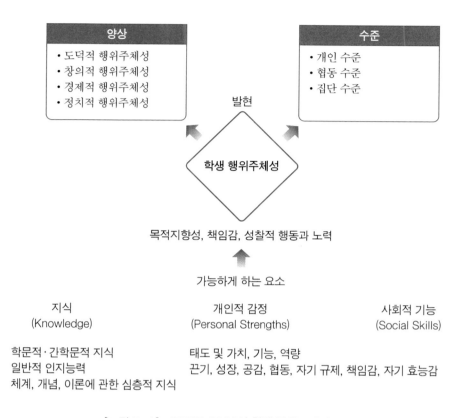

[그림 7-1]   OECD 2030의 학생 행위주체성 모형

출처: Leadbeater(2017: 69; 최수진 외, 2019: 67의 수정 번역본 재인용).

OECD가 미래교육에 대한 방향을 설정하기 위해 추진하고 있는 OECD 교육 2030에서는 미래교육이 지향해야 할 교육실천에 있어 핵심적인 요소로 학생 행위주체성(student agency)을 제안한다. 미래사회 교육의 실천은 "학생이 사회에 참여하여 주변의 타인, 사건, 환경을 더 나은 방향으로 만드는 데 영향을 미치고자 하는 책임감"을 가지도록(OECD, 2019; 최수진 외, 2019: 66에서 재인용) 구안되고 준비되어야 한다는 것이다. 학생주체성이란 스스로의 배움의 목적을 추구하되 자신이 선택한 행위의 결과에 대해 인지하고 이에 대한 책무성을 가질 수 있도록 하는 것을 뜻한다. 즉, 학생의 주체성은 고립된 상황에서는 발현될 수 없는 것으로 기존의 자기주도성 개념과는 구분되며, 자기 이해관계를 위한 자발적 노력이 아니라 사회와 타인 등 공동체 안에서 책임감을 다할 수 있는 행위자가 되도록 한다(최수진 외, 2019: 66)는 측면에서 다분히 사회적이다. 또한, 정치가 "조직 구성원의 삶 전반(갈등 조정, 행동 선택)에 직간접적으로 관여"하는 것이라고 할 때(박선형, 2020: 28), 학생 행위주체성은 다분히 정치적이라 할 수 있겠다.

이와 같은 미래사회 교육의 방향은 시민교육의 실천에도 막대한 영향을 미친다. 우선적으로 가치관과 태도의 변화를 의도한다는 측면에서 민주시민교육은 사회정서적 학습의 속성을 가지고 있다고 볼 수 있다(박희진, 2018: 141). 사회정서학습 이론에서는 학교교육이 실질적인 성과를 얻기 위해서는 수업의 내용뿐만 아니라 전달 방식은 물론 교수자의 태도와 관련 역량을 포함하여 학교문화의 변화가 수반되어야 한다고 강조하고 있다(Jennings & Greenberg, 2009). 학교 시민교육 또한 마찬가지일 것이다. 우리나라 국가 교육과정에서 포괄적으로 제시하고 있는 바와 같이, 학교교육을 통해 인간으로서의 존엄과 가치 보장, 즉 인권의 보장을 위해서도 학교문화는 매우 중요한 기본요건이 된다.

설양환(2016: 57-58) 등은 이른바 인권친화적 학교문화의 특징을 다음 세 가지로 제시한 바 있다. 첫째, 학교생활 전반에서 공동체 구성원을 존엄한 권리의 주체로 인정해야 한다는 것이다. 직접적인 교육활동을 위시하여 학교생활이 포함하는 모든 활동에서 구성원의 존재는 권리의 주체로 인식되고 존중되어야 한다는 것이다. 둘째, 공동체 구성원의 다양성을 존중하는 문화가 전제되어야 한다는 것이다. 이를 위해서는 다양성에 대한 이해가 우선적으로 이루어질 수 있도록 해야 할 것이며, 생활 전반에서 다문화 수용성, 반편견의 문화가 공유되어야 할 것이다. 셋째, 공동체 구성원의 인권 보장을 위하여 유기적으로 연대하는 것을 특징으로 한다는 것이다. 이는 OECD가 말하는 학생 행위주체성에서 강조하는 바, 자신에게 뿐만 아니라 타인에게 영향을 미치는 존재로서 나의 행위가 공동체와 구성원들에게 유익한 것이 되도록 책무를 다해야 한다는 것이다. 구성원의 인권보장을 위한 유기적 연대는 행위 주체로서 학생들이 취할 수 있는 매우 중요한 실천전략이 된다는 것이다.

이러한 학교문화는 우리나라 국가 교육과정에서 민주시민을 길러내기 위한 핵심 역량으로 제시하고 있는 의사소통역량, 공동체역량, 갈등해결역량의 구현과 밀접한 관련을 갖는다. 즉, 학교문화의 개선은 시민교육이 교육의 성과이자 동시에 성공적인 실천을 위한 중요한 조건이 되기 때문이다. 민주시민교육이 국가교육의 포괄적 목표에 해당함에도 불구하고, 다시 범교과 학습 주제의 하나로 제시되고 있는 것도(교육부, 2015: 8) 이러한 속성과 관련이 있을 것이다. 민주시민교육은 교과시간과 창의적 체험활동 등 교육활동 전반에서 다루고 나아가 지역사회 및 가정과의 연계가 필요한 교육에 속한다고 보기 때문일 것이다(박희진 외, 2018: 6). 또한, 우리나라 「교육기본법」이나 「초·중등교육법」 등 교육 관련 주요 법에서는 시민성 함양과 함께 평등권과 참정권을 중심으로 하여 기본권으로서 인권 보호에 대한 내용을 명시하고 있으며, 특히 학생자치활동에 관한 부분을 명문화하고 있다. 우선 「교육기본법」에서는 교직원·학생·학부모의 학교운영 참여를 보장하고 있으며, 「초·중등교육법」에서는 학생의 자치활동의 권장과 보호를 명시하고 있다. 학교 정치교육이 정치에 관한 정보와 지식을 학습하는 동시에 다양한 활동을 통해 정치적 가치관의 정립과 '정치적 역량' 강화(박선형, 2020: 41)를 의도한다(이인수, 2020: 148)고 할 때, 구체적인 실천이 학교교육 활동 안에서 이루어져야 한다는 당위에 근거하여, 학교자치를 필수적인 방안으로 제시하고 있다고 볼 수 있겠다.

3. 정치교육을 위한 학교문화 개선 방향

앞서 살펴본 것과 같이 민주시민역량 혹은 시민성의 함양이 정치교육의 최종적 목표가 되어야 한다고 말할 수 있을 정도로 정치교육에서 시민교육이 차지하는 비중은 매우 높다. 시민성 함양을 위해서는 정치에 관한 인지적인 학습과 성취와 함께, 이를 공동체 안에서 계속적으로 유지하고 실천할 수 있는 역량을 습득하는 것이 중요하다. 즉, 시민교육은 인지적인 측면의 교육뿐만 아니라, 태도와 실천을 함께 강조한다는 측면에서 사회정서학습의 성격을 보인다. 제닝스와 그린버그 (Jennings & Greenberg, 2009)는 시민성 함양과 같이 지식의 습득과 함께 태도의 변화와 실천이 수반되어야 하는 교육의 실행을 위해서는 기존의 인지적 학습 중심의 학급과는 다른 조건이 충족되어야 한다고 보고, 이를 친사회적 학급 모델로 명명, 제안하였다. 이하에서는 제닝스와 그린버그(2009)가 제안한 친사회적 학급 모델을 소개하며 우리나라 학교문화 개선 방향에 시사점을 모색해 보고자 한다.

제닝스와 그린버그(2009)가 제안한 친사회적 학급 모델은 관련한 방대한 선행연구 분석을 토대로 하는 이론적 모형이다. 전통적으로 지식의 습득을 중심으로 구안된 학급의 구성과는 달리, 태도의 변화와 실천이 수반되어야 하는 교육의 실행 과정을 위한 조건이 있다는 것을 발견한 것이다. 우선적으로 인지적인 학습과 함께 사회정서적 학습이 성공적으로 이루어지기 위해서는 지식의 효과적인 전달을 위한 교수학습 전략만으로는 부족한 것으로 보인다. 예컨대, 친사회적 학급 모델에서도 효과적인 교수학습 실행을 강조하고 있지만 이는 여타의 학습 조건 중의 하나로서의 중요성을 가지는 것으로 제시되어 있다. 즉, 효과적인 교수학습 실행이 중요한 것은 분명하지만, 이와 함께 건강한 교수자와 학습자 간 관계 및 적절한 학급 경영이 수반될 때 효과적인 시민성 함양이 이루어질 수 있다는 것이다.

또한 제닝스와 그린버그(2009)의 친사회적 학급 모델에서는 교수자의 자질로 해당 교과에 대한 역량과 교수자 자신의 웰빙을 꼽고 있다. 교수자 스스로 인지적으로 해당 교과의 전문가가 되어야 할 뿐만 아니라 이에 적합한 태도와 실천력을 겸비하고 있어야 한다는 것이다. 이는 정치교육의 효과적인 실행에 있어서도 마찬가지이다. 교수자가 민주적인 의사소통과 절차에 대한 지식을 전수할 뿐만 아니라 스스로 학교 교육활동 중 맺는 관계에서 민주적인 의사소통을 할 수 있고, 민주적인 절차에 대한 지식을 실행에 옮길 수 있을 때에야 정치교육이 의도하는 바, 인지적 및 사회정서적 변화가 일어나게 된다는 것이다. 아울러 제닝스와 그린버그

(2009)의 친사회적 학급 모델에서는 교수자의 자질과 함께 웰빙을 강조한 바 있다. 최근 연구에 따르면 교원의 웰빙에 부적 영향을 미치는 요인으로 학부모와의 관계 및 학생과의 관계에서 비롯되는 갈등과 문제가 보고된 바 있다(박희진, 이호준, 2021). 이와 같은 요인으로 발생하는 스트레스가 효과적인 정치교육의 실천에 저해가 되는 학급 상황이 된다는 것이다. 교수자의 웰빙과 함께 건강한 학급풍토를 친사회적 학급 모델의 주요한 구성 요인으로 제시하고 있다는 점도 주목할 만하다. 이와 같이 제닝스와 그린버그(2009)의 친사회적 학급 모델은 직접적인 교수학습 경험과 관련이 있는 요인뿐만 아니라 매우 포괄적인 의미에서의 학습조건의 중요성과 이에 대한 관심을 촉구한다는 점에서 시사하는 바가 있다.

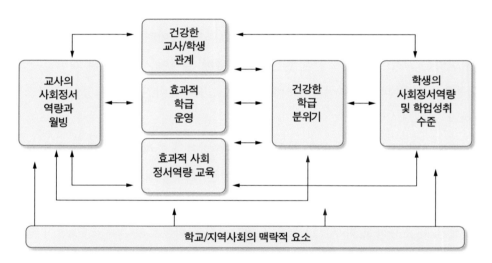

[그림 7-2] 친사회적 학급 모델(Prosocial Classroom Model)

출처: Jennings & Greenberg(2009: 525; Jennings et al., 2013: 375에서 재인용).

마지막으로 제닝스와 그린버그(2009)의 친사회적 학급 모델에서는 학급이 위치한 학교와 지역사회의 맥락과 환경의 중요성을 강조한다. 정치교육의 궁극적인 목적이 학급과 학교 내에서 학습하고 실천한 시민성을 공동체 안에서 발휘하고 성숙시켜나가는 것이라고 할 때, 학생과 학급이 놓인 학교와 지역사회의 맥락의 중요성은 의심의 여지가 없을 것이다. 하지만 우리나라의 경우, 아직은 학교의 주요한 주체로 간주되는 학부모를 위시하여 사회 전반의 여건이 학교 정치교육 친화적이지 않은 것으로 보인다.

 그간 우리나라에서는 민주시민교육에 대한 제도적 · 법적 차원에서의 기반 마련과 2018년 중앙정부 내에 민주시민교육과의 신설 등의 정책적 노력에도 불구하고 그간 우리나라의 시민교육의 성과에 대한 평가는 그리 긍정적이지만은 않은 것으로 보인다. 무엇보다, 우리 사회에서 교육은 국가의 산업 수요에 따라 필요한 인재와 기술 공급의 역할을 요구받아 온 것이 사실이며, 그 역할을 통해 우리 사회 발전에 기여한 바가 분명하다(Adams, 2010). 하지만 시민교육의 개념과 내용에 대한 사회적 합의조차 제대로 이루지 못한 채 관련 정책이 추진되고 있는 상황이다(박희진, 2019). 모경환, 김명정, 송성민(2010: 78)에 따르면, 이러한 개발과 성장을 위한 교육이라는 교육에 대한 도구적인 인식으로 인해 심지어 시민의식의 개념조차 국부 창출을 위한 개인의 희생을 장려하는 것으로 받아들여진 경우도 있었던 것으로 보인다.

 이러한 시민교육에 대한 우리 사회의 공감과 인식의 한계는 여전히 유효한 상황으로 보인다. 일례로, 한국교육개발원 교육여론 조사에 의하면, 우리나라 학부모들은 민주적인 학교문화의 중요성에 대해 매우 인식 수준을 보이는 것으로 드러났다. 예컨대, 초등학교 학부모의 경우 4.1%, 중학교 학부모의 경우 5.7%만이 민주적인 학교문화'를 학교 선택 시 주요 고려 사항이라 응답하였고, 고등학교 학부모의 경우 더욱 낮아 단지 1.7%로가 '민주적인 학교문화'를 자녀의 학교 선택 시 고려한다(임소현 외, 2018: 77)고 응답했다고 보고되었다. 같은 자료에 의하면 고등학교 학부모들의 학교 선택 시 고려 사항 1순위는 '적성과 능력에 맞는 진로 지도'로 절반이 넘는(53.1%) 것으로 드러나 매우 대조적이다.

 이와 같은 조사자료는 우리나라 학부모들의 학교문화나 민주시민교육에 대한 관심이 그리 높지 않다는 사실을 단적으로 드러내 주는 예가 된다. 비단 시민교육에 대한 논의뿐만 아니라, 교육실천 전반에서 학교의 주체로서 학부모와 지역사회가 갖는 의미가 매우 중대하다는 사실에 대한 공감대가 커지고 있다. 하지만 학교 시민교육에 대한 학부모의 관심은 매우 저조한 것으로 드러나 시민교육의 협력자로서의 역할이 제대로 수행되기 어려운 여건인 것으로 추정된다. 학급문화 개선을 시발점으로 하여 학교문화의 개선을 위한 노력과 함께 학교 교육활동의 중요한 역할자이자 주체인 학부모와 지역사회의 인식 변화를 위한 관심 제고를 위한 노력이 필요한 것으로 보인다.

주요 개념 정리

☑ **학생 행위주체성(Student Agency):** 학생 행위주체성이란 OECD가 추진하고 있는 OECD '교육 2030' 프로젝트에서 제안하는 인재상으로 학생이 "사회에 참여하여 주변의 타인, 사건, 환경을 더 나은 방향으로 만드는 데 영향을 미치고자 하는 책임감"을 가진 존재가 되도록 하는 것을 의미한다(OECD, 2019; 최수진 외, 2019: 66에서 재인용).

☑ **에밀 뒤르켐의 교육의 사회화 기능:** 프랑스 사회학자 에밀 뒤르켐은 교육을 사회와 등치시키다시피 하면서, 교육을 아동이 정치사회의 구성원으로 준비되기 위한 지적·도덕적·신체적 성장과 발달 과정으로 보고, 보편사회화와 특수사회화의 개념으로 설명하였다.

☑ **학교교육의 주체:** 학교교육의 주체는 혁신학교 운동과 함께 강조되고 있는 개념이다. 흔히 학교교육의 주체는 대개 학생, 교사, 학부모로 구성된 3주체를 일컫는다. 하지만 최근에는 학교행정실 및 급식실에서 근무하는 구성원을 위시하여 다양한 구성원을 포괄하는 개념으로 학교교육의 주체을 확장하는 것에 대한 논의가 진행되고 있다.

생각해 볼 문제

1. 민주시민역량 혹은 시민성의 함양이 정치교육의 최종적 목표가 되어야 한다고 말할 수 있을 정도로 정치교육에서 시민교육이 차지하는 비중은 매우 높다. 시민성 함양

과 같이 지식의 습득과 함께 태도의 변화와 실천이 수반되어야 하는 교육의 성공적인 실행을 위해 제닝스와 그린버그(Jennings & Greenberg(2009)는 친사회적 학급이 만들어져야 한다고 제안하였다. 그리고 이를 위해서는 교원의 역량과 웰빙이 가장 중요한 전제가 된다고 제안하였다. 학교 정치교육이나 시민교육은 교과시간에만 행해지는 것이 아니라 학교생활 전반에서 이루어지는 교원과 학생 사이의 교류를 비롯한 학교문화를 통해서도 이루어지기 때문이다. 최근 사회문제화되고 있는 학부모나 학생이 교권 침해 문제가 학교 정치교육과 시민교육에 던지는 과제는 무엇인지 논의해 보자.

2. 앞서 소개한 연구에 의하면 대표적인 학교 정치교육 활동 중 하나인 학급자치 경험에 대한 전국 학생 조사 결과, 대도시 소재 학교에 재학 중인 학생들이 가장 높은 수준의 학급회의 참여 및 관련 인식 수준을 보였으며, 중소도시와 읍면 소재 학교 재학생의 수준은 상대적으로 낮다고 한다. 학교 소재지에 따라 학교자치 경험과 같은 중요한 정치교육 기회에 차이가 있다는 것의 문제점과 해결 방안을 공정한 교육기회의 제공의 차원에서 논의해 보자.

3. 이와 같은 조사자료는 우리나라 학부모들의 학교문화나 민주시민교육에 대한 관심이 그리 높지 않다는 사실을 단적으로 드러내 주는 예가 된다고 할 수 있다. 정치교육뿐만 아니라 학교교육의 모든 영역에 있어 지역사회와 학부모의 참여 및 협력이 매우 중요해지고 있는 이때에, 학부모들이 학교 정치교육의 협력자가 되도록 하기 위한 방안은 무엇인가? 정부 차원, 교육청 차원, 교육지원청 차원, 단위 학교 차원에서 자유롭게 아이디어를 공유해 보자.

참고문헌

교육부(2015). 초 · 중등학교 교육과정 총론. (교육부 고시 제2015-74호 [별책 1]).

교육부(2018. 11.).「민주시민교육 활성화를 위한 종합계획」 교육부 민주시민교육과.

김신일(2019). 교육사회학. 경기: 교육과학사.

모경환, 김명정, 송성민(2010). 한국 청소년의 시민의식 조사 연구. 시민교육연구, 42(1), 77-101.

박선형(2020). 정치교육(과 시민교육)의 쟁점과 발전 과제. 교육정치학연구, 27(4), 27-56.

박희진(2018). 봉사학습 사례 분석을 통한 사회정서역량 함양 정책 방안 탐색: 영국과 싱가 포르를 중심으로. 한국교육, 48(1), 139-165.

박희진(2019). 학급자치 활동이 시민의식에 미치는 영향. 교육행정학연구, 37(2), 93-122.

박희진, 김수진, 이지미, 김지혜(2017). 인성교육 자료 개발 실태 및 요구 분석. 학습자중심 교과교육연구, 17(21), 421-450.

박희진, 김희경, 정바울(2018). 인성을 갖춘 민주시민 육성을 위한 학교문화 개선 방안 연 구: 학급자치 실태를 중심으로. (수탁연구 CR 2018-35). 충북: 한국교육개발원.

박희진, 남궁지영(2018). 대학생의 시민의식 수준 및 영향 요인 분석. 교육정치학연구, 25(2), 169-197.

박희진, 이호준(2021). 교사의 직무 스트레스 현황 및 영향요인 분석: TALIS 2018 분석을 중심으로. 한국교원교육연구, 38(3), 1-29.

설양환, 박상준, 이지혜, 이선영(2016). 인권실태조사를 통한 인권친화적 학교 문화 조성에 관한 연구. 법과인권교육연구, 9(3), 55-74.

신현석, 정용주(2015). 교육정치학과 정치학: 정체성 형성을 위한 학문간 대화와 융합의 모 색. 교육정치학연구, 22(1), 29-61.

이문수, 박희진(2021). 초기 청소년의 다문화 수용성 및 공동체 의식의 유형분류 및 영향 요인탐색. 다문화교육연구, 14(4), 111.

이인수(2020). 선거연령 하향이 교육현장의 정치교육에 미친 영향. 교육정치학연구, 27(4), 145-173.

임소현, 박병영, 황준성, 허은정, 백승주(2018). 한국교육개발원 교육여론조사(KEDI POLL 2018). (연구보고 RR 2018-03). 충북: 한국교육개발원.

최수진, 김은영, 김혜진, 박균열, 박상완, 이상은(2019). OECD 교육 2030 참여 연구: 미래 지향적 역량교육의 실행 전략 탐색. (연구보고 RR 2019-06). 충북: 한국교육개발원.

Adams, D. (2010). "A Comparative Perspective on the Development of Korean Education," in C. J. Lee, S. Kim, and D. Adams, editors. *Sixty Years of Korean Education* (pp. 107-148). Seoul, Korea: Korea Institute for Curriculum and Evaluation, Seoul National University Press.

De Coster, I., Sigalas, E., Noorani, S., & McCallum, E. (2018). Citizenship education at school in Europe 2017. Eurydice Brief. European Education, Audiovisual and Culture Executive Agency. European Commission.

Jennings, P. A., & Greenberg, M. T. (2009). The prosocial classroom: Teacher social and emotional competence in relation to student and classroom outcomes. *Review of Educational Research, 79*(1), 491-525.

Jennings, P. A., Frank, J. L., Snowberg, K. E., Coccia, M. A., & Greenberg, M. T. (2013). Improving classroom learning environments by Cultivating Awareness and Resilience in Education (CARE): Results of a randomized controlled trial. *School Psychology Quarterly, 28*(4), 374-390.

OECD (2018). Future of Education and Skills 2030: Conceptual Learning Framework (Education and AI: Preparing for the Future & AI, Attitudes and Values). EDU/EDPC(2018)45/ANN2. Paris, France: OECD.

제8장

정치교육을 위한 교육재정[1]

하봉운

개요

정치교육은 학교 민주시민교육 원칙에 따라 학생들을 '교복 입은 시민'으로 존중하고 민주시민으로 육성하여 지역·국가·국제 공동체의 발전을 도모하기 위한 활동이다. 이러한 측면에서 정치교육과 교육재정은 상호 밀접한 관계를 가진다. 이 장에서는 학생의 정치참여와 정치교육 활성화와 관련된 다양한 주체(교육행정기관, 학교, 학교장, 교사. 학생, 학부모)들의 역할을 확인하면서 정치교육 활성화를 위한 발전적 논의를 제시하는 데 초점을 둔다.

---

1. 교육재정 운용체계와 정치교육

일반적으로 교육재정은 "국가·사회의 공익활동으로서 교육활동을 지원하는 데 필요한 재원을 확보, 배분, 지출, 평가하는 일련의 공경제활동(public economic activity)"이라고 정의된다(윤정일 외, 2015). 즉, 교육재정은 학교에서 이루어지는 교수-학습 및 학교관리를 효율적으로 운영하고 최적의 지원을 통해 교육의 성과를 최대화하는 경제활동으로서 교육기회 균등 실현을 위한 정책과 교육활동의 질을 결정하는 데 중요한 역할을 수행한다.

학교에서의 학생의 정치참여와 관련한 정치교육은 학교민주시민교육 원칙에 따

---

1) 이 장은 하봉운(2020)을 참조로 하여 작성하였다.

라 학생들을 '교복 입은 시민'으로 존중하고 민주시민으로 육성하여 지역·국가·
국제 공동체의 발전을 도모하기 위한 활동이다. 따라서 정치교육을 위한 교육재정
은 「교육기본법」 제2조와 제6조에 천명된 바와 같이 민주시민 육성을 위한 보편·
공정·중립성(당파성 배제)을 갖춘 교육활동을 실시할 수 있도록 최적의 조건 마련
과 지원활동으로 볼 수 있다.

「교육기본법」 제2조(교육이념)	「교육기본법」 제6조(교육의 중립성)
교육은 홍익인간(弘益人間)의 이념 아래 모든 국민으로 하여금 인격을 도야(陶冶)하고 자주적 생활능력과 민주시민으로서 필요한 자질을 갖추게 함으로써 인간다운 삶을 영위하게 하고 민주국가의 발전과 인류공영(人類共榮)의 이상을 실현하는 데에 이바지하게 함을 목적으로 한다.	① 교육은 교육 본래의 목적에 따라 그 기능을 다하도록 운영되어야 하며, 정치적·파당적 또는 개인적 편견을 전파하기 위한 방편으로 이용되어서는 아니 된다. ② 국가와 지방자치단체가 설립한 학교에서는 특정한 종교를 위한 종교교육을 하여서는 아니 된다.

학생의 정치참여를 촉진하기 위해서는 민주주의에 대한 가치중립적 이해, 시민
의 참여 수단에 대한 이해, 지역·국가·국제 공동체에 대한 이해, 정치적 효능감
체감, 합리적 정치적 판단능력 향상, 공동체 의사 결정에 참여 의향·능력 향상과
참여 행위 등이 학습되어야 한다(서현진, 2015).

이에 따라 현재까지 학생의 정치참여와 민주시민교육 활성화를 위하여 교육행정
(법, 제도), 교육과정 운영 측면에서 교육행정기관·학교·교원·학생에 대한 다양
한 개선 방안들이 제시되어 왔다.

〈표 8-1〉   학생의 정치참여와 민주시민교육 활성화를 위한 과제

구분	교육부 · 교육청 · 학교	교원	학생

교육
행정
	• 정치교육 프로그램 제공
	• 학생생활기록부, 학사관리,
	  학칙 및 각종 규정에 대한
	  표준안 마련
	• 정치교육 관련 당사자 간의
	  협력 네트워크 구축
	• 모니터링 및 평가
		• 교원연수 강화
		• 교원의 정치적 중립성 관
		  련 교권 보호
			• 학생자치활동 강화

교육
과정
	• 정치교육을 위한 교육과정
	  및 교과서 · 수업 자료 개발
	  보급[2)
	• 독립된 시민교과 또는 과목
	  신설[3)
		• 적절한 교육과정 편성과
		  수업 운영
		• 타 과목과 연계
		• 활동 중심의 교수−학습
		  방법(예: 논쟁 문제 수업)
		• 참여와 체험 중심 교육
		  (예: 모의 선거)
			• 1학년 필수 과목 「통합
			  사회」
			• 선택 과목 「정치와 법」
			• 창의적 체험활동(진로
			  활동, 프로젝트, 계기교
			  육)

기타	− 선거관리위원회 「찾아가는 선거교육」 확대 운영		

따라서 위의 제시된 학생의 정치 의식과 참여 향상을 위한 정치교육 개선 방안들
이 현재의 보통교부금, 특별교부금 국가시책사업, 시 · 도교육청 자체재정사업, 학

---

2) 현행 2015 개정 교육과정에서 학생의 정치참여와 관련한 교육은 주로 사회과에서 담당하고 있다. 초등학교 사
회, 중학교 사회, 중학교 역사, 고등학교 통합사회, 고등학교 한국사, 고등학교 정치와 법이 구체적인 과목들이다.
각각을 살펴보면 초등학교 사회는 대단원 5. 우리나라의 정치 발전에서(고시, 44쪽), 중학교 사회에서는 대단원
3. 정치 생활과 민주주의, 대단원 4. 정치과정과 시민 참여에서(고시, 79-81쪽), 중학교 역사에서는 대단원 9. 현대
세계의 전개에서 학생의 정치참여와 관련한 교육을 하고 있다(고시, 112-113쪽). 고등학교 통합사회에서는 대단
원 4. 인권 보장과 헌법에서 학생의 정치참여와 관련한 교육을 부분적으로 실시하고 있다(고시, 127쪽). 그러나
이 단원의 주제가 인권이므로 여기서 시민 참여에 대한 서술은 제한적일 수밖에 없다. 고등학교 한국사에서는 대
단원 7. 대한민국의 발전과 현대 세계의 변화에서(고시, 151쪽), 고등학교 정치와 법에서는 대단원 1. 민주주의
와 헌법, 대단원 2. 민주 국가와 정부, 대단원 3. 정치과정과 참여에서 학생의 정치참여와 관련한 교육을 하고 있
다(고시, 231-236쪽)(정필운, 2020: 34).
3) 한 이수 단위의 문제, 분과 학문 중심의 교육과정, 분절적인 창의적 체험활동, 정치참여와 관련한 시민교육에 충
실하지 못한 사회과 · 도덕과 등 현실적인 문제를 해결하기 위해서는 기존 교육과정의 보완을 넘어 독립된 시민
교과 또는 과목의 신설이 좀 더 현실적이라고 주장한다(정원규 외, 2018: 53-55.). 반면, 시민교육을 주요한 내용
으로 하는 사회과와 다른 나라에 없는 도덕과가 별도로 존재하는 상황에서 독립된 시민교과 또는 과목을 신설하
는 것이 적절하지 않다는 주장도 있다(정필운, 2020: 35).

교예산 등의 교육재정 운용 체계 내에서 적절하게 추진될 수 있는지에 대한 검토가 선행되어야 하다.

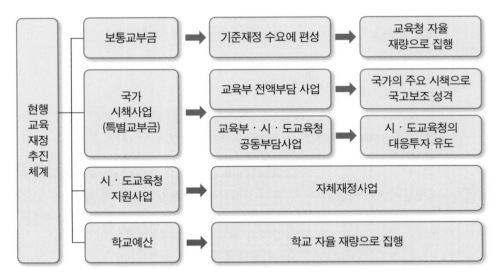

[그림 8-1] 현행 교육재정 사업 운용 체계

이 글에서는 학생 정치교육 개선 관련 교육재정 분야의 주요 쟁점과 이를 해결하기 위한 법령 및 제도 개선 방안을 제안하고자 한다. 이를 위하여 선행연구와 관련 법령에 기반하여, ① 정치교육 지원을 위한 교육재정 운용 방향을 도출하고, ② 현행 법제도에서의 학교운영 관련 학생참여 현황과 과제를 분석하며, ③ 이슈를 해결하기 위한 개선 방향, 법령 및 제도 개선 방안을 제안하고자 한다.

2. 정치교육 지원을 위한 교육재정 운용 방향 탐색

학생들의 정치 의식과 참여를 향상토록 정치교육 개선 및 활성화를 위해서는 단순히 정치 관련 교과목과 수업 시수 확대보다는 학생들의 학습과 성장을 위한 학교 리더십, 학교문화 및 환경, 교육과정, 교수-학습 방법, 학생참여 등의 제반 영역에서 총체적인 변화가 요구된다.

무엇보다 학교가 민주적인 삶을 배우는 공간으로 전환되어 민주적인 가치가 존중되고, 그 가치를 지키기 위한 민주적인 방법과 태도를 경험하고, 구성원 스스로 학교 구성원으로서 혹은 시민으로서 중요한 지위를 갖고 있음을 실감할 수 있는 공간이 되어야 한다(백병부 외, 2019). 따라서 학교 리더 그룹의 민주적 태도, 민주적인 절차에 따른 학교운영, 갈등의 민주적 해결, 그리고 삶의 태도로서의 민주주의의 실천과 이에 대한 의지가 중요하며, 학교 구성원의 전면적 참여에 의해 학교가 운영되는 실질적인 공영(共營)체제를 갖춰 학생들의 민주적 효능감을 경험할 기회가 확대될 필요가 있다(백병부 외, 2016).

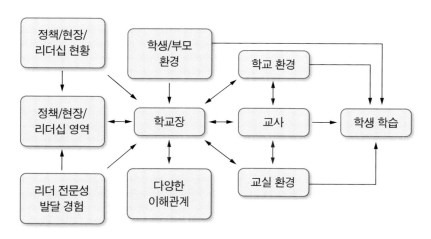

[그림 8-2] 학생의 학습에 영향을 주는 요소

출처: Wahlstrom, Louis, Leithwood, & Anderson(2010: 14).

또한 모든 학생이 지역에 따른 차등 없이 안정적으로 정치참여와 민주시민교육의 경험을 제공받는 것이 중요하다. 다만, 교육자치의 입장에서 중앙정부는 민주시민교육의 기반 마련과 간접적인 지원에 치중하는 것이 바람직하고, 민주시민교육은 과정 중심의 교육방법 및 평가 방식을 추구하기에 교원의 역량 강화가 필수적으로 요구되며, 또한 교육과정에 모든 학생이 쉽게 접근하고 동등하게 참여할 수 있도록 학생들의 사회경제적 배경에 따른 학습 소외를 줄이고, 민주적 교실 환경을 조성할 수 있도록 학생참여와 교육과정 개선이 필요하다(정상우, 강은영, 2019).

특히, 교육과정의 혁신을 통하여 학생들의 다양한 능력을 차별 없이 인정하고 그것을 의미 있는 사회적 자원으로 전환할 수 있는 교육과정 체제를 구축하는 것과 함께 공적인 관점에서 문제를 정의하고 해결하는 과정에 대한 학습과 연습, 세계 파괴 혹은 자기 파괴로 이어지지 않는 수준에서의 자기제한(self-restraint)에 대한 학습과 연습, 지역사회의 문제를 교육과정화하여 공론장을 구성하고 토론하는 것 등이 학교 교육과정 안에서 이루어질 필요가 있다(백병부 외, 2019).

앞의 논의 내용을 바탕으로 향후 주요 개선 방향으로 단위학교의 정책 실행력 제고를 위한 학교리더십 변화, 교사의 참여 자발성 · 역량 강화, 학생들의 참여 방안 모색을 제시하고자 한다.

1) 교육리더십 변화: 관리자 연수 강화

최근 학교경영은 현장 위주의 경영 이론에 근거한 학교단위 책임경영제로 운영되면서 단위학교의 재정, 인사, 교육과정에 대한 권한과 책임이 크게 신장됨에 따라 학교현장의 변화와 혁신은 관리자의 소신과 실천이 매우 중요한 요소로 대두되었다. 과거보다 학교가 많은 분야에서 민주화되었지만 여전히 학교 안의 관료적 성격이나 위계질서, 권위주의 등 비민주적 학교 풍토가 존재하는 부분이 있다. 따라서 학교에서 정치교육 개선이 활성화되기 위해서는 학교 관리자들의 인식 변화와 성숙한 지도력이 뒷받침되어야 한다. 다양한 교육 주체들 간 교육적 인간상, 교육의 원리, 교수-학습의 방법론 등에 대한 인식의 공유 · 확산이 이루어지고, 학교 문화 자체가 수업문화 개선의 정신과 원리에 의해 혁신되도록 교육리더십이 발현되어야 한다(하봉운, 2016).

정책의 성공은 구성원 간 참여, 소통, 협업에 기반한 의견교환을 통해 서로의 견해를 확인하고 모두가 합의할 수 있는 공동의 합의점을 찾도록 하는 문화환경적 변화가 선행되어야 하며 학교 전체의 의사소통 민주화와 함께 진행되어야 가능하다(성열관 외, 2015; 하봉운, 2016). 즉, 교직원들이 학교의 공동문제를 소통과 토론, 민주적 의사결정에 따라 협의하고 실천하는 소통·협력의 조직문화 운영으로 모두가 행복한 민주적 학교운영 체제를 구축하고 공동체에 대한 참여의식과 책임감을 제고하는 것이 중요하다(박희진, 2019; 성열관 외, 2015).

학생 학습 및 수업문화 개선은 작게는 교사 한 개인의 수업에서만 이루어지지만 크게는 동 교과 동 학년 내, 더 나아가 타 교과, 타 학년과의 통합 수업 형태로도 이루어지는 경우가 있으므로, 이러한 학년 및 교과별 수업 연계 및 통합 운영이 가능할 수 있도록 제도적 뒷받침이 뒤따라야 한다(성열관 외, 2015). 예컨대, 2, 3개 학급이 함께 참여하여 수업이 진행된다거나 전교생을 대상으로 하는 대회를 연다거나 하는 데에 교사가 두려움 없이 나설 수 있도록 관리자의 적극적인 교수-학습 활동 장려, 협조와 지지가 필요하다(성열관 외, 2015; 이현국 외, 2020).

참여와 토의·토론은 누가 강제적으로 지시해서 가능한 활동이 아니라, 수업의 참여자, 학교의 구성원들이 '토의·토론'으로 자신의 환경과 공간을 개선, 발전시킬 수 있다는 믿음이 있을 때 생겨날 수 있다(송보희, 2017). 어느 학교에든 참여와 토의·토론에 관심을 갖고, 지속적으로 실천하고자 하는 교사는 분명 있으므로 관리자들은 그들을 발견하고 지지하며, 특히 교사와 학생이 수업을 그들의 상황과 특성에 따라 최대한 자유롭게 자율적으로 교육과정을 운영할 수 있도록 교수-학습 활동의 주체인 교사들에게 예산 사용의 자율권을 대폭 위임할 필요가 있다(성열관 외, 2015; 이현국 외, 2020).

관리자들이 이러한 인식의 변화를 가지기 위해서는 연 2, 3회에 걸쳐 실시되는 대규모의 집합 연수로는 역부족이다. 관리자의 인식 변화를 이끌어 내기 위한 소규모, 지속적 접촉이 가능한 형태가 되어야 한다. 지역별·권역별로 관리자들의 모임에 교육청의 정책 담당자가 참여하여 학교·수업문화 개선 정책의 활성화가 실질적으로 이루어질 수 있도록 관리자의 변화를 지속적으로 이끌어 낼 필요가 있다.

2) 교사의 참여 자발성·역량 강화

최근 정권의 입맛에 맞게 변화하는 교육정책에 대해 교사들이 느끼는 현장의 피로감은 상당히 높다. 어떤 교육정책이 추진되건 그 유용성과 의의는 뒷전으로 밀려나고 교사들이 먼저 생각하는 것은 본인의 입장에서 어떤 형태의 부담으로 작용할 것인가 하는 현실적인 고민이다. 정책 추진에 대한 교육청의 의지가 강하고, 정책 자체의 의의와 긍정적 측면이 높다 할지라도 교사 개개인에게 부담으로 작용한다면 그 정책의 확산은 어려움이 많다(성열관 외, 2015; 신경희, 2020).

따라서 교육청에서 정책을 추진할 활동가들을 확보하기 위해 각종 정책과 관련하여 교사 연구 동아리에 지정·지원을 하거나 지역교육청 또는 단위학교에 의무적으로 교과목을 개설하기를 요구하기보다는 학교현장의 교사들이 자발적으로 민주시민교육에서 추구하는 시민성 함양을 위한 토론, 프로젝트형 수업 등 동료 학습자 간의 협력적인 수업문화 개선을 해야겠다고 그 필요성을 인식하고 실천에 나서도록 유도하여야 한다(배영민, 2018; 성열관 외, 2015; 정상우, 강은영, 2019).

실제로 개별 교사의 입장에서 수업문화 개선을 적극적으로 시도하지 못하는 이유는 교사 개인이 수업문화 개선을 필요하다고 느끼지 못하는 경우, 필요하다고 느껴도 적극적으로 실천하기 두려운 경우, 적극적으로 실천하려고 하지만 어려운 여건 때문에 한계에 부딪히는 경우 등으로 매우 다양하다(성열관 외, 2015).

〈표 8-2〉 교사 유형 및 맞춤형 지원 방안

유형	특징	지원 방안	재정지원 방식
필요성을 느끼지 못하는 경우	• 자기 안주 • 변화에 대한 거부감	• 성과 유인 강화 (연구대회, 교내 수업 공개) • 우수 사례 발굴 및 보급 • 교사 지원 강화 (개인 단위 연수비, 연구비 지원)	• 특별교부금 • 교육청 자체사업
필요성을 느껴도 적극적으로 실천하기 두려운 경우	• 능숙하게 진행할 수 있을까 하는 두려움 • 무엇을 해야 할지 모르겠다는 막막함 • 괜한 일을 벌이는 것은 아닐까 하는 부담감	• 자신감 제고 • 주위 환경 조성 • 교과연구회, 학습동아리, 연수	• 특별교부금 • 교육청 자체사업 • 학교예산
적극적으로 실천하려고 하지만 어려운 여건 때문에 한계에 부딪히는 경우	• 수업시간의 편성, 운용, 평가 문제 • 학생, 학부모들의 현실적 요구(성적, 교과서 위주의 수업 등)에 대한 대처 문제 • 동료 교사들과의 협의 문제 • 행정적 · 금전적 지원과 관련된 행정실과의 의사소통 문제 등	• 연구 · 시범 · 선도학교 지정 운영 • 학교단위 전문적 학습공동체 지원(컨설팅 강화 등)	• 특별교부금 • 교육청 자체사업

출처: 성열관 외(2015)의 내용을 수정 · 보완하였음.

이와 같이 수업문화 개선의 문제는 단순히 수업 내의 문제로 국한되지 않으므로, 교사의 전문적 학습공동체 형성을 위한 현장맞춤형 연수의 지원 · 강화가 중요하다. 학교문화 및 수업의 변화를 이끌어 내기 위해서는 교원들이 특정 연수 장소(연수원)로 모이는 일회성 · 집합식 · 전달식 연수에서 탈피하여 수요자의 연수에 대한 요구가 발생할 때 현장으로 직접 찾아가서 지원하는 자발적 · 협력적 · 참여형 연수와 단위학교 컨설팅 지원 등이 다양하게 활성화되어야 한다(성열관 외, 2015; 양지훈 외, 2017; 이현국 외, 2020; 하봉운, 2016). 현장에서 교직원들이 직면하는 어려움과 문제점을 이해하고, 이를 해결하기 위한 방법을 제공함으로써 교직원들이 더욱 효과적으로 일을 할 수 있도록 도움을 줄 수 있다(이현국 외, 2020). 특히, 학교 내·외부에서 진행된 연수의 결과를 바탕으로 학교 내에 이와 유사한 연구 모임, 수업 공개 모임 등 다양한 자발적 모임이 형성되고, 그 결과 단위학교 내에 전문적 학습공동체 형성을 통한 '연수 → 실행 → 성찰 → 내면화'의 선순환 구조가 구축되도록 지원하여야 한다(성열관 외, 2015; 하봉운, 2016).

이를 위해서는 선도학교 공모 및 운영, 수업지원단 육성, 다양한 연수 강사진 육성, 우수 수업 공개, 우수 사례 발굴 및 보급, 학교 밖 연수와 학교 내 실행의 연계, 단위학교 연수 활성화 및 학습공동체 형성을 위한 지원 등이 필요하다(하봉운, 2016). 특히, 학교운영을 위한 기본 경비를 확충하여 학교의 예산 재량 편성권을 확대하고, 성과 유인이 강한 개인 단위 재정 지원을 대폭 확대하여 우수 교사에 대한 연구비·연수비 지원, 지역·학교 간 연구 네크워크 조성, 개인 연구비 지원 등의 확대가 필요하다(성열관 외, 2015).

〈표 8-3〉 교원연구·연수 관련 단위학교 세출예산 사업별 예산 과목

사업				사업 해설
정책 사업	단위 사업	세부 사업	세부 항목 예시	
인적자원 운용				교직원 보수 등 인적자원 운용을 위해 소요되는 사업비
	기타 교직원 보수			
		기타 수당		각종 법령(교원 예우에 관한 규정 등)에 따라 교직원에게 지급하는 수당
			교원연구비	
			수석교사 연구활동비	

교직원 복지 및 역량 강화			
	교직원 역량 강화		학교 교직원의 교수 및 직무역량을 강화하기 위한 사업비
		직무연수	
		자격연수	
		정보화연수	
		자율연수	
		학습동아리 운영	
		기타 역량 강화 지원	

출처: 경기도교육청(2022). 2022학년도 학교회계 예산편성 기본지침, p. 112.

3) 학생들의 참여 방법 모색

교사들과 마찬가지로 학생들 역시 학교생활의 과정에서 자연스럽게 학교환경과 문화의 변화를 익히는 것이 중요하다(성열관 외, 2015; 송보희, 2017). 학생들의 적극적인 참여 유인을 이끌어 낼 수 있도록 학급회의, 대의원회, 학생회, 학생참여 예산제, 모의국회, 모의UN 활동 등 다양한 창의적 체험활동을 활성화하는 것이 필요하다.

과거보다 학생자치활동이 증가하였지만, 여전히 '학생들의 자발적 참여'를 통하여 모든 학생들이 민주시민교육에 동등하게 참여할 수 있도록 하는 제도적 장치 마련이 필요하다. 수업문화 개선은 수업을 설계, 운영하는 교사의 능력과 자질도 중요하지만 실제 수업에 참여하는 학생들의 적극적인 호응도 매우 중요하다. 학생들이 수업문화 개선에 호의적인 반응을 보일 때, 수업개선 활동의 의의에 공감할 때 학교에서 수업개선 문화가 활성화될 수 있다. 따라서 교육청의 정책에는 학생들의 자발적인 참여와 수업개선에 대한 긍정적 관심을 갖기 위한 노력이 반영될 필요가 있다(박희진, 2019; 성열관 외, 2015).

　　수업문화 개선은 교과 내 활동에만 그치는 것이 아니라, 학급회의, 학생회 활동에서도 활발하게 일어나서 학칙 개정, 학교의 학사 운영 등에 대해 학생들이 자신들의 생각과 의견을 거침없이 표현할 수 있고, 그것에 대해 교사들과 함께 토론할 수 있도록 지원한다(박희진, 2019; 성열관 외, 2015; 신경희, 2020).

　　더 나아가 특정한 수업문화 개선 모델에 얽매일 필요도 없다. 수업문화 개선 활동은 특정한 모델에 국한되는 것이 아니다. 또한 교육청에서는 수업문화 개선 정책이 단순히 교과 안에서의 수업문화 개선이 아니라 학급자치, 학생자치, 학교운영 등의 전반에 모두 걸친 것이라는 걸 명시해야 한다. 수업문화 개선은 수업시간에 친구들과 의논해서 서로의 뜻을 확인하거나 조정하는 과정일 수 있으며, 학급회의 시간에 학급 규칙을 놓고 이야기하는 과정일 수도 있다(박희진, 2019; 성열관 외, 2015; 심성보, 2017). 수업문화 개선을 해야 한다 할 때, 거창한 수업문화 개선 방법을 끌어들이는 것이 중요하지 않을 수 있다. 보다 중요한 것은 학생들이 스스로 이야기할 수 있고 서로 다른 견해의 의의를 찾아보고 인정할 수 있는 수업문화 분위기를 만드는 것이다(배영민, 2018; 성열관 외, 2015; 양지훈 외, 2017).

3. 현행 법제도에서의 학교운영 관련 학생참여 현황과 문제점

　　학교운영과 관련한 의사결정 과정에 학생이 목소리를 내는 것은 민주주의를 경험하는 가장 효과적인 방법 중 하나로서 학교에서 학생이 참여하는 전형적인 모습은 학급회의와 학생회 활동 등의 학생자치활동이다. 현행 「교육기본법」 제5조[4], 「초 · 중등교육법」 제17조(학생자치활동)[5], 「초 · 중등교육법 시행령」 제30조(학생자

---

4) 「교육기본법」 제5조
　　② 학교운영의 자율성은 존중되며, 교직원 · 학생 · 학부모 및 지역주민 등은 법령이 정하는 바에 의하여 학교운영에 참여할 수 있다.
5) 「초 · 중등교육법」 제17조(학생자치활동)
　　학생의 자치활동은 권장 · 보호되며, 그 조직 및 운영에 관한 기본적인 사항은 학칙으로 정한다.

치활동의 보장)[6], 「초·중등교육법 시행령」 제9조(학교규칙의 기재사항 등)[7] 법령과 시·도 조례[8]에 의해 학생자치활동이 제도적으로 보장되어 운영 중이다.

1) 학생자치활동의 운영 현황과 문제점[9]

학생자치활동은 학생이 주체가 되어 운영하는 집단 활동으로서, 크게 학생의 권리를 옹호하고 민주시민의 기본 자질과 태도를 함양해 나가는 활동, 학생 개인이 학급회, 동아리, 학생회 등 학교 내·외의 학생자치기구를 통해 교육활동과 의사결정에 주체적으로 참여하는 활동, 교과활동은 물론 창의적 체험활동에서 민주시민 역량을 키우기 위하여 학교 및 지역사회 생활 등과 연계한 실천활동, 학생들이 스스로 문제를 찾아내고, 합법적이고 민주적인 방법으로 의견을 모아 규정된 절차에 따라 적극적으로 문제를 해결해 나가는 과정으로 구분된다(광주광역시교육청, 2020).

학생자치활동의 영역은 교육과정 내외에 걸친 학생회·학급회 활동, 창의적 체

---

6) 「초·중등교육법 시행령」 제30조(학생자치활동의 보장)
　학교의 장은 법 제17조의 규정에 의한 학생의 자치활동을 권장·보호하기 위하여 필요한 사항을 지원하여야 한다.
7) 「초·중등교육법 시행령」 제9조(학교규칙의 기재사항 등)
　① 법 제8조의 규정에 의한 학교의 학교 규칙에는 다음 각호의 사항을 기재하여야 한다.
　　8. 학생자치활동의 조직 및 운영
8) 광주학생인권조례 제15조(자치와 참여에 관한 권리)
　① 학생은 자신을 대표하는 기구를 비롯하여 다양한 모임을 자율적으로 구성하여 운영할 권리를 가진다.
　② 학생은 직접, 또는 대표를 통하여 학교 생활 및 정책결정 과정에 참여하여 의견을 표명하고 실질적 참여를 위한 권한과 정보를 제공받을 권리를 가진다.
　③ 학교는 학칙 등 학교 규정의 제·개정 과정에서 학생들의 의견을 민주적이고 합리적인 절차를 거쳐 수렴하여야 하며, 학생회 등 학생자치기구의 의견 제출권을 보장하여야 한다.
　④ 학교는 학생자치기구의 자율적인 운영과 집행을 보장하고, 필요한 시설 및 행·재정적 지원을 하도록 노력하여야 한다.
　⑤ 학교는 학생에게 중대한 영향을 미치는 사안에 관하여 학교운영위원회에 학생 대표를 참석시켜 의견을 청취하여야 한다.
　⑥ 교육감은 학생의 인권에 중대한 영향을 미치는 사안을 결정할 때에 제29조에 따른 학생의회를 통하여 학생의 의견을 청취할 수 있다.
9) 광주광역시교육청(2020). 「학생자치활동 길라잡이」를 참고하였다.

험활동에 포함되어 있는 동아리활동, 학생회 · 학급회와 관련된 자치활동, 봉사활동, 캠페인 활동 등과 연계하여 운영되고 학생이 중심이 되는 학교행사 기획 · 운영, 학교의 주요 정책결정에서 주체로서 참여, 학교 및 지역사회 봉사, 문제해결 및 참여 활동 등을 모두 포함한다.

〈표 8-4〉 광주광역시교육청 학생자치활동 추진 방향

영역	핵심 과제	세부 추진 과제
학생자치활동 기반 조성 [학교]	학생자치 활성화를 위한 행 · 재정적 지원 강화	• 학생자치회 운영비 편성: 학교표준교육비의 0.5% 이상 　– 학생자치회 회의 경비, 공약실천 사업비 등 • 학생자치회 예산 편성 · 집행 권한 단계적 부여 　– 학생회 주도 계획 수립 및 담당교사 행정 지원 • 학생자치활동 내실화를 위한 적정 시수 확보 　– 학급회의 월 2회, 대의원회 · 집행부 회의 등 각 월 1회 이상 • 학생자치 지원 전담부서 설치 및 담당교사 지정 • 학생회 전용공간(학생회실 등) 및 홍보 게시판 설치
	학교운영 과정에 학생참여 활성화	• 학생대표 학교운영위 참관 및 의견제출권 보장 　– 학생생활 사안 학생대표 직접 참여 · 발언(의견 제시) • 학생자치회 의견 학교정책 반영절차 수립
	민주적 학생자치회 선거 운영	• 학생선거관리위원회 구성 및 당선증 발급 　– 학생(부)회장, 학급(부)회장 대상 당선증 발급 • 학생회 피선거권에 대한 과도한 제한 금지 • 학생자치회 선거 관련 규정 정비: 교육청 예시안 참고 • 학생자치회 매니페스토 실천 지원 　– 지역 선관위 연계 교육 권장, 공약 실현 가능성 검토
학생자치활동 실천 내실화 [학교]	학생 중심 학생자치 역량 강화	• 학생대표기구로서 학생회 권한 보장 • 학생자치회 임원 리더십 함양교육 실시: 연 2회 이상 • 학급자치활동 운영 활성화: 학급회–대의원회–학생회 유기적 연계 • 학생 주관 학교행사 활성화: 동아리 육성 및 지원 강화
	학생자치와 연계한 인권친화적 학교문화 조성	• 인권친화적 학생생활규칙 제 · 개정 　– 매년 3월 개정 여부 의견 수렴 및 제 · 개정위 학생참여 보장 • 학생자치를 통한 평화로운 학교 만들기 　– 학급평화선언, 또래상담, 각종 실천캠페인 등 실시

학생자치활동 활성화 지원 강화 [교육청]	학생자치 체험 프 로그램 활성화	• 광주광역시 학생의회 구성 및 운영: 총 5개소 • 학생자치 역량 강화 캠프 운영: 학교급별 운영 • 청소년 사회참여 및 정책 제안 활성화 지원 　– 사회참여 동아리 지원(20팀), 청소년 정책마켓 운영(11월) • 광주청소년독립페스티벌 개최: 11월 첫째 주 토요일 • 청소년 정책학교 운영: 주 1회, 고교생 40명
	학생자치 지도역 량 강화 지원	• 학생자치 지원 교원 직무연수 운영: 40명, 2학점 • 학생자치 운영 매뉴얼 개발 및 보급 • 학생자치 모델학교 운영: 15교, 학교당 3,000원 • 학생자치 나눔 지원단 운영: 학생자치 전문가 컨설팅 • 학생자치 유공교원 표창 및 우수 사례집 보급

출처: 광주광역시교육청(2020). 학생자치활동 길라잡이, p. 7.

　단위학교에서의 학생자치활동 관련 예산은 기본적 교육활동–창의적 체험활동에 편성되어 운영된다. 즉, 학생자치활동 및 창의적 특색 활동 등 자율활동 관련 소요되는 사업비(학생자치회, 학급운영비, 각종 경진대회, 실기대회, 체육대회, 축제, 학예회, 발표회 활동 등), 수학여행, 수련활동 등 현장체험학습 활동에 소요되는 제 사업비, 동아리 활동 관련 소요되는 사업비(학교스포츠클럽, 청소년단체활동, 문화예술활동 등), 봉사활동·환경정리·청소활동 관련 소요되는 사업비(교내봉사, 지역사회봉사, 자연환경보호, 캠페인 활동, 청소용품 등), 그리고 진로활동 관련 소요되는 사업비[자기이해(적성검사), 학생표준화검사, 진로정보탐색, 진로체험(특성화고 포함), 진로진학상담활동 등]의 세부사업으로 분류되어 운영된다.

〈표 8-5〉　학생자치활동 관련 단위학교 세출예산 사업별 예산 과목

정책 사업	단위 사업	세부사업	사업 해설	세부 항목 예시
인적자원 운용			• 교직원 보수 등 인적자원 운용을 위해 소요되는 사업비	
학생복지/교육격차 해소			• 학생복지 및 교육격차 해소를 위 해 소요되는 사업비	

기본적 교육활동		• 표준 교수-학습 활동에 직접 투입되는 사업비	
	교과활동		
	창의적 체험활동		
	자율활동	• 학생자치활동 및 창의적 특색 활동 등 자율활동 관련 소요되는 사업비(학예회 활동, 각종 경진대회, 실기대회 등)	• 학생자치회활동 운영 • 학급운영비 • 학교학예회활동 지원 • 학교축제 운영 • 과학경연 및 경시대회 • 실기대회활동 지원 • 각종 체육대회 및 체전활동 지원 • 학교(영자) 신문제작 • 도·농 간 교류학습 • 텃밭 가꾸기
	현장체험학습 활동	• 수학여행, 수련활동 등 현장체험학습 활동에 소요되는 사업비	• 수학여행 • 수련활동 • 현장/주제별 체험학습
	동아리활동	• 동아리 활동 관련 소요되는 사업비(학교스포츠클럽, 청소년단체활동, 문화예술활동 등)	• 동아리 활동 • 청소년단체활동 • 학교스포츠클럽활동
	봉사활동	• 봉사활동 관련 소요되는 사업비(교내봉사, 지역사회봉사, 자연환경보호, 캠페인 활동 등)	• 장애학생 돕기 • 다문화가정학생 돕기 • 복지/양육시설 봉사 • 자연보호 및 식목 활동 • 환경미화 활동
	진로활동	• 진로활동 관련 소요되는 사업비[자기이해(적성검사), 진로정보탐색, 진로상담, 진로체험 등]	• 자기이해 활동 • 진로계획/체험활동 • 진로교과 운영 • 진로진학상담 활동 • 진로진학실 운영
	자유학기(년) 활동		

	자유학기 (년)제 활동	• 자유학기년제(년) 관련 진로탐색 활동, 주제선택활동, 예술·체육 활동, 동아리 활동에 소요되는 사 업비	• 진로탐색활동 • 주제선택활동 • 예술 및 체육활동 • 동아리 활동
선택적 교육활동		• 표준교육활동이 아닌 선택적 교 육활동에 소요되는 사업비	
교육활동 지원		• 교수−학습 간접 교육비로 교육 활동 지원에 소요되는 사업비	
학교 일반 운영		• 학교기관 및 부서 운영에 소요되 는 사업비	

출처: 경기도교육청(2022). 2022학년도 학교회계 예산편성 기본지침, pp. 112-121.

그러나 학급자치활동 현황을 조사·분석한 결과를 살펴보면, 조사에 참여한 전체 학생의 85.4%가 학급회의를 실시하고 있는 것으로 분석되었지만, 학급회의에 실제적인 참여 수준에 대해서는 57%가 참여한다고 응답하여 학급회의 실시 비율에 비해 다소 낮은 참여 수준을 보였으며(박희진 외, 2018), 학급규칙을 제정할 수 있는 권한을 묻는 질문에 51.9%는 학급 구성원 누구나 할 수 있다고 응답하였지만, 30.4%는 교사가 학급규칙을 만든다거나(박희진 외, 2018), 학생회가 교장, 교사의 개입에서 자유롭게 운영되고 있다는 의견은 31.7%로 나타나 중등 단계에서의 학생회 운영은 교사의 영향을 일정 부분 받는 것으로 나타났다(최창욱 외, 2018).

학급회의 결과 활용과 관련하여 응답자의 64.6%가 학급회의 결과가 학급운영에 반영된다고 생각하고 있는 것으로 나타났고(박희진 외, 2018), 학급회의의 의결 사항이 학교운영에 반영된다고 인식하는 비율도 47.9%로 나타나, 학급회의 참여의 결과가 학급 및 학교운영에 일정 부분 영향을 주고 있는 것으로 조사되었으나(박희진 외, 2018), 학생회 활동의 여건 측면에서 학생회 활동을 위한 예산, 장소, 시간이 적절히 보장되고 있다는 응답은 40.3%(중학교: 40.7%, 고등학교: 39.9%)로 나타나(최창욱 외, 2018), 많은 학교 학생들이 학생회 활동에 필요한 시간, 예산, 공간의 제약을 받고 있는 것으로 분석되었다. 또한, 학생회 대표의 학교운영위원회 참여 여부와 관련하여 참여 및 발언이 가능하다는 의견은 18.6%로 나타났고, 참여만 가능하고 발언권은 없다는 의견이 4.5%, 기타 모르겠다는 응답은 69.2%로 나타났다(최창욱 외, 2018). 이러한 결과는 학생회가 실질적으로 학교운영과 관련한 의사결정 과정에 제한적으로 참여하고 있음을 보여 준다(이쌍철 외, 2019).

전반적으로 학생의 교내 학생참여 활동 정도는 긍정적으로 개선되고 있으나 다른 한편에선, 학생의 학교 활동에서 결정적 영향을 주는 교육과정의 측면에서 학생의 참여 및 의견 개진과 관련된 활동이 제대로 이루어지지 않고 있는 것으로 나타나 개선이 필요한 것으로 보고되고 있다(이쌍철 외, 2018). 특히, 청소년의 민주시민 활동 참여를 어렵게 하는 이유로 청소년을 미숙한 존재로 보는 사회적 편견이 38.7%로 가장 높게 나타나, 청소년의 민주시민 활동 참여를 위한 제도적 여건 개선과 함께 사회 구성원의 인식 개선이 요구되는 것으로 나타났다(최창욱 외, 2018; 이쌍철 외, 2019에서 재인용).

2) 학교회계 예·결산 과정에서 학생참여 현황과 문제점

2001년 학교예산회계제도 도입 후 단위학교 수준에서 예산 운용에 대한 자율성과 책무성이 강화되었으나, 지금까지의 학교예산 편성 및 집행과정에는 사실상 교장, 교사, 직원과 같은 교육서비스 공급자의 결정이 절대적이었다. 특히, 권위주의 시대의 교육행정 시스템을 유지해 오고 있는 현재의 구조에서는 교육서비스 수요자의 의견을 반영하는 것이 어려운 것이 현실이다.

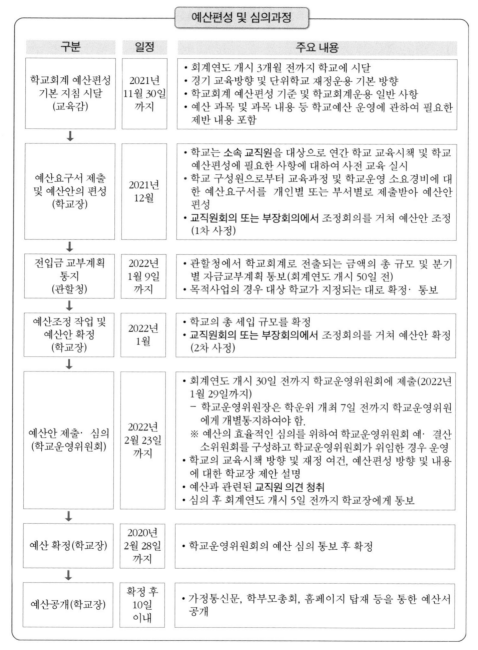

구분	일정	주요 내용
학교회계 예산편성 기본 지침 시달 (교육감)	2021년 11월 30일 까지	• 회계연도 개시 3개월 전까지 학교에 시달 • 경기 교육방향 및 단위학교 재정운용 기본 방향 • 학교회계 예산편성 기준 및 학교회계운용 일반 사항 • 예산 과목 및 과목 내용 등 학교예산 운영에 관하여 필요한 제반 내용 포함
예산요구서 제출 및 예산안의 편성 (학교장)	2021년 12월	• 학교는 소속 교직원을 대상으로 연간 학교 교육시책 및 학교 예산편성에 필요한 사항에 대하여 사전 교육 실시 • 학교 구성원으로부터 교육과정 및 학교운영 소요경비에 대한 예산요구서를 개인별 또는 부서별로 제출받아 예산안 편성 • 교직원회의 또는 부장회의에서 조정회의를 거쳐 예산안 조정 (1차 사정)
전입금 교부계획 통지 (관할청)	2022년 1월 9일 까지	• 관할청에서 학교회계로 전출되는 금액의 총 규모 및 분기별 자금교부계획 통보(회계연도 개시 50일 전) • 목적사업의 경우 대상 학교가 지정되는 대로 확정·통보
예산조정 작업 및 예산안 확정 (학교장)	2022년 1월	• 학교의 총 세입 규모를 확정 • 교직원회의 또는 부장회의에서 조정회의를 거쳐 예산안 확정 (2차 사정)
예산안 제출·심의 (학교운영위원회)	2022년 2월 23일 까지	• 회계연도 개시 30일 전까지 학교운영위원회에 제출(2022년 1월 29일까지) 　- 학교운영위원장은 학운위 개최 7일 전까지 학교운영위원에게 개별통지하여야 함. 　※ 예산의 효율적인 심의를 위하여 학교운영위원회 예·결산 소위원회를 구성하고 학교운영위원회가 위임한 경우 운영 • 학교의 교육시책 방향 및 재정 여건, 예산편성 방향 및 내용에 대한 학교장 제안 설명 • 예산과 관련된 교직원 의견 청취 • 심의 후 회계연도 개시 5일 전까지 학교장에게 통보
예산 확정(학교장)	2020년 2월 28일 까지	• 학교운영위원회의 예산 심의 통보 후 확정
예산공개(학교장)	확정 후 10일 이내	• 가정통신문, 학부모총회, 홈페이지 탑재 등을 통한 예산서 공개

[그림 8-3] 학교회계 예산편성 · 심의과정

출처: 경기도교육청(2022). 2022학년도 학교회계 예산편성 기본지침, p. 22.

4. 학교에서의 정치교육을 위한 학교재정의 방향과 과제

OECD 교육 2030 프로젝트에서는 미래지향적 교육과정 실행에 있어서 가장 핵심적인 요소로 '학생 행위주체성(student agency)'을 꼽는다. 학생 행위주체성의 의미는 "학생이 사회에 참여하여 주변의 타인, 사건, 환경을 더 나은 방향으로 만드는데 영향을 미치고자 하는 책임감"으로 행위주체성은 주요 목적을 설정하고 그 목적을 달성하기 위한 행동을 파악하는 능력, 그리고 학생이 자신과 관계 맺는 타인과주변 간의 관계 속에서 책임감을 요구한다(최수진 외, 2019).

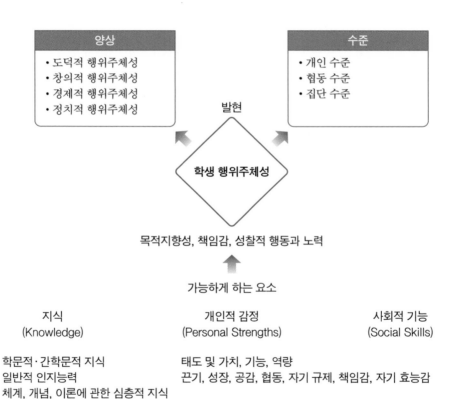

[그림 8-4] 학생 행위주체성 모형

출처: Leadbeater(2017: 69; 최수진 외, 2019: 67에서 재인용).

학생의 주도적이고 책임감 있는 행위주체성 함양을 위한 학교예산 및 학교운영에 대한 개선안을 제시하면 다음과 같다.

1) 학교예산 편성 시 교사 권한 강화 및 학생참여 보장

단위학교에서 개선되어야 할 학교회계 시스템은 예산편성부터 집행까지를 전부 학교장 중심으로 이루어지는 체계이다. 물론, 교장에게 최종적인 책임과 결정권이 있는 것이지만 예산편성에서부터 집행까지 교직원, 학생, 학부모의 참여와 민주적인 의견 수렴의 절차를 거치는 학교 분위기가 조성되어야 한다는 필요성에는 이미 많은 공감대가 형성되어 있고, 최근에는 교육계획 수립 시 민주적 토론과 수평적 의사결정을 진행하는 학교가 늘어나고 있다.

일례로 대전시교육청에서는 학교운영위원회는 예산안 심의 시 필요한 경우 학생의 수업에 지장을 주지 않는 범위 내에서 관련 교직원·학생 대표 등의 제안을 통한 교직원·학생·학부모로부터 의견을 청취할 수 있도록 제도화하고 있다(대전광역시교육청, 2020).

과정	주체	법정기한	추진 사항
학교회계예산편성 기본 지침 시달	교육감	회계연도 개시 3월 전까지	• 교육청의 교육재정 여건 및 운용 방향 • 예산 과목 및 과목 해소 등 학교 예산 운영에 필요한 제반 내용
학생 · 학부모 참여 예산	학교장	–	• 의견 수렴 안내 → 의견 접수 및 부서별 안내(가정통신문, 홈페이지, 학부모회 등을 통한 예산 요구 의견 수렴) • 제출 받은 의견서 사업 성격이나 소요예산 등 실현 가능성을 고려하여 사업 부서에 예산 반영 여부 검토 • 학교운영위원회 시 「학생 · 학부모참여예산」 보고 및 반영 결과 학교 홈페이지 공개
교직원의 예산 요구서 제출	학교장	–	• 세입예산의 규모 추정 • 학교 구성원에 대한 사전교육 실시 • 교육과정 운영 및 학교 운영을 위하여 필요한 사업 및 재정 소요액 등 기록 • 부서별 또는 개인별 예산요구서를 학교예산편성 방향 및 계획에 따라 제출
연간 총 전입금 및 분기별 자금교부 계획 통보	교육감 (교육장)	회계연도 개시 50일 전까지	• 학교회계로 전출되는 금액의 총 규모 및 월별 · 분기별 자금교부계획 통보 • 목적사업의 경우 대상 학교가 지정되는 대로 확정 · 통보
예산안 조정 작업 및 예산안 확정	학교장	–	• 단위학교의 총 세입규모 확정 • 부서별 또는 전체 조정회의를 거쳐 예산안 확정
예산안 제출	학교장	회계연도 개시 30일 전까지	• 학교운영위원회에 제출(「초 · 중등교육법」 제30조의 3) ※ 학교장은 예산안을 학교운영위원회에 제출한 후에도 전입금 규모의 변경, 사업계획의 변화 등으로 예산안 수정이 불가피한 경우 수정 예산안 제출 가능(학교회계규칙 제12조 제3항)

[그림 8-5] 대전광역시교육청 학교예산안 편성 절차

출처: 대전광역시교육청(2020). 2020학년도 학교회계 예산편성 및 집행지침, p. 8.

민주적이고 자율적으로 예산을 편성하고 집행하는 과정 속에서 전체 교직원들은 책임감과 사명감을 갖고 주체적으로 사업을 진행할 것이고 궁극적으로는 예산의 효율성까지도 향상시킬 수 있다. 다시 말해, 예산에 대한 자율성으로부터 효율성이 나오고 사업 운영에 대한 책임감이 나오는 것이다(김혜자 외, 2015).

특히, 학교회계 제도에서 학교의 자율성만큼 교사의 자율성이 확보될 수 있도록 교수-학습 활동에 대한 예산편성지침의 간소화가 필요하다. 현재의 학교회계 예산편성기본지침은 법에 규정한 것만 합법 나머지는 불법이라는 포지티브(positive) 규제 개념이다. 학교마다 예산편성기본지침상의 규제를 감사와 연결 지으며 관리자(학교장, 교감), 교사, 행정실 모두 적극적인 행정을 펼치는 것에 한계를 보인다. 학교현장의 학생과 교사 간의 적극적인 교수-학습 활동 장려를 위해 현행법상 불법이 아닌 모든 것을 합법으로 기준을 두는 네거티브(negative) 규제를 도입할 필요가 있다. 규제가 많은 현 지침에 네거티브 예산편성기본지침을 적용하고 지침에 대한 해석의 오해를 최소화하고 교수-학습 활동의 경험이 부족한 신규 교원을 위해 교수-학습 활동 예산에 대한 현장의 다양한 사례와 온라인 강의 개설 등이 권장된다(이현국 외, 2020).

무엇보다 학교교육이 중앙집중식 교육과정 속에 일률적으로 top-down 방식으로 적용한 표준교육비라는 개념에서 탈피하여 교사와 학생이 수업을 그들의 상황과 특성에 따라 최대한 자유롭게 자율적으로 교육과정을 운영할 수 있도록 교수-학습 활동의 주체인 교사들에게 예산 사용의 자율권을 위임할 필요가 있으며, 학생, 학부모의 참여 과정을 통해 건전한 비판자를 양성하는 것은 학교의 책무성을 향상시키는 데 크게 기여할 것이다.

2) 학생 · 학부모 참여예산제 도입 · 활성화

학생 중심, 현장 중심 교육이 정착하기 위해서 단위학교 교육활동의 근간이 되는 예산의 편성이 학생을 중심에 두고 편성될 필요가 있으며, 학교운영위원회가 주체가 된 학생-학부모 참여예산제를 활성화할 필요가 있다.

학생 중심형 예산이란 넓은 범위로 생각하면 학생들에게 직간접적으로 투입되는 학교의 모든 예산이 될 것이나 송기석(2016)의 서울시 초등학교 직접교육비 실태 분석에서 교육운영비, 학습준비물, 학생복지비를 직접교육비로 정의함에 따라 교수-학습 활동비, 학생자치회비, 학생복리비 등이 학생들의 교육활동에 직접 투입되는 예산의 종류로 제안할 수 있다.

일례로, 대구광역시교육청은 학생 및 학부모 제안사업을 학교운영기본경비의 1% 이상을 편성하도록 하고 학교회계 운영 실태의 점검 시에 이를 지키는지 확인하고 있으며, 광주광역시교육청은 학생자치회 회의 경비, 공약실천 사업비 등의 학생자치회 운영비 편성을 학교표준교육비의 0.5% 이상으로 하고, 학생자치회 예산 편성·집행 시 학생의견은 학생제안 및 학생회 회의 시에 예산이 소요되는 건의 사항을 담당교사가 수렴하여 제출하도록 하고 있으며, 학부모 의견은 학부모회의 개최 시 또는 홈페이지 이용, 가정통신문, 설문조사 시 학교에 대한 건의 사항 란을 통해서 의견을 수렴하도록 하고 있다. 학교운영위원회 의견은 회의 시 또는 예산 편성 전에 통보하여 의견 수렴하도록 하고 있다.

향후 교육청 예산편성 지침을 통하여 참여예산제 사업을 위한 경비 지원의 규모를 설정할 때 '최저 하한선'을 설정할 것인지 아니면 '최고 상한선'을 설정할 것인지에 대해 진지한 검토가 있어야 할 것이다. 광주광역시교육청과 대구광역시교육청은 각각 학교표준교육비의 0.5% 이상과 학교운영기본경비의 1% 이상이 사업 예산이 반영될 수 있도록 한다고 하여 최저 하한선을 규정하고 있으나, 타 시·도교육청은 지원 규모에 대한 언급이 구체적으로 나타나 있지 않다. 그러므로 참여예산제사업 지원규모를 설정할 때 '최저 하한선'과 '최고 상한선' 규정 방식의 특징을 비교분석하여야 할 필요가 있다. 〈표 8-6〉의 두 가지 규정 방식을 검토해 보면, 사업 조성의 출발 단계에서는 우선 안정적인 재정지원이 우선적으로 고려되어야 할 사항이며 한시적 임기를 수행하는 정책 집행자의 자율에 휘둘리지 않도록 '최저 하한선'을 확보하는 것이 중요하고, 다만 여기서 전제되어야 할 사항은 지나치게 그 하한선을 낮게 설정해서는 안 된다는 것이다(하봉운, 장덕호, 2007).

〈표 8-6〉 '최저 하한선'과 '최고 상한선' 규정 방식의 비교

'최저 하한선' 규정 방식의 특징	'최고 상한선' 규정 방식의 특징
– 학교는 어떤 하한선을 반드시 준수해야 하기 때문에 그것은 의무 조항으로 형성되고 일정한 범위 안으로 포섭하는 기속적 규범으로 기능함. – 하지만 그 기준을 초과한 영역의 문제는 학교의 자율적 의지에 개방되어 있음.	– 학교는 초기 지원 규모에 예속되어 장기적이고 점진적인 확충이 더뎌지거나 너무나 폭넓은 자율 영역을 부여하게 되어 안정적 지원이 불가능하게 됨. – 학교장의 의지에 종속될 우려가 있음. – 다만, 최고 상한선이 궁극적으로 도달해 가야 하는 지원 규모를 예측하는 기능은 존재함.

출처: 하봉운, 장덕호(2007). 학교급식지원조례 제·개정 방안 연구. 교육행정학연구, p. 347.

또한 단순히 의견 수렴 정도가 아닌 수렴된 의견의 반영 여부에 대해서 교장, 교직원, 학생, 학부모, 학교운영위원회가 함께 숙의할 수 있는 절차를 반드시 거치도록 하는 '숙의제도' 도입이 필요하다. 최근에는 이러한 숙의 방식으로 디자인싱킹(Design thinking)과 같은 다양한 방식이 도입되고 있어 학교현장에서도 도입한다면 긍정적인 효과가 기대된다(이현국 외, 2020).

구분	자료수집	공유	피드백	예산 확정
예산편성 과정	[예산평가] • 과목별 집행 현황 • 학교교육계획 반영 여부	학교교육계획 관점에서 예산 검토	예산편성과 학교교육계획 수립을 위한 지속적 피드백 (학생참여)	예산편성의 법적 절차에 따라 확정
학교교육 계획 수립 과정	[학교교육계획평가] • 학생/학부모/학교 구성원 의견 수렴 • 교직원 워크숍	학교예산과 학교교육계획 비교 검토 (학생참여)		
실행 시기	11월 초~11월 중	11월 말	12월	1월 이후

[그림 8-6] 학생중심형 예산 편성과 학교교육계획 수립 과정의 통합적 절차

출처: 김홍복 외(2018). 학생중심형 단위학교 예산 편성 및 운영 방안 연구, p. 48.

3) 학교운영위원회의 학생참여 보장

학교운영위원회가 학교자치의 핵심 기구로 법제화되어 있고, 학생의 학교생활에 밀접하게 관련된 사항을 심의하기 위하여 필요하다고 인정하는 경우 학생 대표 등을 학교운영위원회에 참석하게 하여 의견을 들을 수 있게 하였으나(「초 · 중등교육법 시행령」 제59조의 4 제2항, 2017. 12. 29. 시행), 의견 수렴은 학교장 재량에 따라 차이가 크고[10] 의견 수렴만으로는 학생의 교육 참여권을 보장하기에 불충분하다.

---

10) 학생이 연 1회 이상 회의에 참여한 학교 수(2019)는 2,857개교(24.5%)에 불과하다(전국시도교육감협의회, 2020).

〈표 8-7〉 학교운영위원회 심의 기능 분석표

구분	심의(자문)사항	
법적 근거	국공립학교	사립학교
「초·중등교육법」 제32조 제1항	1. 학교헌장 및 학칙의 제정 또는 개정에 관한 사항 – 학교헌장: 학교가 추구하는 목표 및 실천계획 – 학칙: 학교 구성원이 준수해야 하는 학교 내의 규칙	• 학교운영위원회의 자문을 거쳐야 함(단, 학교법인의 요청이 있는 경우에 한함)
	2. 학교의 예산안 및 결산에 관한 사항 – 예산편성 → 예산심의 → 예산집행 → 결산 → 결산심의 (학교재정의 합리성, 투명성, 예·결산 과정 등에 관한 사항)	– 국공립학교와 같음
	3. 학교 교육과정의 운영방법에 관한 사항 – 단위학교별 자율적, 창의적, 융통성 있는 교육과정의 운영 및 특별활동 관련 사항 등을 반영하며, 학부모와 학생의 의견을 수렴함	– 국공립학교와 같음
	4. 교과용 도서 및 교육 자료의 선정에 관한 사항 – 공정하게 교과서와 주요 교육 자료를 선택해야 함	– 국공립학교와 같음
	5. 교복·체육복·졸업앨범 등 학부모 경비 부담 사항	– 국공립학교와 같음
	6. 정규 학습시간 종료 후 또는 방학기간 중의 교육활동 및 수련활동에 관한 사항 – 교재 선정, 프로그램 개설, 사교육비 경감, 강사 채용, 시간 수 및 강사료 책정(프로그램 선정 및 운영 방식 사항)	– 국공립학교와 같음
	7. 「교육공무원법」 제29조의 3 제8항에 따른 공모 교장의 공모 방법, 임용, 평가 등에 관한 사항	• 심의 사항이 아님
	8. 「교육공무원법」 제31조 제2항에 따른 초빙교사의 추천에 관한 사항 – 학교장과 교사를 학교에서 원하는 인물로 선정하는 사항	• 심의 사항이 아님
	9. 학교운영지원비의 조성·운용 및 사용에 관한 사항 – 급식비 면제 대상자, 급식활동 학부모 지원방안, 급식비 결정 등의 사항	– 국공립학교와 같음
	10. 학교급식에 관한 사항 – 급식 형태, 급식업체 선정 기준, 급식 조달 방법, 급식 실시 여부 등에 관한 사항	– 국공립학교와 같음

11. 대학 입학 특별전형 중 학교장 추천에 관한 사항 − 학교별 합리적 기준과 절차를 심의 · 자문하여 학교장 추천 사항 등을 실시함	− 국공립학교와 같음
12. 학교운동부의 구성 · 운영에 관한 사항 − 학교 운동부 후원회 조직과 운영, 학교 운동부원들의 수업 정상화 등의 사항	− 국공립학교와 같음
13. 학교운영에 대한 제안 및 건의 사항 − 지역사회, 학교의 재정, 학생들의 복지후생, 기타 제반 분야에 대한 사항	− 국공립학교와 같음
14. 그 밖의 대통령령이나 시 · 도의 조례로 정하는 사항	− 국공립학교와 같음

따라서 학생 · 학부모 등 교육 주체의 실질적인 학교운영 참여를 보장할 제도 개선이 필요하다. 학교운영위원회의 구성에 학생 대표를 포함하고 학교운영위원회의 위원 구성, 교육 연수 등을 시 · 도교육감이 현장 여건에 따라 정하도록 하여 학교자치와 교육분권을 촉진할 필요가 있다.

〈표 8-8〉 「초 · 중등교육법」 개정(안)

현행	개정안
제31조(학교운영위원회의 설치) ② 국립 · 공립학교에 두는 학교운영위원회는 그 학교의 교원 대표, 학부모 대표 및 지역사회 인사로 구성한다.	제31조(학교운영위원회의 설치) ② 학교운영위원회는 그 학교의 <u>학생 대표</u>, 교원 대표, 학부모 대표 및 지역사회 인사로 구성한다. <u>다만, 대통령령으로 정하는 경우에는 학생 대표를 포함하지 않을 수 있다.</u>

주요 개념 정리

☑ **교육재정**: 교육재정은 국가 · 사회의 공익활동으로서 교육활동을 지원하는 데 필요한 재원을 확보, 배분, 지출, 평가하는 일련의 공경제활동(public economic activity)으로서 학교에서 이루어지는 교수-학습 및 학교관리를 효율적으로 운영하고 최적의 지원을 통해 교육의 성과를 최대화하고 교육기회 균등 실현을 위한 정책과 교육활동의 질을 결정하는 데 중요한 역할을 수행한다.

☑ **학생자치활동**: 학생자치활동은 학생이 주체가 되어 운영하는 집단활동으로서, 크게 학생의 권리를 옹호하고 민주시민의 기본 자질과 태도를 함양해 나가는 활동, 학생 개인이 학급회, 동아리, 학생회 등 학교 내외의 학생자치기구를 통해 교육활동과 의사결정에 주체적으로 참여하는 활동, 교과활동은 물론 창의적 체험활동에서 민주시민 역량을 키우기 위하여 학교 및 지역사회 생활 등과 연계한 실천활동, 학생들이 스스로 문제를 찾아내고, 합법적이고 민주적인 방법으로 의견을 모아 규정된 절차에 따라 적극적으로 문제를 해결해 나가는 과정으로 구분된다.

☑ **학생 행위주체성**: 학생 행위주체성(student agency)의 의미는 "학생이 사회에 참여하여 주변의 타인, 사건, 환경을 더 나은 방향으로 만드는 데 영향을 미치고자 하는 책임감"으로 행위주체성은 주요 목적을 설정하고 그 목적을 달성하기 위한 행동을 파악하는 능력, 그리고 학생이 자신과 관계 맺는 타인과 주변 간의 관계 속에서 책임감을 요구한다.

생각해 볼 문제

1. 정치교육과 교육재정의 관계성은 무엇인가?

2. 단위학교 학생참여예산제가 가져올 수 있는 새로운 가능성과 위협은 무엇인가?

3. 학교운영위원회의 학생참여 보장의 중요성과 유의점은 무엇인가?

참고문헌

경기도교육청(2022). 2020학년도 학교회계 예산편성 기본지침.

광주광역시교육청(2022). 학생자치활동 길라잡이.

김혜자, 엄문영, 김민희, 이현국, 하봉운, 김용남, 김지하(2015). 2015년 지방교육재정 관련 법령 개선방안 연구. 서울: 한국교육개발원.

김홍복, 김연실, 김상원(2018). 학생중심형 단위학교 예산 편성 및 운영 방안 연구. 경기: 경기도 교육연구원.

대전광역시교육청(2020). 2020학년도 학교회계 예산편성 및 집행지침.

박희진(2019). 학급자치 활동이 시민의식에 미치는 영향. 교육행정학연구, 37(2), 89-118.

박희진, 김희경, 정바울(2018). 인성을 갖춘 민주시민 육성을 위한 학교문화 개선 방안 연구: 학급자치 실태를 중심으로. 충북: 한국교육개발원.

배영민(2018). 중등학교 사회과에서 선거 연령의 하향에 대비한 시민교육의 개혁. 사회과교육, 57(3), 69-87.

백병부, 김위정, 김현자, 이혜정, 최선옥(2016). 경기혁신교육 철학과 정책 특성 분석. 경기: 경기도교육연구원.

백병부, 김위정, 이근영, 조윤정, 김병준, 백재은, 주영경(2019). 한국형 지방교육자치 구현을 위한 시흥행복교육지원센터 정책 모델 개발 및 브랜드화 연구. 경기: 경기도교육연구원.

서현진(2015). 선거와 정치 참여에 대한 미래 유권자 교육의 문제점과 개선방안. 시민교육연구, 47(1), 121-143.

성열관, 최승현, 하봉운, 허창수, 김정숙(2015). 자기성장수업 5대 실천 전략 적용을 통한 수업문화 개선 모델 모색. 서울: 한국교육개발원.

송기석(2016). 학생 1인당 직접교육비 실태 분석: 서울특별시교육청을 중심으로. 한국교원
대학교 교육정책전문대학원 석사학위논문.

송보희(2017). 만 18세 참정권 변화에 따른 사회제도 및 정책의 변화 양상. 미래연구, 2(1),
149-163.

신경희(2020). '현장에서 보는 유권자 교육의 현재와 과제', 교육정책포럼(pp. 18-21).충북:
한국교육개발원.

심성보(2017). 한국 민주시민교육의 현황과 과제. 한국학논집, 67, 93-122.

양지훈, 염경미, 김현정, 정필운(2017). 선거 연령 하향에 따른 교육기관의 대응: 쟁점과 과
제. 법과인권교육연구, 10(1), 1-24.

오동석, 임재홍, 김명연, 김영삼(2019). 미래 초중등 사학의 혁신을 위한 법체계 개편 방안 연구.
세종: 전국시도교육감협의회.

윤정일, 송기창, 김병주, 나민주(2015). 신교육재정학. 서울: 학지사.

이쌍철, 김미숙, 김태준, 이호준, 김정아, 강구섭, 설규주, 임희진(2019). 초 · 중등학교 민주시
민교육 활성화를 위한 방향과 과제. 충북: 한국교육개발원.

이쌍철, 허은정, 강구섭, 김정현, 백선희(2018). 민주시민교육을 위한 학교 운영 방안 연구-학생
참여를 중심으로-. 충북: 한국교육개발원.

이현국, 하봉운, 최복림, 장우천(2020). 학교회계 예산 자율성 · 책무성 강화를 위한 연구용역.
대전: 대전광역시교육청.

전국시도교육감협의회(2020). 교육자치 실현을 위한 교육분야 법령 정비 연구.

정상우, 강은영(2019). 학교 민주시민교육의 현황과 활성화 방안: 교육법적 관점에서. 교육
법학연구, 31(3), 95-123.

정원규, 김원태, 김현진, 옹진환, 천희완, 최은경, 허진만, 홍승균(2018). 민주시민교육:
초 · 중등학교 민주시민교육추진 제안서. 서울: 이화여자대학교 학교폭력예방연구소.

정필운(2020). '학생의 정치 참여와 시민교육', 교육개발(pp. 34-37). 충북: 한국교육개발원.

최수진, 김은영, 김혜진, 박균열, 박상완, 이상은(2019). OECD 교육 2030 참여 연구: 미래지
향적 역량교육의 실행 전략 탐색. 충북: 한국교육개발원.

최창욱, 황세영, 유민상, 이민희, 김진호(2018). 아동 청소년 권리에 관한 국제협약 이행 연구-
한국아동청소년 인권실태 2018 총괄보고서. 세종: 한국청소년정책연구원.

하봉운(2016). 지방자치단체 교육지원사업의 학교체제 변화에 관한 연구. 한국지방재정논집, 21(2), 145-166.

하봉운(2020). 정치교육을 위한 교육재정의 방향과 과제. 2020년 한국교육행정학회 · 한국교원교육학회 · 한국교육재정경제학회 · 한국교육정치학회 연합 학술대회 발표논문집, 3-31.

하봉운, 장덕호(2007). 학교급식지원조례 제 · 개정 방안 연구. 교육행정학연구, 25(2), 329-352.

Wahlstrom, K. L., Louis, K. S., Leithwood, K., & Anderson, S. E. (2010). *Learning from Leadership: Investigating the Links to Improved Student Learning.* The Informed Educator Series. Educational Research Service.

제9장

정치교육을 위한 제도환경

이전이

개요

「공직선거법」 개정으로 2020년부터 우리나라 선거 가능 연령의 하한이 만 19세에서 만 18세로 변경되었다. 이에 따라 학령기 청소년에 해당하는 고등학교 3학년 학생들이 유권자로서 선거에 참여할 수 있게 되었다. 이 같은 제도적 환경의 변화는 학교에서 학생들을 대상으로 하는 정치교육의 필요성을 제기하며, 이는 다시 학교 내 정치교육을 위한 새로운 제도 마련을 요청한다. 이 장에서는 먼저 제도의 의미와 기능을 살펴보고, 정치교육을 둘러싼 제도적 환경을 국제비교한다. 마지막으로 국내 학교 정치교육을 위한 제도환경 마련의 방향과 방안을 모색한다.

1. 제도적 환경의 의미와 기능

우리는 제도적 환경에 둘러싸여 있다. 개인뿐만 아니라 조직이나 공동체, 국가 등 모든 사회적 행위자(social actor)는 사회적으로 조직된 환경 속에 존재한다. 다양한 행위자를 감싸고 있는 제도적 환경 가운데에는 「헌법」, 학교교육, 결혼, 선거와 같이 관찰 가능하고 명문화되어 있는 영역도 있고, 가치나 신념, 문화, 규범과 같이 상징적이고 추상적이어서 다소 포착하기 어려운 영역도 있다(Rowan & Miskel, 1999). 예를 들어, 「헌법」은 국가와 같은 강제적 권력기관에 의해 집행되는 공식적인 제도이다. 반면에 문화는 암묵적으로 내면화되어 사람들의 행동에 영향을 미치기는 하지만 상대적으로 공식성이 낮은 제도이다. 공식적 제도가 비공식적 제도보다 반드시 더 강력한 것은 아니다. 객관적 현실도 결국 사람들에 의해 내면화되어 다시 외재화된 산물일 뿐이다(Berger & Luckmann, 2005).

공식적이든 비공식적이든 제도는 한 사회를 지탱하는 틀로서의 역할을 한다(Scott, 1995). 제도는 행위자들에게 안정성과 의미를 부여하고 행위자들의 행동을 결정하는 일련의 합의된 규칙체계이며, 이는 다시 각 행위자가 세계를 바라보는 자연적인 방식(taken for granted world)이 된다. 따라서 다음 세대에게 지속적이고 반복적으로 확신을 주는 제도는 일반적으로 모든 사람들에게 일리가 있고, 각 개인에게도 주관적으로 의미 있는 것들이다. 새로운 제도가 더 이상 새롭다거나 특별한 방식으로 인식되지 않고 조직이나 개인의 일상적인 관행으로 자연스럽게 통합되면 그것은 완전히 제도화되었다고 볼 수 있다.

이 같은 제도는 개인, 조직, 국가 등 모든 행위자들에 대하여 권한 부여의 기능을 갖기도 하고 통제의 기능을 갖기도 한다(Meyer & Jepperson, 2000). 결과적으로 제도는 개인이나 조직이 자신들을 둘러싼 제도적 규칙이나 신념을 따르게 만든다(Meyer & Rowan, 1978; DiMaggio & Powell, 1983). 보다 구체적으로, 제도는 강제적 요소, 규범적 요소, 인지·문화적 요소로 구분된다(Scott, 1995; 이경묵, 2019). 먼저, 강제적(regulative) 제도는 명문화된 법령이나 규칙 위반 시 처벌을 통해 사회적 행위자를 규제한다. 둘째, 규범적(normative) 제도는 사회적 주체들이 서로 그렇게 행동하기를 기대하고 있다는 사실을 인식하고 있으며, 실제로 그렇게 행동하는 것이 자신에게 이익이 된다고 믿기 때문에 존재하고 유지된다. 즉, 규범을 어긴다고 해서 공식적 처벌이 따르는 것은 아니지만 주변의 부정적 시선이나 원망, 죄책감 같은 일종의 비공식적 처벌이 뒤따를 수 있다. 마지막으로, 인지·문화적(cognitive-cultural) 제도는 사회적 주체들이 당연시 여기는 것들이다. 당연하다고 생각할 때 사람들은 그렇게 행동하는 것이 자신에게 이익이 되는지 안 되는지를 더 이상 따져보지 않는다(Scott, 1995).

2. 정치교육을 둘러싼 제도적 환경: 국제비교

강제적이든, 규범적이든, 인지·문화적이든, 제도가 미치는 영향력에서 정치교육도 자유로울 수 없다. 더욱이 제도는 개별 국가의 영역 안에 제한되어 있지 않다. 한 국가의 제도적 환경은 세계정치체제(world polity) 또는 국제사회(world society)라는 더 큰 제도적 환경의 영향을 받는다(Baker & LeTendre, 2005). 물론 정치교육을 비롯한 교육제도는 다른 제도와 마찬가지로 국가마다 다르고 한 국가 안에서도 지역이나 학교별로 서로 상이한 모습을 보인다. 제도적 관점(institutional perspective)에서 주목하는 것은 학교의 역할에 거는 기대나 그 역할을 수행하는 규칙이 초국가적 차원에서 때로는 강제적으로, 때로는 규범적으로, 때로는 인지·문화적으로 동질화되어 학교가 작동하는 원리가 된다는 사실이다. 이러한 맥락에서 학교 정치교육에 대한 국제비교는 「공직선거법」 개정으로 변화가 요청되는 우리나라 정치교육의 방향과 과제를 탐색하는 데 시사점을 줄 수 있다.

먼저, 국민 투표율은 시민들이 정치를 위시한 국가의 일에 어떻게 참여하는지 보여 주는 중요한 지표들 가운데 하나이다. 높은 투표율은 활력 있는 민주주의 실행의 증거로 여겨지는 반면에, 낮은 투표율은 대개 사회에 대한 무관심과 더불어 정치에 대한 불신으로 해석된다. 이 때문에 시민들이 투표에 참여하지 않는 상황은 긍정적으로 인식되지 않는 경향이 있으며, 정치인들을 비롯한 각계의 전문가들은 시민들이 투표를 하지 않는 행동 이면의 이유를 밝히고자 노력한다.

대부분의 민주주의 정부는 선거 참여를 시민권 행사의 일부로 인식한다. 몇몇 국가들은 선거 참여도 시민의 책임이라고 여긴다. 투표가 시민의 권리를 넘어 책임이라고 주장하는 이들은 더 많은 시민들의 지지를 얻은 정부가 내리는 결정이 그렇지 않은 정부가 내리는 결정보다 정당하다고 간주한다.[1] 반면에, 강제 투표에 반대

---

[1] 실제로 「헌법」이나 선거법에서 투표가 의무화된 국가들이 있다. 의무 투표법을 도입한 최초의 국가들 가운데 대표적으로 벨기에(1892년), 아르헨티나(1914년), 호주(1924년) 등이 있다. 또한 네덜란드와 같이 한때 의무 투표를 시행한 바 있으나 이후 폐지한 국가도 있다. 하지만 의무라는 단어가 무색하게도 실제 투표하지 않는 시민을

하는 사람들은 투표에 대한 강제가 자유민주주의의 기본 원칙에 부합하지 않으며 시민의 자유를 침해하는 것이라고 주장한다. 실제로, 투표를 강제하는 국가에서는 의무 투표법이 없는 국가에 비해 무효표와 공백표의 비율이 높다는 것이 증명되었다(International IDEA 웹 사이트, 2021년 12월 1일).

국민 투표율은 선거 자체에 대한 시민들의 관심이나 선거법에 따른 공식적인 제도적 환경뿐만 아니라 기타 여러 사회문화적 맥락의 영향도 받는다. 문맹률을 비롯한 국민들의 교육 수준이나 경제성장률, 사회경제적 불평등 정도 등이 대표적이다. IEA에서 5년 주기로 실시하는 국제시민교육연구(International Civic and Citizenship Education Study: 이하 ICCS)는 학교민주시민교육을 둘러싼 제도적 환경에 대한 국가 간 비교를 가능하게 하는 유용한 자료이다. ICCS 2016에 참여한 24개국 자료를 바탕으로 만들어진 [그림 9-1]은 국민 투표율과 인간개발지수[2]와의 정적 상관관계를 보여 준다. 인간개발지수(Human Development Index: HDI)는 국가별 삶의 수준을 평가하기 위해 개발된 국제 지표 가운데 하나로, 통상지수의 크기가 클수록 선진국이라고 부른다. [그림 9-1]이 보여 주듯이, 인간개발지수(HDI)가 높은, 즉 선진국이 국민 투표율도 높은 경향이 있다. 우리나라의 인간개발지수는 0.9를 상회하여 다른 국가들과 비교할 때 높은 편이다. 하지만 인간개발지수가 높을수록 국민 투표율도 높은 세계적 추세와는 다소 다르게, 우리나라 국민 투표율은 인간개발지수와 비교할 때 상대적으로 낮은 편이다.[3], [4]

추적하여 제재를 가하는 정부는 거의 없다.

[2] 유엔개발계획(United Nations Development Programme: UNDP)에서 발표하고 있는 HDI는 해당 국가 국민들의 소득격차를 반영한 소득지수, 국민들의 평균 수명을 반영한 기대수명지수, 그리고 문맹률과 학령기 청소년 가운데 학교에 등록되어 있는 비율을 반영한 교육지수를 균등하게 합산하여 산출한 값이다. 일반적으로 0.9 이상인 국가를 선진국으로 보고 있다(장근영, 허효주, 2018).

[3] 조사가 이루어졌던 2016년에 우리나라와 대만을 제외한 나머지 22개국의 선거권 연령 하한은 18세였다. 조사 당시 우리나라와 대만의 선거권 연령 기준은 각각 19세와 20세였다.

[4] 선거연수원(2019)에 따르면, 2019년 기준 세계 191개국 가운데 만 18세에 선거권을 부여하고 있는 국가의 수는 180개에 달하며, 만 19세 이상에 선거권을 부여하는 국가는 당시 한국을 포함해 11개국뿐이다. 나머지 10개국은 만 16세 또는 17세부터 선거권을 부여하고 있다.

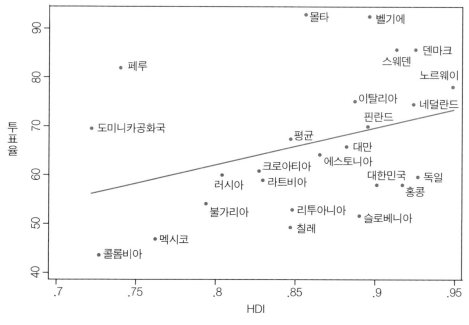

[그림 9-1]   인간개발지수(HDI)와 국민 투표율의 관계

　그렇다면 학교에서 민주시민교육을 직접적으로 수행하는 것이 청소년들의 시민성을 높이고, 이들을 참여적 민주시민으로 길러내는 데 유의미한 효과가 있을까? 마찬가지로 ICCS 2016에 참여한 24개국의 자료를 바탕으로 만들어진 [그림 9-2]는 학교에서 시민학습을 경험한 청소년의 비율과 청소년들의 시민 효능감 사이에 정적 상관이 있다는 사실을 보여 준다. 다시 말해서, 학교에서 시민교육을 받은 청소년의 비율이 높은 국가에서는 평균적으로 청소년들이 시민으로서의 효능감이 높다. 이 같은 경향은 학교에서 시민학습을 경험한 청소년의 비율이 다른 국가만큼 높아지면 해당 국가 청소년들의 평균적인 시민 효능감이 얼마나 높아질 수 있을지 짐작할 수 있게 해 준다.

　흥미로운 점은 [그림 9-2]에 나타난 우리나라의 위치다. 한국은 다른 국가와 비교할 때 시민학습을 경험한 청소년들의 비율이 상대적으로 낮은 편이다. 그럼에도 불구하고 국제적 추세와는 다르게 우리나라 학생들의 시민 효능감은 상당히 높다.

이 같은 사실의 원인을 파악하기 위한 추가적 연구가 필요해 보인다. 앞서 [그림 9-1]에서 살펴보았듯이, 이는 투표율로 대표되는 참여적 민주시민의 비율과도 연결 지어 생각해 볼 만하다. 우리나라 청소년들의 시민성은 다른 국가 청소년들의 시민성과 무엇이 다른지, 시민성의 인지적 차원과 행동적 차원 사이의 거리는 얼마나 크거나 작은지 등을 면밀히 살펴볼 필요가 있다.

그렇다면 우리나라를 비롯한 다른 국가에서는 학생들에게 어떤 방법으로 시민교육을 하고 있을까. ICCS 2016에 참여한 24개국의 자료를 바탕으로 만들어진 [그림 9-3]은 주변 국가들이 주로 어떤 방법으로 학교 시민교육을 실시하고 있는지를 보여 준다. 참여국들은 민주시민교육의 5가지 형식 가운데 실제 자국에서 시행하고 있는 민주시민교육의 형식에 중복 응답했다. 조사 결과, 90% 이상의 국가들이 인문사회 과목의 일부로 시민교육을 실시하고 있는 것으로 나타났다. 우리나라도 여기에 포함되며, 우리나라는 여기에만 해당되는 국가이기도 하다. 개별 교과목으로 학교에서 민주시민교육을 실시하는 국가는 약 46%, 모든 교과목에 조금씩 통합하여 민주시민교육을 실시하고 있는 국가는 약 75%에 이른다. 24개국 가운데 학교에서 5가지 민주시민교육을 전혀 실시하고 있지 않은 국가는 없었다. [그림 9-3]을 통해 학교민주시민교육이 몇몇 국가에서 이루어지는 특별한 시도가 아닌 세계적으로 이루어지는 보편적인 추세이며, 일부 국가의 학교 시스템에서는 여러 교과나 비교과 활동을 통해 민주시민교육을 상당히 비중 있게 다루고 있음을 확인할 수 있다.

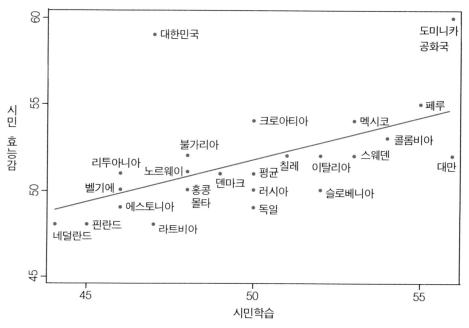

[그림 9-2] 학교에서의 시민학습과 청소년들의 시민 효능감의 관계

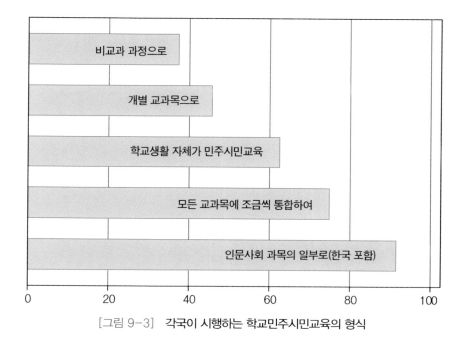

[그림 9-3] 각국이 시행하는 학교민주시민교육의 형식

그 연장선에서, 예비교사 및 초임교사 교육이나 현직교사 재교육에서 민주시민교육을 위한 교육이 주로 누구를 대상으로 실시되는지 확인한 결과가 [그림 9-4]에 제시되어 있다. 각국의 교사들은 참여한 교육 프로그램에 대하여 중복 응답했다. 대체로 예비교사 및 초임교사들 가운데 시민교육 관련 직무 예정 교사를 대상으로 민주시민교육을 위한 교육이 이루어지는 경향이 가장 높은 가운데, 시민교육과 무관한 교과를 담당하는 교사를 대상으로 하는 민주시민교육 역시 현직교사보다는 예비교사나 초임교사를 중심으로 제공되고 있었다. 즉, 선배교사들과 달리 예비교사나 초임교사들을 대상으로는 담당교과와 관계없이 민주시민교육에 필요한 기초 소양교육이 보다 보편적으로 이루어지고 있는 것이다. 앞서 [그림 9-3]에서 우리나라가 별도의 민주시민 교과목이 존재하지 않는 국가에 포함된다는 사실을 확인하여 어느 정도 예상할 수 있듯이, 우리나라의 경우 예비교사나 초임교사 가운데 시민교육 관련 직무 예정 교사에게만 관련 교육이 제공되는 것으로 보고되었고 현직교사를 대상으로 한 재교육이 지속적으로 제공되고 있지는 않은 것으로 나타났다. 반면에 많은 국가들에서는 민주시민교육 관련 직무를 담당할 예비교사나 초임교사뿐만 아니라 현직교사들에게도 민주시민교육을 위한 프로그램이 제공되고 있는 것으로 확인되었다.

[그림 9-4] 각국이 시행하는 민주시민교육 관련 교사교육의 형식

　지금까지 살펴본 일련의 국제비교 결과는 학령기 청소년들을 참여적 민주시민으로 길러내기 위하여 학교에서 시민학습의 기회를 충분히 제공할 필요가 있음을 확인시켜 주고 있다. 아울러 각국이 시행하는 학교민주시민교육과 이를 위한 교사교육의 형식과 정도는 우리나라를 포함한 여러 국가의 학교민주시민교육 방향 설정과 방법 마련에 시사점을 준다. 국가 간 차이가 사라지지는 않겠지만, 시간이 지남에 따라 학교에서 청소년들에게 정치교육을 위시한 민주시민교육을 실시하는 형식이나 내용의 차이는 점차 감소하게 될 것이다.

3. 학교 정치교육을 위한 제도적 과제

　우리나라 「헌법」 제1조 제2항은 "대한민국의 주권은 국민에게 있고, 모든 권력은

국민으로부터 나온다."고 선언하고 있다. 이로써 국민이 입법권(국회의원)과 행정
권(대통령)을 행사하는 대의기관 구성에 참여하여 국민 자치가 간접적으로 실현되
도록 하고 있다. 단, 예외적으로 국가 안위에 관한 사안에 대해서는 국가 의사결정
에 대한 국민의 직접 참여를 보장한다. 국가의 의사결정에 직접적 또는 간접적으
로 참여하는 행위가 단순히 절차적 행위로 그치지 않기 위해서는 자신의 정치적 의
사를 의미 있게 표현할 수 있는 국민 개개인의 능력이 요청된다. 민주시민은 저절
로 만들어지는 것이 아니기에, 학교에서 이루어지는 민주시민교육은 민주주의 실
현을 위한 전제가 된다.

그렇다면 우리나라 청소년들은 민주시민으로서 요구되는 자질과 소양을 함양하
는 데 필요한 교육의 기회를 충분히 보장받고 있는가? 다시 말해서, 현재 학교는 민
주시민교육을 실현하기 위한 공식적 · 비공식적 또는 강제적, 규범적, 인지 · 문화
적 제도환경이 마련되어 있는가? 「헌법」 제31조 제1항은 "모든 국민은 능력에 따라
균등하게 교육을 받을 권리를 가진다."고 규정하고 있다. 아울러 동법 제6항에서는
"학교교육 및 평생교육을 포함한 교육제도와 그 운영, 교육재정 및 교원의 지위에
관한 기본적인 사항은 법률로 정한다."고 규정함으로써 국민의 교육 기본권을 보
장할 국가의 의무와 책임을 인정하고 있다. 하지만 정작 동법 동조 제4항에 명시된
'교육의 정치적 중립성'에 대한 이해와 해석의 차이로 정치교육을 포함한 민주시민
교육에 관한 사항이 학교현장에서 제도화되지 못한 채 사실상 정치교육의 진공상
태를 유지해 오고 있다.

「헌법」이 추구하는 교육의 정치적 중립성은 교육이 정치적 · 파당적 또는 개인적
편견을 드러내어 교육 본래의 기능을 다하지 못하거나 국민의 교육권이 침해받지
않도록 하는 데 있다는 점에는 이견이 없다(배소연, 2020). 이 같은 사항은 「교육기
본법」(제6조)에도 명시되어 있다. 현재 전국 17개 시 · 도 가운데 13개 교육청에서
학교민주시민교육에 관한 지원 조례를 두고 있기는 하나, 공무원의 신분을 가진 교
사의 정치적 중립 의무 위반에 대한 처벌이나 사회적 눈초리는 상당히 매섭기에 학

교현장에서 교사들은 정치적 사안을 다루는 것에 대하여 상당히 위축될 수밖에 없는 실정이다. 이와 관련하여, 정치적 중립성의 의미를 해석함에 있어 동법의 동조 동항[5]에 제시되어 있는 교육의 자주성 및 전문성과의 관계 속에서 이해할 필요가 있다는 주장이 제기되어 왔다.

보다 구체적으로, 교육의 정치적 중립성은 국가권력이나 정치세력의 이해관계로부터 부당하게 간섭받지 않고 교육 전문가에게 맡겨져야 한다는 의미로 해석될 여지가 있다는 것이다(이재희, 2020). 즉, 정치적 중립성은 교육받을 권리를 보장하기 위한 규정인 바, 교사가 "직무와 관련하여 그 지위를 이용하여 정치적 중립성을 훼손하는 행위를 방지하기 위한 …… 장치를 마련함으로써 충분히 담보"(이재희, 2020: 53)될 수 있는 것이지 교육현장에서 정치적 사안에 관한 논쟁의 배제를 의미하는 것이 아니라는 것이다. 물론 교육받을 권리 보장을 위해 국가가 개입하여 교사의 교육권을 제한하는 것이 적절한가에 대한 사항은 또 다른 논쟁거리이기는 하나, 교사의 교육권은 학생의 교육받을 권리를 보장하기 위한 법률상의 권리이기에 어느 정도의 범위 내에서 제약을 받을 수 있다는 것이 일반적인 해석이다.[6]

중립성에 대한 해석과 함께, 무엇을 정치로 볼 것인지가 학교에서 이루어지는 정치교육의 내용이나 수준에도 영향을 미칠 수 있다. 정치의 의미를 협소하게 정의내린다면 정당 활동을 통해 "국가의 권력을 획득하고 유지하며 행사하는 활동"(네이버 표준국어대사전 웹 사이트, 2021년 12월 1일)으로 이해할 수 있다. 하지만 광의의 개념으로 정치는 공동체 문제에 관한 "의사결정 과정에 참여하여 문제를 해결하고 이를 통해 자신의 삶에 영향을 미치게 하는 총제적인 과정"(이재희, 2020:. 39)으로 해석될 수 있다. 이와 더불어, "공동체 구성원을 교육하는 관심의 초점이 '기성의 정치공동체의 체제 유지'로부터 '인간으로서의 개인의 자아실현이 그가 속한 정

---

5) 「헌법」 제31조 제4항. 교육의 자주성·전문성·정치적 중립성 및 대학의 자율성은 법률이 정하는 바에 의하여 보장된다.
6) 학생의 교육받을 권리 보장이 교사의 교육의 자유권에 앞선다는 판례로, 헌재 1992. 11. 12. 89 헌마 88 참조.

치공동체 내에서 효과적으로 이루어지는 방법' 쪽으로 이동"(김선택, 2020: 4)해 오고 있다는 사실에 주목할 필요가 있다. 이러한 맥락에서 볼 때, 개인의 자유와 공동체 구성원으로서의 책임 사이에 조화와 균형을 모색하는 과정에 초점을 둔 정치교육이 학교에서 이루어질 필요성은 충분해 보인다.

우리는 코로나-19로 인하여 개인의 자유와 공동체의 안전 간의 균형이 충분히 고려되지 못한 사례를 심심치 않게 경험하였다. 예고 없이 찾아온 전염병의 세계적 대유행은 개인에게 공동체의 안전을 위해 자유를 양보할 것을 요구하였다. 하지만 이 같은 요구에 대응했던 방식은 국가마다 또는 공동체마다 상당한 차이가 있었다. 우리 「헌법」 제37조 제2항에서는 "국민의 모든 자유와 권리는 국가안전보장·질서유지 또는 공공복리를 위하여 필요한 경우에 한하여 법률로써 제한할 수 있으며, 제한하는 경우에도 자유와 권리의 본질적인 내용을 침해할 수 없다."고 규정하고 있다. 그렇다면 공동체를 앞서는 인간 존엄의 본질적인 내용은 무엇인가? 교육의 정치적 중립성 위배 기준에 대한 사회적 합의를 이루지 못한 사이, 청소년들은 학교에서 자신의 문제, 자기 주변에서 벌어지는 논쟁적인 사안에 대하여 토론하고 비판적으로 성찰할 기회와 권리를 충분히 보장받지 못하고 있다.

청소년들이 한 사회 또는 공동체 구성원으로서 공동의 의사결정에 참여하기 위하여 정치적 판단능력을 함양할 수 있는 일련의 체험과 경험이 요구된다. 이를 위해 앞서 국제비교를 통해 살펴본 바와 같이, 학교민주시민교육의 내용이나 방법, 이를 실행하기 위한 교사교육의 구체적인 형식이나 원칙 등에 대한 고민이 필요하다. 다만, 이 같은 결정에 앞서 학교 안에서 학령기 청소년을 대상으로 하는 정치교육 실행에 대한 최소한의 사회적 공감대 형성이 선행되어야 할 것이다. 1976년 독일에서 정치교육을 둘러싼 대토론 끝에 만들어져 현재까지 각국의 학교 정치교육 또는 학교민주시민교육에서 빠지지 않고 인용되는 보이텔스바흐 협약의 3대 원칙(주입·강요 금지, 논쟁적 사안에 대한 논쟁 요청, 자신의 이해관계에 따른 정치적 판단능력 배양) 역시 법제화가 아닌 정치교육 관계자들 간의 합의된 기준에 불과했다는 점에 주목할 필요가 있다. 우리 사회에서 수용될 수 있는 정치교육에 대한 정의와 교육의 정치적 중립성의 의미, 학교에서 정치교육을 위시한 민주시민교육을 실행할 주체인 교사의 정치적 중립 의무와 교사의 정치적 자유에 대한 사회적 논의가 필요해 보인다.

주요 개념 정리

☑ **제도**: 행위자들에게 안정성과 의미를 부여하고 행위자들의 행동을 결정하는 일련의 합의된 규칙체계이다.

☑ **공식적 제도와 비공식적 제도**: 법이나 정책은 국가와 같은 강제적 권력기관에 의해 집행되는 공식적인 제도이다. 문화나 규범은 암묵적으로 내면화되어 사람들의 행동에 영향을 미치는 비공식적인 제도이다.

☑ **교육의 정치적 중립성**: 교육이 국가권력 또는 특정한 정치세력에 의해 지배되거나 도구화되지 않아야 한다는 것을 의미한다. 이에 대한 이해와 해석에 차이로 교육의 정치적 중립성은 공교육제도인 학교 안에서 정치적 요소를 배제하거나 논란이 될 수 있는 주제를 다루지 않는 것으로 이해되기도 한다. 또한 학교에서 교육을 실행하는 주체인 교사의 정치적 중립성으로 해석되기도 한다.

생각해 볼 문제

1. 제도적 환경은 사회 구성원들에게 어떠한 영향을 미치는가?

2. 세계의 다른 지역에 있는 학교에서 실시되는 정치교육은 우리나라 학교 정치교육과 어떠한 관계가 있는가?

3. 제도적 환경의 변화를 고려한 정치교육 방안 마련이 중요한 이유는 무엇인가?

참고문헌

김선택(2020). '시민교육의 기초로서의 헌법적 합의', 김선택, 홍석노, 오정록, 윤정인(편), 시민교육의 기초로서의 헌법(pp. 27-34). 서울: 푸블리우스.

박선형(2020). 정치교육(과 시민교육)의 쟁점과 발전 과제. 교육정치학연구, 27(4), 27-56.

배소연(2020). 교육의 정치적 중립성의 헌법적 의미 회복을 위한 비판적 검토-교육입법, 교육행정, 교육판례 분석을 중심으로-. 공법연구, 48(4), 173-201.

이경묵(2019). 우리나라 제도이론 연구에 대한 비판적 고찰과 미래 연구 방향. 경영학연구, 48(1), 1-32.

이재희(2020). 학교 민주시민교육의 가능성과 헌법적 쟁점에 대한 검토. 서울: 헌법재판소 헌법 재판연구원.

장근영, 허효주(2018). 청소년 역량지수 측정 및 국제비교 연구 V: IEA ICCS 2016 결과 보고 서. 세종: 한국청소년정책연구원.

중앙선거관리위원회(2019). 2019 각국의 선거제도 비교연구. 경기: 중안선거관리위원화 선거연수원.

Baker, D., & LeTendre, G. K. (2005). *National Differences, Global Similarities*. 김안나 역(2015). 세계 문화와 학교교육의 미래. 경기: 교육과학사.

Berger, P. L., & Luckmann, T. (2005). *The social construction of reality: a treatise in the sociology of knowledge*. 하홍규 역(2014). 실재의 사회적 구성. 서울: 문학과 지성.

DiMaggio, P. J., & Powell, W. W. (1983). The iron cage revisited: Institutional isomorphism and collective rationality in organizational fields. *American Sociological Review, 48*(2), 147-160.

Meyer, J. W., & Jepperson, R. L. (2000). The 'actors' of modern society: The cultural construction of social agency. *Sociological Theory, 18*(1), 100-120.

Meyer, J. W., & Rowan, B. (1978). The structure of educational organizations. 1n M. W. Meyer (Ed.), *Environmental and organizations* (pp. 78-109). San Francisco. CA: Jossey-Bass.

Rowan, B., & Miskel, C. G. (1999). Institutional theory and the study of educational organizations. 1n J. Murphy and K. S. Louis (Eds.), *Handbook of Research on Educational Administration* (2nd ed., pp. 359-383). San Francisco, CA: Jossey-Bass.

Scott, W. R. (1995). *Institutions and Organizations*. Thousand Oaks, CA: Sage.

Tyack, D. B., & Cuban, L. (1995). *Tinkering toward utopia: A century of public school reform*. Harvard University Press.

웹 페이지

International Institute for Democracy and Electoral Assistance [Website] (2021, Dec 1). [Website] Retrived from https://www.idea.int/data-tools/data/voter-turnout/compulsory-voting

제 10장

정치교육을 위한 교사 전문성

이동엽

> **개요**
>
> 이 장에서는 핵심 개념들(정치, 정치교육, 교사 전문성) 간의 관계를 검토한 후, 정치교육을 위한 교사 전문성의 개념을 고찰한다. 이어서 교사가 정치교육의 전문성을 발휘할 수 있는 주요 영역 및 교사의 전문성 함양을 위해 필요한 '참여'와 '실천'을 위한 주요 과제를 제시한다.

1. '정치', '정치교육', '교사 전문성'의 관계

우리나라에서 '정치교육'이라는 용어의 사용은 아직까지 일반적이지 않은 것 같다. 과거 권위주의적 정치 행태에 대한 반발심과 정치에 대한 불신과 환멸 때문에 정치교육이라는 용어가 의도적으로 회피되는 경향이 있다(음선필, 2013: 23). 이로 인해 '정치교육'보다는 원만한 어감을 갖는 '시민교육' 혹은 '민주시민교육'이라는 말이 더 폭넓게 사용되고 있다. 그러나 이와 같은 '정치교육'이라는 용어의 의도적 회피는 '정치'라는 것을 우리의 일상과 관심에서 더욱 멀어지게 할 수 있다.

국어사전에서 '정치'는 서로 다른 뉘앙스를 가진 두 가지 뜻을 가진다. 첫째는 정치를 개인 및 집단이 권력을 획득하기 위해 '권모술수'를 부리는 것으로 이해하는 관점으로서 정치를 "권력 획득을 목적으로 교섭하고, 정략적으로 활동하는 일"이라고 정의한다(다음 국어사전). 이 관점에서의 정치교육은 '정치 질서 내지 정치체제의 안정을 유지하기 위하여 국민의 지지를 형성하는 것'으로 이해될 수 있다(김성수 외, 2015: 8). 이는 정치교육이 현 권력의 합리화, 정당화를 위한 수단으로 이용될 수 있음을 의미한다. 정치 및 정치교육을 이와 같이 바라보았을 경우, 정치교육의 필요성과 그것을 위한 교사 전문성은 매우 부정적이고, 소극적으로 다루어질 수밖에 없다.

반면, '정치'의 개념을 "국가의 권력을 획득하고 유지하며 행사하는 활동으로, 국민들이 인간다운 삶을 영위하게 하고 상호 간의 이해를 조정하며, 사회 질서를 바로잡은 역할을 한다"는 것으로 정의할 수 있다(네이버 국어사전). 이는 정치를 '인간다운 삶', '상호 간의 이해 조정', '사회 질서를 바로잡음'을 위한 중요한 수단으로 인식하는 것이다. 이 관점에서 정치교육은 '정치에 관한 연구와 정치과정의 참여에 필수적인 지식과 기능, 태도를 획득하는 것'을 기본으로 하여, '국민이 국가의 주권자로서 국가와 지역사회에서 일어나고 있는 정치현상에 관한 객관적 지식을 갖추고, 정치적 상황을 올바로 판단하고, 비판의식을 갖고 정치과정에 참여하여 권리와 의무를 적극적으로 수행하고 책임지는 정치 행위가 될 수 있도록 가정·학교·사회에서 습득하는 모든 과정'으로 이해될 수 있다(김성수 외, 2015: 8). 정치 및 정치교육의 의미를 이와 같이 받아들인다면 정치교육은 모든 국민에게 반드시 필요한 것으로 이해될 수 있으며, 이를 위한 교사 전문성은 보다 긍정적·적극적으로 다루어질 필요가 있다. 이것이 본 글이 기본적으로 견지하고 있는 정치 및 정치교육에 대한 입장이라고 할 수 있다.

정치교육의 중요성에도 불구하고 학교현장에서 정치교육의 어려움은 다양한 양상으로 나타나고 있다(심성보, 2017; 이정진, 2020). 첫째는 정치교육에 대한 명확한 개념 규정의 부재로 인해 교육내용에 대한 합의가 이루어지지 않았다는 점이다. 둘째는 정치교육은 현실정치에 대한 관심을 실천으로 옮김으로써 민주시민으로서의 자질을 키우는 '실천 중심'의 교육이 되어야 하지만, 실제 학교현장에서 현실 정치와 관련된 교육이 이루어지기 힘든 상황이다. 특별히, 정치적 중립을 규정하고 있는 헌법과 법률 규정으로 인해 현직 교사들은 현실 정치 문제에 대한 논의를 적극적으로 할 수 없는 상황이기 때문에 정치교육이 형식적으로 진행될 가능성이 높다. 셋째, 학교현장에서 학생을 미성숙한 존재로 인식하고 있으며, 특별히 초·중·고 과정이 대학입시를 위한 준비 과정으로 생각되는 사회적 분위기 속에서 정치교육은 부수적인 것, 때론 불필요한 것으로 인식되는 경향이 있다. 마지막으로는 정치교육을 실시하는 주체가 되어야 할 교사들의 준비가 부족하다. 교원양성 과정에서 정치교육과 관련된 역량을 키우는 교육이 적절히 이루어지지 않고 있으며, 현직 교사들도 정치교육을 실시하는 데 필요한 교재나 기술의 미비 등으로 이를 효과적으로 수행하는 데 많은 어려움을 경험하고 있다.

이러한 열악한 환경에도 불구하고, 정치교육은 (민주)시민교육, 학생자치, 학교자치 등의 다양한 이름과 양태로 그 어느 때보다 교사와 학생의 일상 가운데 가까이 다가와 있다. 본 글에서는 이처럼 중요하게 일상화되고 있는 정치교육을 위한 교사의 전문성이 무엇인지를 고찰한 후, 교사가 정치교육의 전문성을 발휘할 수 있는 주요 영역을 살펴보고자 한다. 마지막으로는 교사의 전문성 함양을 위해 필요한 '참여'와 '실천'을 위한 주요 과제를 제시할 것이다.

2. 정치교육을 위한 교사 전문성의 개념

일반적으로 교사 전문성은 교사로서의 자질을 의미한다. 교사 전문성은 학교에서 무엇을, 어떻게 하는가에 바탕을 두고 있으며, 그것의 구성 요소로서는 지식, 능력(기술), 신념을 들 수 있으며, 이를 인지적 차원, 행동적 차원, 정의적 차원, 혹은 지식 전문성, 수행 전문성, 태도 전문성 등으로도 구분할 수 있다(김아영, 2012; 김이경 외, 2004; 김혜숙, 2003).

정치교육을 위한 교사 전문성은 학생들이 정치교육을 통해 무엇을 배우는가와 밀접한 관련이 있다. 영국의 정치교육(시민교육)과 관련하여 큰 반향을 일으킨

「Crick 보고서」(1998)는 [그림 10-1]과 같이 정치교육(시민교육)의 4가지 핵심 요소로서 핵심 개념, 지식과 이해, 기술과 능력, 가치와 태도를 제시하고 있다. 학생들은 정치교육(시민교육)을 통해 핵심 개념을 기반으로 한 가치와 태도, 기술과 능력, 지식과 이해를 얻을 수 있다.

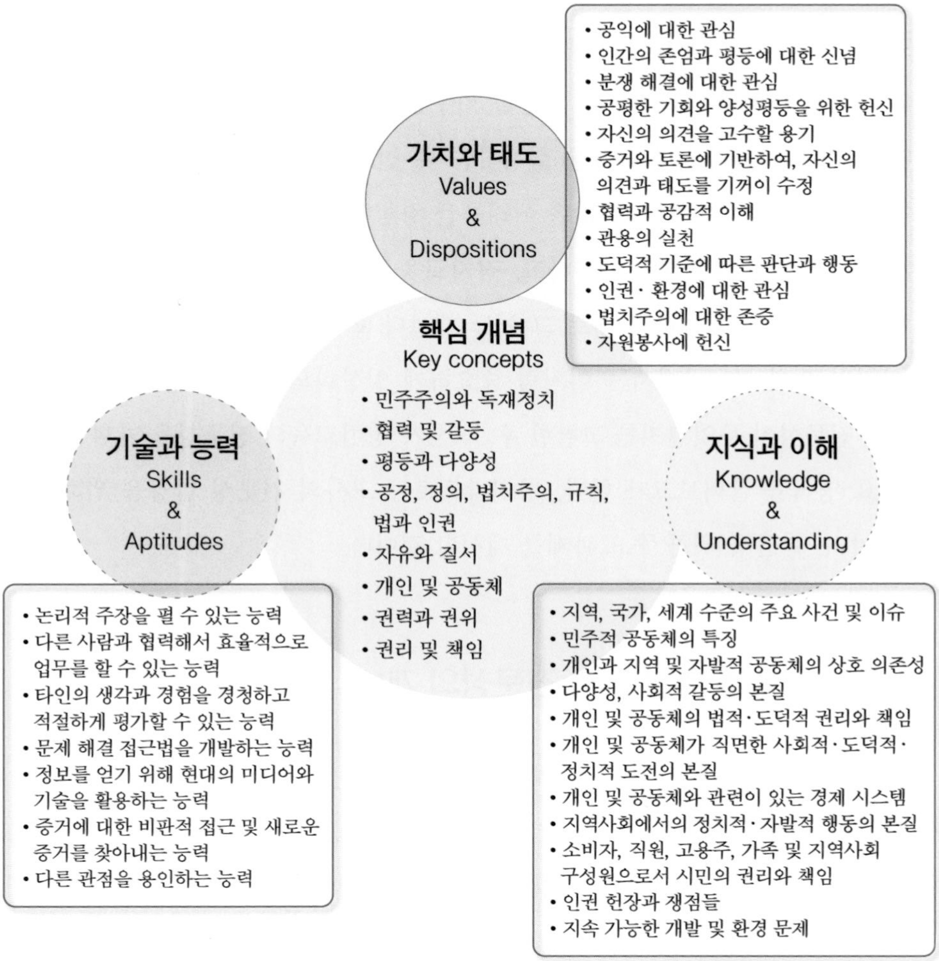

가치와 태도
Values & Dispositions
- 공익에 대한 관심
- 인간의 존엄과 평등에 대한 신념
- 분쟁 해결에 대한 관심
- 공평한 기회와 양성평등을 위한 헌신
- 자신의 의견을 고수할 용기
- 증거와 토론에 기반하여, 자신의 의견과 태도를 기꺼이 수정
- 협력과 공감적 이해
- 관용의 실천
- 도덕적 기준에 따른 판단과 행동
- 인권·환경에 대한 관심
- 법치주의에 대한 존중
- 자원봉사에 헌신

핵심 개념
Key concepts
- 민주주의와 독재정치
- 협력 및 갈등
- 평등과 다양성
- 공정, 정의, 법치주의, 규칙, 법과 인권
- 자유와 질서
- 개인 및 공동체
- 권력과 권위
- 권리 및 책임

기술과 능력
Skills & Aptitudes
- 논리적 주장을 펼 수 있는 능력
- 다른 사람과 협력해서 효율적으로 업무를 할 수 있는 능력
- 타인의 생각과 경험을 경청하고 적절하게 평가할 수 있는 능력
- 문제 해결 접근법을 개발하는 능력
- 정보를 얻기 위해 현대의 미디어와 기술을 활용하는 능력
- 증거에 대한 비판적 접근 및 새로운 증거를 찾아내는 능력
- 다른 관점을 용인하는 능력

지식과 이해
Knowledge & Understanding
- 지역, 국가, 세계 수준의 주요 사건 및 이슈
- 민주적 공동체의 특징
- 개인과 지역 및 자발적 공동체의 상호 의존성
- 다양성, 사회적 갈등의 본질
- 개인 및 공동체의 법적·도덕적 권리와 책임
- 개인 및 공동체가 직면한 사회적·도덕적·정치적 도전의 본질
- 개인 및 공동체와 관련이 있는 경제 시스템
- 지역사회에서의 정치적·자발적 행동의 본질
- 소비자, 직원, 고용주, 가족 및 지역사회 구성원으로서 시민의 권리와 책임
- 인권 헌장과 쟁점들
- 지속 가능한 개발 및 환경 문제

[그림 10-1] 정치교육(시민교육)의 핵심 요소 및 교육 성과

출처: Crick(1998: 44) 재구성.

　정치교육을 위한 교사 전문성은 학생의 가치와 태도, 기술과 능력, 지식과 이해 측면에서 최대의 성과를 낼 수 있도록 하는 교사의 자질을 의미한다고 할 수 있다. 이를 전문성의 구성 요소로서 설명해 본다면 [그림 10-2]와 같다. 지식의 측면에서는 정치교육 관련 핵심 개념 및 현실에서 발생하고 있는 다양한 정치적 이슈에 대한 이해를 갖는 것이라 할 수 있으며, 능력 측면에서는 정치교육을 실천하기 위한 민주적 의사소통 능력, 학생 중심 참여 수업 능력, 교육과정 재구성 능력, 학생·학교자치 실천 능력을 가져야 한다. 한편, 신념 측면에서는 정치교육을 성공적으로 수행하기 위한 올바른 마음가짐을 가져야 하는데, 민주성, 자율성, 다양성, 공동체성의 가치를 중시하고, 시민적·정치적·사회적 권리를 존중해야 한다.

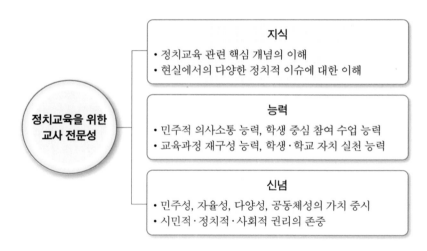

[그림 10-2] 정치교육을 위한 교사 전문성의 구성 요소

　이처럼 정치교육을 위한 교사 전문성은 일반적인 전문성의 개념과는 그 결을 달리한다. 일반적으로 전문성이라는 개념은 상대방을 배제하고 자신의 관점을 우선시하는 성격을 가지고 있다. 이러한 전문성의 배타적 특성은 경계를 짓는 데 초점을 맞추는 반면 실체적인 내적 의미에 대한 탐구를 유도하지 않는다(조석훈, 2016: 63). 반면, 정치교육을 위한 교사 전문성은 전문성의 배타적 성격을 협력적 성격으

로 전환할 것을 요구하고 있다. 정치교육은 기본적으로 상대방에 대한 존중, 비판적 사고의 중시 등을 주요 가치로 하고 있기 때문에 교사의 전문성도 이를 기반으로 재설정되어야 한다. 학교의 정치교육(민주시민교육)은 〈표 10-1〉과 같이 다양한 요소(모델)가 존재할 수 있으나, 그 내용을 살펴보면, 공동체 구성원으로 살아가기 위한 덕목, 다양한 권리의 존중, 능동적 참여를 강조하고 있음을 알 수 있다. 즉, 정치교육을 위한 전문성이란 전문가와 비전문가 사이의 명확한 경계를 세우는 것이 아닌, 스스로 경계를 허물고 타자와의 끊임없는 소통 과정에서 자신의 의견을 논리적으로 주장하고, 상대방의 의견을 수용하여 자신의 생각을 변화시키는 순환적인 과정을 통해 합리적 의사결정, 바람직한 가치를 창출해 나가는 총체적 능력이라고 할 수 있다.

〈표 10-1〉 **학교의 정치교육(민주시민교육) 모델**

구분	도덕적 요소(모델)	권리적 요소(모델)	참여적 요소(모델)
내용	정치공동체 구성원으로 함께 살아가는 데 필요한 도덕적 덕목 강조	시민적 · 정치적 · 사회적 권리를 강조	시민사회 구성원으로서 사회 문제 해결을 위한 능동적 참여를 강조
주요가치	준법, 협력, 정체성, 다양성 존중, 책임, 소속감	자유권, 참정권, 인권	비판적 사고, 시민사회 참여, 연대

출처: Kiwan(2008: 41-45; 이쌍철 외, 2019: 24에서 재인용).

3. 정치교육의 영역과 교사 전문성

정치교육을 위한 교사의 전문성은 교수 · 학습 영역, 학생자치 영역, 학교자치 영역에서 필수적으로 요구된다고 할 수 있다.

1) 교수 · 학습

정치교육의 궁극적 목적은 건전한 민주주의적 시민 양성이라고 할 수 있다. 민주주의적 교육만이 민주주의적 시민들을 양성할 수 있다. 따라서 진정한 정치교육이란 학생들에게 '참여'와 '실천'이 보장된 교육이라고 할 수 있으며, 그로부터 발생되는 실수나 오류까지도 포용할 수 있는 교육이 되어야 한다(신호재, 2019: 44). 지식 전달 중심의 교육, 실천이 없는 이론, 학습자의 흥미와 요구를 반영하지 못하는 교육 등은 '참여'와 '실천'이 없는 교육이며, 교사가 언어를 통해 설명하고 전달하면 학습자들은 그 내용을 전달받아 암기하고 재생하는 언어 중심의 교육에 불과하다(유제순, 2017: 288).

정치교육을 단순히 정치와 관련된 교과 내용을 전달하는 것으로 한정해서는 안 되며, 교과 내용을 통한 정치교육이 현실과 조화되지 못할 때, 학생들은 혼란을 겪을 수밖에 없다. 예를 들어, 민주주의에 대한 개념을 설명하는 교사가 매우 권위적인 방식으로 수업을 운영한다고 생각해 보자. 학생들이 민주주의의 진정한 의미를 이해할 수 있을까? 교사는 수업의 맥락에서 다양한 '참여'와 실제적 '실천'이 보장된 교수 · 학습 방법을 통해 정치교육을 자연스럽게 수행해야 한다.

OECD(2019)가 제시하고 있는 교수 · 학습 실천과 관련된 학생의 인지역량 활성화(cognitive activation), 강화된 활동(enhanced activation), 평가활동(evaluation activation)은 정치교육과 관련한 유용한 시사점을 준다. 인지역량 활성화란 학생 스스로가 주체가 되어 비판적 사고를 할 수 있도록 하는 교사의 교수 · 학습 실천이라고 할 수 있으며, 강화된 활동이란 수업 시간에 배운 것을 넘어서 학생들이 직접적인 활동을 통해 배움이 깊이를 더해 갈 수 있도록 과제를 부여하는 활동을 의미한다(이동엽 외, 2019). 한편, 평가활동(evaluation activation)의 경우에도 단순히 점수와 등수를 부여하는 목적이 아닌 학생의 성장과 발달에 기여해야 한다. 이를 위해 교사는 다양한 상황에서 자신만의 평가 방법을 개발해야 하며, 학생에게 적절한 피드백을 제공해야 한다. 또한, 학생 스스로 평가 과정에 참여하게 함으로써 반성적 사고와 주체성을 길러 줄 수 있다. 최근 이러한 평가를 '과정 중심 평가'라고 지칭하고 있다. 과거 평가활동은 교사에게 부여된 큰 권력으로 인식되었다. 점수 부여를 통해 학생들을 등수로 나누고 우등과 열등을 구분하는 기능을 했다. 일종의 차별과 서열화가 평가를 통해 이루어진 것이다. 또한, 과거의 평가는 '이해'와 '지식'이라는 한정된 영역의 평가였다. 반면 과정 중심의 평가는 이해와 지식을 포함한 '적용', '분석', '종합', '평가'라는 고차원적 사고 능력 향상에 초점이 맞추어져 있다(유영식, 2017). 이는 민주시민이 갖추어야 할 역량과도 밀접한 관련이 있기 때문에 정치교육 측면에서 매우 적절하다고 할 수 있다.

〈표 10-2〉 정치교육을 위한 교사의 교수·학습 실천

구분	주요 활동
인지역량 활성화 (cognitive activation)	• 명확한 해답이 없는 과제를 제시한다. • 비판적 사고를 요하는 과제를 제공한다. • 문제나 과제에 대한 공동 해결책을 찾아내도록 학생들에게 소그룹 활동을 하게 한다. • 복잡한 과제를 해결하기 위한 스스로의 절차를 학생들이 결정하도록 한다.
강화된 활동 (enhanced activation)	• 완성하는 데 최소 일주일이 걸리는 프로젝트를 학생들에게 부여한다. • 학생들이 ICT(정보통신기술)를 사용하여 프로젝트 또는 과제를 수행하게 한다.
평가활동 (evaluation activation)	• 자신만의 평가 방법을 개발하고 실시한다. • 학생의 과제에 성적과 더불어 의견을 적어 준다. • 학생들이 자신의 학습과정을 스스로 평가하게 한다. • 학생들이 특정 과제를 수행하는 것을 관찰하고, 신속한 피드백을 제공한다.

출처: 이동엽 외(2019: 125) 재구성.

2) 학생자치

학생자치란 학생들이 학교운영과 관련된 의사결정 과정에 직접적으로 참여하는 것으로서 '참여'와 '실천' 측면에서 가장 효과적인 정치교육이 될 수 있다(이쌍철 외, 2019). 우리나라 초·중·고에서의 학급자치 활동 현황을 조사 분석한 연구 결과에서 조사 참여 학생의 85.4%가 학급회를 실시하고 있는 것으로 응답하였으나, 학급회의에 실제적으로 참여하는 것에 대해서는 57%만 참여한다고 응답하였다(박희진 외, 2018). 한편, 중등 단계에서의 학생회 운영과 관련한 연구에서는 학생회 활동을 위한 예산, 장소, 시간이 적절히 보장되고 있다는 응답은 약 40.3%였고, 학생회가 교장 및 교사의 개입에서 자유롭게 운영되고 있다는 의견은 31.7%에 불과했다. 또한 학생회 대표가 학교운영위원회에 참여 및 발언이 가능하다는 의견은 18.6%에 불과했다(최창욱 외, 2018). 이러한 결과를 통해 아직까지 우리나라에서 학생자치가 다소 형식적이며, 학생의 학교운영 참여와 의사 개진의 기회가 제한적이라는 것을 알 수 있다.

학생자치를 통해 학생들은 숙의 민주주의(deliberative democracy)를 자연스럽게 체득할 수 있다. 그것은 고대 그리스의 공공 집회에서 공적인 문제에 대해 시민들이 연설하며 논의하는 방식을 현대에 맞게 재창조한 개념으로, 자유롭고 평등한 시민들의 심도 있는 논의를 기본 조건으로 한다. 숙의 민주주의에서는 주요한 의제들에 대해 다른 구성원들이 충분히 수용할 수 있도록 합당한 근거를 제시하면서 정당화와 설득의 과정을 거쳐 구성원 모두가 집단적인 의사결정에 참여한다(Thompson, 1999: 120; 심승환, 2019: 68 재인용). 학생들은 학생자치 활동 과정에서 숙의 민주주의를 위해 반드시 필요한 비판적인 사고의 훈련이 가능하다. 비판하기, 합리적으로 논증하기, 논리적 사고를 통한 의사결정, 일관적이며 공정하게 주장하기, 결론을 내리기 전 적절한 대안에 대한 고려 등을 배우고 연습할 수 있으며, 이러한 과정에서 학생들은 대립된 의견들을 이해하며 상호 소통하고 합의에 이르는 방법을 배우게 된다. 학생들은 상호 소통과 이해의 과정을 통해 반론에 대한 관용과 상이한 삶의 방식 및 소수 의견에 대한 존중의 태도를 자연스럽게 배운다. 이러한 과정을 통해 궁극적으로 학생들은 '합리적 숙의의 능력'을 함양하게 될 것이다(심승환, 2019: 69).

과거의 교육에서는 효과적인 지식 전달을 위해서 교사가 규칙을 세우고, 학생들을 통제하고자 하였다. 그러나 '참여'와 '실천' 중심의 정치교육하에서 규칙을 세우는 것은 더 이상 교사 고유의 권한이 아니라, 학생들의 자율적 참여와 논의를 통한 합리적 대안의 결과라고 할 수 있다. 2021년 기준 전국 17개 시ㆍ도 중 6개 지역(서울, 경기, 경남, 충남, 부산, 대전)이 학교자치 활성화를 위한 조례를 제정하였다. 경기도 교육청의 조례에서는 '학생자치활동'을 "학교에서 학생이 자율적으로 조직을 구성하고, 이를 통해 학생 스스로 권리옹호 활동을 전개하면서 민주시민으로 성장해 나가는 모든 활동"으로 정의하고 있으며, 〈표 10-3〉처럼 다양한 학생자치 조직들이 법적으로 구성되어 있는 상황이다.

그러나 많은 교사들은 자신의 학생 시절에 경험했던 긍정적이지 못한 학생자치의 기억, 열심히 시도는 하였으나, 결과적으로 학생자치에 실패한 경험 등으로 인해 학생자치의 적극적 실천에 어려움을 겪고 있다(강석, 2019). 학생자치가 성공적으로 운영되기 위해서는 교사가 학생을 통제의 대상으로 생각하기보다는 주체성과 자율성을 가진 존재로 바라보는 인식 전환이 필요하다. 또한, 장기적 관점에서 교사는 학생과의 수평적이고 민주적인 의사소통에 힘써야 하며(곽한영, 최윤정, 2013), 학생이 실패한 것에 대한 용인과 새로운 도전에 대해 지속적으로 격려해야 한다.

〈표 10-3〉 학생자치활동 조직 구성

조직명	정의
학생회	• 재학생 전원으로 구성하고 학생회장이 대표가 되며, 학생 전체와 관련된 중요 사항을 심의 · 의결하는 각급 학교의 학생자치활동 조직

대의원회	• 학생회장, 학생부회장 및 학급의 정 · 부회장으로 구성된 학생자치활동 조직
	• 주요 의결 사항
	  – 사업계획 및 사업보고의 승인
	  – 학생회의 예산 · 결산 승인
	  – 학생운영위원회에서 부의한 안건처리
	  – 그 밖에 대의원회의 의결이 필요한 사항

학생
운영위원회
	• 학생회장, 학생부회장 및 집행부 각 부의 부장, 차장으로 구성된 학생자치활동
	  조직
	• 관장 사항
	  – 대의원회에서 결의된 사항의 집행
	  – 대의원회에 상정할 안건의 심의
	  – 그 밖에 학생회 운영에 필요한 사항

학급회	• 각 학급의 재학생으로 구성하고 의장은 학급 회장이 되는 학생자치활동 조직
	• 학급 회장은 학급회의에서 논의된 사항을 대의원회 안건으로 상정
	• 관장 사항
	  – 학급의 활동에 관한 사항 및 그 밖의 논의 사항의 의결
	  – 학급별 부서 조직 및 운영에 관한 사항
	  – 그 밖에 학급회 운영에 필요한 사항

출처: 경기도교육청 학생자치활동 보장 및 활성화 지원 조례(경기도조례 제7205호).

3) 학교자치

학교자치란 단위학교가 학교운영(교육과정, 인사, 재정)의 자율성과 권한을 갖는 것이라고 할 수 있다. 주요 특징으로는 ① 학교운영의 의사결정이 구성원(학교장, 교사 · 학생 · 학부모, 지역사회)의 참여를 통해 민주적으로 이루어짐, ② 개별 학교의 문제는 그 구성원들이 가장 잘 해결할 수 있다는 믿음과 함께 학교 구성원들의 전문성이 존중됨, ③ 단위학교의 자율성이 보장됨과 동시에 그 결과에 대한 책임도 단위학교가 가져야 함 등이 있다(김성천 외, 2018).

학교자치는 학교를 정치교육의 살아 있는 장으로 만드는 것이라고 할 수 있다. 학교자치를 위해서 교사에게는 교육적 역할, 관리적 역할, 정치적 역할이 요청되고 있다(박상완, 2009: 92-94). 교육적 역할 측면에서 전통적으로 교사는 국가 교육과정이 제시하는 틀 안에서 효율적으로 가르치는 지식 전달자의 모습이었다. 그러나 학교자치하에서는 보다 적극적인 전문가로서의 역할이 요구된다. 미래 학생들이 갖추어야 할 핵심 역량을 함양하기 위해 새로운 교수방법과 교육과정 재구성을 시도하고, 교사 스스로 네트워크와 팀, 공동체 속에서 지속적인 전문적 학습을 추구하며, 사회 변화에 적극적으로 적응해야 한다. 관리적 역할 측면에서 전통적으로 관리자로서의 교사의 역할을 주로 '학급경영'에 국한시켜 생각해 왔으나, 학교자치하에서의 교사의 역할은 학급의 범위를 넘어서 학교경영 관리자로서의 역할을 부분적으로 담당하게 된다. 교사는 학교 교육의 비전 설정, 학교의 주요 의사결정 과정에 참여함으로써 학교경영에 주체로서의 역할을 수행하게 된다. 정치적 역할은 학교 자치가 다양한 구성원의 의사결정 참여를 권장한다는 측면에서 교사에게 새롭게 요구되는 역할이라고 할 수 있다. 교육과정을 결정하고, 희소자원 분배 및 질서를 마련하는 데 있어서 교사는 학교 구성원들과 끝임 없이 협상해야 하는 역할을 부여받게 된다.

2021년 기준 학교자치조례는 전국 17개 시·도교육청 중 6개 지역(인천, 광주, 경기, 강원, 전남, 전북)에 제정되어 있다. 그 제정 목적은 "학생, 학부모, 교직원들에게 학교운영에 참여할 수 있는 권리를 보장함으로써 학교자치공동체 실현을 위한 민주적 학교문화 조성"으로 하고 있다(경기도 조례 제7205호). 교사는 앞으로 끝임 없이 서로 다른 이질적인 집단과 의사소통하며, 학교차치에 참여해야 한다.

정치교육(민주시민교육)은 학생을 대상으로 실시되는 제한적인 활동이 아니다. 서울특별시의 학교민주시민 교육 진흥 조례에서는 "학교민주시민교육이란 각급 학교에서 학생, 학부모, 교직원을 대상으로 민주시민으로서 사회참여에 필요한 지식, 가치, 태도를 배우고 실천하게 하는 교육을 말한다"라고 밝히고 있다(서울특별시 조례 제7876호). 이처럼 정치교육은 학교 구성원 모두가 민주시민으로 성장해 나가는 것을 목표로 하며, 학교자치는 정치교육의 영역을 교실(수업)에서 학교 전체로 확장시키는 역할을 한다고 할 수 있다. 학교가 학생, 학부모, 교직원을 위한 정치교육의 장이 되는 것이다.

한편, OECD의 DeSeCo(Definition and Selection of Key Competences) 프로젝트에서 제시한 미래 사회에 필요한 핵심 역량과 학교자치와 관련하여 교사에게 필요한 전문성이 일맥상통한다는 것은 주목할 점이다(곽병선 외, 2012; 윤종혁 외, 2016). 사회적으로 이질적인 집단에서의 상호작용 능력, 자율적인 행동 능력, 여러 도구를 상호작용적으로 활용하는 능력 등은 학교자치를 위해 교사에게 필요한 자질이라고 할 수 있다. 정치교육을 위한 교사 전문성은 교실과 학교에서만 필요한 제한적인 개념이 아니라 미래 사회에 필요한 역량으로서 매우 확장적인 의미를 갖는다고 할 수 있다.

〈표 10-4〉 미래 사회의 핵심 역량

핵심 역량	내용
사회적으로 이질적인 집단에서의 상호작용 능력	• 인간관계 능력, 협동 능력 • 갈등 관리 및 해결 능력
자율적인 행동 능력	• 전체 조직 내에서 협력적·자율적으로 행동할 수 있는 능력 • 자신의 인생계획 및 프로젝트를 구상하고 실행할 수 있는 능력 • 자신의 권리 등을 옹호하거나 주장하는 능력
여러 도구를 상호작용적으로 활용하는 능력	• 언어·상징·텍스트 등 다양한 소통 도구 활용 능력 • 지식과 정보를 상호작용적으로 활용하는 능력 • 새로운 기술 활용 능력

출처: 곽병선 외(2012: 127) 및 윤종혁 외(2016: 14)의 내용을 재구성.

4. 교사 전문성 향상을 위한 '참여'와 '실천'

학생들을 위한 정치교육에 '참여'와 '실천'이 핵심인 것처럼 정치교육을 위한 교사 전문성 또한 다양한 정치적 상황에 직접 '참여'하고, 민주주적 '실천'의 기회를 통해 함양될 수 있다. 이를 위한 몇 가지 과제는 다음과 같다.

첫째로는 「헌법」에 규정된 교육의 정치적 중립성에 대한 올바른 인식이다. 교육의 정치적 중립성이란 교육이 정치적 세력이나 국가권력으로부터 부당한 간섭을 받지 않아야 할 뿐 아니라, 교육도 그 본연의 목적에서 벗어나 정치적 영역에 개입하지 않아야 한다는 것을 말한다. 즉, '교육의 정치적 무당파성', '교육에 대한 정치적 압력의 배제', '교육의 권력으로부터의 독립', '교원의 정치적 중립', '교육의 정치에의 불간섭' 등으로 표현할 수 있다(권영성, 2002; 김철수, 2013). 교사들은 이처럼 「헌법」에 규정된 교육의 '정치적 중립성' 조항에 대한 '자기검열'을 하고 있다(이쌍철 외, 2019: 148). 가장 기본적인 정치교육에서 하나의 정치현상에 대한 교사와 학생 간의 적극적인 토론이 반드시 필요함에도 불구하고, 교사들은 그 과정에서 스스로를 자발적으로 배제하거나 역할을 최소화시키는 것이다. 이처럼 '방관자'가 될 수밖에 없는 상황을 해소하기 위해서는 교사가 자유롭게 자신의 정치적 견해를 표출할 수 있도록 보장하여, 더욱 효과적인 수업이 구현될 수 있도록 해야 한다(이쌍철 외, 2019: 148). 교육의 정치적 중립이란 논쟁이 되는 이슈의 찬반양론을 학생들에게 균형 있게 제공해야 한다는 의미를 가지는 것이지, 정치적 논쟁이 되는 것을 교육현장에서 다루지 말아야 한다는 의미로 받아들여서는 안 될 것이다(신호재, 2019).

두 번째는 교원단체를 통한 교사의 정치참여가 필요하다. 학생들이 학생자치에 참여함으로써 가장 실제적인 정치교육을 받을 수 있는 것처럼 교사들의 경우에는 교원단체 활동에 참여하는 것이 정치교육 관련 전문성을 함양하는 데 효과적인 방법이 될 수 있다. 우리나라에서 교원단체의 역할은 노동직형(교원의 사회 · 경제적 지위 향상, 근무조건 개선 및 인금 인상), 전문직형(교사의 수업 능력 향상, 자율성 강화)에 한정되었으나, 최근 사회 발전형(학생을 위한 교육개혁 추진, 교육의 동등한 기회 보장, 학부모를 포함한 지역사회와의 연대, 교육을 포함한 사회 전반의 문제에 대한 관심과 논의)의 역할이 강조되고 있다(김갑성, 2009; 이주한, 2009; 허주 외, 2018). 정치교육과 가장 관련이 깊은 것은 사회 발전형이라고 할 수 있다. 교사가 적극적으로 교원단체의 일원으로서 학생을 위한 교육개혁 추진, 교육의 동등한 기회 보장, 학부모를 포함한 지역사회와의 연대, 교육을 포함한 사회 전반의 문제에 적극적으로 참여하게 될 때 교사의 정치교육을 위한 전문성은 향상될 수 있다.

세 번째는 교사의 정치교육을 위한 전문성이 발휘될 수 있도록 하는 민주적인 학교장 리더십이 요구된다. 특별히, 지도성 행사를 독점하지 않고 교사들에게 권한을 이양하거나 위임하는 '분산적 리더십'과 다양한 참여 민주주의 제도(학교운영위원회, 교직원회의, 학생회, 학부모회 등)를 적극 활용하여, 행정과정을 투명하게 공개하고, 구성원들과의 지속적인 소통을 통해 합리적이고 타당한 결정을 이끌어 내는 '민주적 리더십'이 필요하다고 할 수 있다(김성열, 2018). 이를 통해 민주주의적인 의사결정 구조와 학교 풍토가 학교 안에 자리 잡아야 한다(Ersoy, 2014; Levinson, Brantmeier, 2006). 아무리 정치교육을 위한 좋은 교육과정과 교사 전문성이 있다고 하더라도 교장의 리더십이 이를 지원하지 않는다면, 그 효과가 반감될 수밖에 없다.

마지막으로, 예비 교사들과 현직 교사들을 대상으로 정치교육을 위한 전문성 개발 기회가 다양하게 제공되어야 한다. 정치교육을 위한 교사 전문성의 구성 요소인 지식(정치교육과 관련된 핵심 개념 및 다양한 정치적 이슈에 대한 이해), 능력(민주적 의사소통 능력, 학생 중심 참여 수업 능력, 교육과정 재구성 능력, 학급·학교자치 실천 능력), 신념(민주성·자율성·다양성·공동체성의 가치를 중시, 시민적·정치적·사회적 권리의 존중)을 함양할 수 있도록 해야 한다. 이를 위해 교원양성 교육과정의 재구성이 필요하며, 현직 교사의 전문성 개발 활동에서도 교육부 및 교육청 주관의 전달식 집체 연수를 지양하고, 실제적인 참여와 교사 간의 협력이 전제된 다양한 전문성 개발 프로그램을 마련해야 할 것이다.

주요 개념 정리

☑ **교사 전문성**: 교사로서의 자질(지식, 능력, 신념)을 의미한다. 정치교육을 위한 교사 전문성으로서는 지식(정치교육과 관련된 핵심 개념 및 다양한 정치적 이슈에 대한 이해), 능력(민주적 의사소통 능력, 학생 중심 참여 수업 능력, 교육과정 재구성 능력, 학생·학교자치 실천 능력), 신념(민주성·자율성·다양성·공동체성의 가치를 중시, 시민적·정치적·사회적 권리의 존중) 등이 있다.

☑ **학교자치**: 단위학교가 학교운영(교육과정, 인사, 재정)의 자율성과 권한을 갖는 것이라고 할 수 있다. 주요 특징으로는 「① 학교운영의 의사결정이 구성원(학교장, 교사·학생·학부모, 지역사회)의 참여를 통해 민주적으로 이루어짐, ② 개별 학교의 문제는 그 구성원들이 가장 잘 해결할 수 있다는 믿음과 함께 학교 구성원들의 전문성이 존중됨, ③ 단위학교의 자율성이 보장됨과 동시에 그 결과에 대한 책임도 단위학교가 가져야 함」 등이 있다.

☑ **교육의 정치적 중립성**: 교육이 정치적 세력이나 국가권력으로부터 부당한 간섭을 받지 않아야 할 뿐 아니라, 교육도 그 본연의 목적에서 벗어나 정치적 영역에 개입하지 않아야 한다는 것을 말한다. '교육의 정치적 무당파성', '교육에 대한 정치적 압력의 배제', '교육의 권력으로부터의 독립', '교원의 정치적 중립', '교육의 정치에의 불간섭' 등으로 표현할 수 있다.

생각해 볼 문제

1. 교사의 정치참여의 범위와 한계를 어떻게 설정할 것인가?

2. 정치교육에 활용될 수 있는 효과적인 교수 · 학습 방법은 무엇인가?

3. 교사 개인의 정치적 성향과 정치교육을 어떻게 조화시킬 수 있는가?

참고문헌

강석(2019). 민주시민교육 걸림돌과 교사의 역량에 관한 고찰: 교사 집단면담을 중심으로. 한국교원교육연구, 36(2), 131-156.

곽병선, 김세곤, 박소영, 박엘리사, 서보상, 전제상, 조경옥(2012). 창의 · 인성교육 확산을 위한 교사 전문성 제고 방안 연구. 한국교육개발원 · 한국학교교육연구원.

곽한영, 최윤정(2013). 담임교사의 의사소통 유형이 고등학생의 민주 시민성에 미치는 영향. 법과인권교육연구, 6(1), 1-19.

권영성(2002). 헌법학원론. 경기: 법문사.

김갑성(2009). 교원단체 역할 재정립에 관한 연구. 교육발전연구, 25(2), 5-22.

김성수, 신두철, 유평준, 정하윤(2015). 학교 내 민주시민교육 활성화 방안. 한양대학교 국가전략연구소.

김성열(2018). 학교장의 직무수행과 리더십: 현실과 과제, 2018년 한국교육행정학회 연차학술대회 · 제134차 KEDI 교육정책포럼 자료집 〈학교행정가의 전문성과 리더십〉, 113-162.

김성천, 김요섭, 박세진, 서지연, 임재일, 홍섭근, 황현정, 김인엽, 김진화, 김혁동, 오수정,

이경아, 이영희(2018). 학교자치. 서울: 테크빌교육.

김아영(2012). 교사교육자의 반성적 연구. 교육사상연구, 26(3), 85-105.

김이경, 유균상, 이태상, 박상완, 정금현, 백선희(2004). 교사평가 시스템 연구. 서울: 한국교육개발원.

김철수(2013). 헌법학신론. 서울: 박영사.

김혜숙(2003). 교원 '전문성'과 '질'의 개념 및 개선전략 탐색. 교육학연구, 41(2), 93-114.

박상완(2009). 학교 자율화의 관점에서 본 초등 교원양성교육의 진단과 과제. 한국교원교육연구, 26(1), 85-107.

박희진, 김희경, 정바울(2018). 인성을 갖춘 민주시민 교육을 위한 학교문화 개선 방안 연구: 학급자치 실태를 중심으로. 충북: 한국교육개발원.

신호재(2019). 포용적 민주시민교육 실행을 위한 전제 논의. 한국도덕윤리과교육학회 학술대회 자료집, 33-57.

심성보(2017). 한국 민주시민교육의 현황과 과제. 한국학논집, 67, 93-122.

심승환(2019). 한국의 민주시민교육의 방향에 관한 교육학적 고찰: 자율성과 공공성의 조화. 교육사상연구, 33(4), 47-84.

유영식(2017). 과정중심 평가. 서울: 테크빌교육.

유제순(2017). 교과와 창의적 체험활동의 통합적 설계를 통한 민주시민교육 방안. 한국민주시민교육학회 세미나 2017 민주시민교육 특별학술대회(2017. 11. 10.), 283-303.

윤종혁, 김은영, 최수진, 김경자, 황규호, 박은영(2016). OECD '교육 2030: 미래 교육과 역량'을 위한 현황분석과 향후과제. 서울: 한국교육개발원.

음선필(2013). 민주시민교육의 국제적 동향과 시사점. 세종: 한국법제연구원.

이동엽, 허주, 박영숙, 김혜진, 이승호, 최원석, 함승환, 함은혜(2019). 교원 및 교직환경 국제 빅 연구: TALIS 2018 결과를 중심으로(Ⅰ). 한국교육개발원.

이쌍철, 김미숙, 김태준, 이호준, 김정아, 강구섭, 설규주, 임희진(2019). 초 · 중등학교 민주시민교육 활성화를 위한 방향과 과제. 충북: 한국교육개발원.

이정진(2020). 정치교육의 현황과 개선방안 연구. 입법과 정책, 12(1), 5-29.

이주한(2009). 듀이 철학에서 정치적 민주주의 실현을 위한 교육적 방안. 교육사상연구, 23(3), 351-372.

조석훈(2016). 교육행정학 연구에서의 전문성의 의미 구조: 줄기세포?. 교육행정학연구,

34(2), 45-74.

최창욱, 황세영, 유민상, 이민희, 김진호(2018). 아동 청소년 권리에 관한 국제협약 이행 연구-
한국아동청소년 인권실태 2018 총괄보고서. 한국청소년정책연구원.

허주, 이동엽, 김소아, 이상은, 최원석, 이희현, 김갑성, 김민규(2018). 교직환경 변화에 따른
교원 정책 혁신 과제(Ⅱ): 교원전문성 개발 지원 체제 구축 방안 연구. 충북: 한국교육개발원.

Crick, B. (1998). Education for citizenship and the teaching of democracy in schools.
Final report, 22 September 1998.

Ersoy, A. (2014). "Active and democratic citizenship education and its challenges in
social studies classrooms". *Eurasian Journal of Educational Research, 55,* 1-20.

Levinson, B., & Brantmeier, E. (2006). "Secondary schools and communities of practice
for democratic civic education: Challenges of authority and authenticity". *Theory
and Research in Social Education, 34*(3), 324-346.

OECD (2019). *TALIS 2018 Results (Volume 1): Teachers and School Leaders: Lifelong
Learners.* OECD Publishing.

경기도교육청 학생자치활동 보장 및 활성화 지원 조례. 경기도 조례 제7205호 (2021. 11.
2. 제정)

서울특별시교육청 학교민주시민교육 진흥 조례. 서울특별시 조례 제7876호 (2021. 1. 7.
일부 개정)

네이버 국어사전, https://ko.dict.naver.com/#/entry/koko/050d7dc4ea734e3aaf290d8e25
97456e

다음 국어사전, https://dic.daum.net/search.do?q=%EC%A0%95%EC%B9%98&dic=kor

제3부

정치교육의 과제와 전망

제11장

선거연령 하향과 정치교육

이인수

개요

이 장에서는 최근 학교 정치교육의 큰 변화 중 하나인 '선거연령 하향'의 의미를 개괄하고, 당사자인 고3 유권자의 인식과 청소년의 정치참여에 대해 논의한다. 이어서 고등학교 사회과의 정치교육 현황을 분석을 살펴본 후 선거연령 하향에 따른 정치교육의 과제에 대해 심층적으로 논의한다.

1. 선거연령 하향의 의미

바야흐로 만 18세 선거권 시대가 도래하였다(이창호, 2020). 2020년은 대한민국 정치 역사에서 진일보한 이벤트가 있었던 해로 기억될 것이다. 왜냐하면 헌정 사상 최초로 만 18세인 고3 수험생이 선거권을 행사한 해이기 때문이다. 지난 제21대 국회의원 총선거(2020. 4. 15.)에서부터 만 18세가 되면 투표를 할 수 있는 권리가 부여되었다(중앙선거관리위원회, 2020). 2019년 12월, 국회에서는 「공직선거법」이 개정되면서 그동안 논란이 되었던 만 18세 청소년이 선거권을 갖게 되었다. 이번 「공직선거법」 개정으로 선거연령이 만 18세로 하향 개정된 배경으로 헌법재판소에서 선거권 연령에 대해 지나치게 소극적으로 사법심사를 해 왔던 점을 문제 삼았던 것을 지적할 수 있다(이재희, 2020). 즉, 입법자가 선거권을 행사할 능력이 있는 사람들을 포함하여 선거연령을 제한하는 것에 대하여 보통선거 원칙 위반과 입법자의 구체적인 권한 범위를 넘는 것으로 가장 엄격한 기준을 적용하여 위헌심사를 해야 한다고 본 것이다.

선거권 연령을 만 19세에서 18세로 낮추자고 한 최초의 제안은 2016년 8월 중앙선거관리위원회가 국회에서 개최한 정치관계법 개정 의견 여론 수렴 공청회에서 시작되었다(양지훈 외, 2017). 우리나라의 선거권 제한 연령 기준은 광복과 정부 수립 이후 크게 3번 하향 조정되었다. 첫 번째 조정은 1960년 4·19혁명 이후로 만 21세에서 만 20세로 하향이었다. 두 번째 조정은 2005년 만 20세에서 만 19세로의 하향이었다. 마지막 조정은 2019년 만 19세에서 만 18세로 변화한 것이다(공현, 2020). 이 중 마지막 조정이었던 만 18세 하향 조정은 2019년 12월 「공직선거법」 개정안이 통과되면서 대통령과 국회의원 선거에 투표할 수 있는 연령이 만 19세에서 만 18세로 낮아진 것이다.[1]

그런데 만 18세 선거권은 사실 1997년 김대중 대통령이 대선 후보 공약으로 처음 제시한 것이었다(조상식, 2020). 하지만 그동안 여러 차례 시도는 있었지만 성사되지는 못했다. 2017년 1월 11일 임시국회에서 만 18세 선거연령 하향을 위한 「공직선거법 개정안」을 통과시키려 했으나 무산된 것이 그것이다. 그러던 것이 2018년 '여야정(與野政) 국정상설협의체'에서 "선거연령 하향을 논의하고 대표성과 비례성을 확대하는 선거제도 개혁을 위해 협력한다."라고 합의하여 2019년 12월 비로소 국회에서 통과된 것이다(조상식, 2020).

이번 선거연령 하향은 선거권 보장 확대 및 정치참여 확대의 측면에서 의미가 있다(이재희, 2020; 이인수, 2020). 사실 그동안은 만 18세 청소년들의 요구나 주장은 무시당하기 일쑤였다. 즉, 이들에게 투표권이 없다 보니 정치권에서도 청소년보

---

1) 2019년 12월 27일 「공직선거법 개정안」이 국회 본회의를 통과했다. 자유한국당이 빠진 4 + 1(더불어민주당, 바른미래당, 정의당, 민주평화당 + 대안신당) 협의체가 어렵게 합의해 통과시켰다. 이번에 국회를 통과한 「공직선거법 개정안」의 주요 내용은 의석수 현행 유지(지역구 253: 비례대표 47), 연동률 50%, 연동률 적용 의석수 30석 제한, 득표율 3% 이상 정당에 한해 비례의석 배분(봉쇄조항) 등의 내용이 담긴 연동형 비례대표제이다. 여기에 선거연령을 만 19세에서 만 18세로 하향 조정하는 내용도 담겨 있다(조상식, 2020: 64 재인용).

다는 상대적으로 노인 문제나 복지에 보다 많은 신경을 썼고 투자를 했다(이창호, 2020). 이제는 상황이 달라졌다고 볼 수 있다. 국내 주요 선거에서 후보자들은 공약을 만들 때 청소년들의 표를 의식하지 않을 수 없게 된 것이다.

하지만 만 18세 유권자는 고3 수험생이기 때문에 교육현장에 대한 우려 섞인 목소리가 있는 것도 사실이다. 선거연령 하향을 둘러싼 쟁점 중 하나인 청소년의 정치적 활동 및 판단능력에 대한 문제와 관련된다(조상식, 2020). 이는 청소년들에게 선거권 부여를 넘어 다양한 정치활동을 허용하느냐 하는 보다 큰 이슈와 관련된다. 언론이나 교육청은 다수 학교에 존속하고 있던 학생들의 '정치 활동 금지' 학칙들을 지적하고 정비해야 한다고 주장한다. 한편, 학교현장에서는 정치적 주제의 토론이나 교육이 왜 금지되어야 하는지에 대한 문제 제기가 이어지고 있기도 하다.

2. 고3 유권자의 인식과 청소년의 정치참여

1) 고3 유권자의 인식

제21대 총선 이후 실시된 '제21대 국회의원 선거 유권자 의식 조사'에 따르면, 만 18세를 포함한 20대의 선거 관심도는 전체 평균 72.7%에 비해 약 20% 정도 부족한 52.8%를 기록하고 있다(중앙선거관리위원회, 2020). 이전 국회의원 선거와 비교해 정당이나 인물 대비 정책이나 공약을 고려하겠다는 응답은 연령이 낮을수록 높은 결과를 보였으며, 투표 효능감은 다른 세대에 비해 낮게 나타나 선거교육과 홍보에 대한 관심이 요구되는 것으로 나타났다(한숙희, 조아미, 2021).

따라서 교육현장에서 처음 선거에 참여한 고3 유권자를 대상으로 정치참여의 실태와 그들의 인식을 살펴보는 것은 정치적으로나 교육적으로 상당히 의미 있는 연구가 될 것이다. 왜냐하면 제21대 총선에서 나타난 고3 유권자의 인식을 바탕으로 지금까지 학교 교육과정 속에서 정치교육과 다양한 정치참여 활동이 의미가 있었

는지 여부를 확인할 수 있기 때문이다. 다음은 최근 실시한 21대 국회의원 선거에
유권자로 참여한 고등학생들을 대상으로 한 두 연구(이인수, 2020; 이창호, 2021)를
중심으로 살펴본 고3 유권자들의 인식이다.

첫 번째 연구는 이인수(2020)의 연구다. 이 연구는 선거연령 하향이 교육현장의
정치교육에 미친 영향을 세밀하게 파악하기 위해 고등학교 현장에서 학생 집단을
대상으로 면담을 실시하였다. 좀 더 구체적으로 살펴보면, 제21대 국회의원 선거
에서 자신의 생애 첫 선거권 행사를 경험한 고3 학생들은 선거연령 하향(만 18세)이
갖는 의미를 다음과 같이 얘기하고 있었다.

> 학생의 정치참여를 통해 교육의 적용이 잘 실행된 것 같아요. 지금 3학년은 「정치와 법」
> 교과 내용을 모두 배우지 못하고 선거에 참여했는데, 다음 학생들은 미리미리 배우고 선거
> 에 참여했으면 좋겠어요. (A그룹, 학생1)

> 청소년의 권리가 확장되었다는 것, 그 확장된 권리가 어떤 것을 의미하는지 학생들이 이
> 해할 수 있게 자신에게 주어진 권리를 잘 다룰 수 있게 해야 한다고 생각해요. (A그룹, 학생 2)

또한 고3 유권자 그룹에 속한 이들은 선거연령 하향이 교육현장의 정치교육에
미친 영향에 대해서는 다음과 같이 얘기하고 있었다. 이들 고3 유권자들이 인식하
고 있는 선거연령 하향이 교육현장에 미친 영향은 한마디로 '선거 참여 통해 시민
의식 생겨'로 특징지을 수 있었다.

> 어렸을 때부터 배웠던 선거를 직접 해 보니 시민의식이 생기는 것 같았어요. 100번 공부
> 해서 아는 것보다 1번 직접 선거를 경험해 보는 게 더 좋은 것 같아요. (A그룹, 학생 4)

> 직접 정치에 참여하고, 참여한 만큼 정치에 관심을 갖게 돼서 '정치와 법' 수업에 흥미를
> 갖고 임할 수 있게 된 것 같아요. (A그룹, 학생 2)

두 번째 연구는 이창호(2021)가 국내 최대의 온라인 패널을 확보하고 있는 조사 업체에 관련 조사를 의뢰하여 선거 당시 유권자인 만 18세(2001년 4월 17일~2002년 4월 16일 출생자) 패널 총 8,021명 중 2,770명이 조사에 응하고, 이 중 300명이 최종 설문한 결과를 분석한 것이다. 조사기간은 2020년 5월 6일부터 5월 18일까지 약 2주간 진행되었는데, 설문에 참여한 만 18세 청소년 300명의 인적 사항을 살펴보면, 남학생이 48.7%, 여학생이 51.3%를 차지하였고, 전원이 고등학교 3학년생이었다. 지역별 분포는 수도권 지역이 절반가량을 차지하고 전국적으로 고르게 분포하였다.

이들을 대상으로 정치참여에 어떤 요인들이 영향을 미치는지 살펴본 결과, 청소년들의 선거활동 경험에는 SNS를 통한 정치 선거뉴스 이용 정도, 카톡 등을 통한 온라인 정치대화, 이견노출 경험, 정치동아리활동이 유의미한 영향을 미쳤다. 이러한 결과를 놓고 볼 때, SNS는 여전히 청소년들을 정치적으로 활성화시키는 매체로 자리 잡고 있었다. 특히, 자신의 관점과 다른 타인의 의견이나 생각에 귀를 기울이는 이견노출 경험은 청소년의 정치참여를 예측하는 가장 큰 요인으로 나타났다. 이 같은 결과는 권혁남(2015)의 연구 결과[2]와 다른 반면, 최지향(2015)의 연구 결과[3]와는 어느 정도 일치하고 있다. 즉, 청소년 시기에 학교에서 배워야 할 정치교육은 다양한 견해와 입장을 가진 사람들의 의견을 주의 깊게 경청하고 이러한 토론과정에 참여하는 정치토론의 활성화가 필요하다는 것을 말해 주고 있다.

2) 청소년의 정치참여

민주주의의 역사는 한마디로 선거권 확대의 역사이다(배영민, 2018). 민주주의 국

---

2) 이견노출은 투표 참여나 선거활동 참여에는 유의한 영향을 미치지 않았으나, 정치적 관용에는 유의한 영향을 미쳤다.
3) 자신이 동의하지 않는 정치적 의견이나 콘텐츠를 자주 접하게 되는 것 자체는 정치적 참여와 관련이 없었으나 이견을 가진 이들과의 토론 참여나 의견교환 등 적극적인 이견관여 행위는 정치참여와 유의미한 관련이 있었다.

가에서 이러한 선거권의 확대는 통치의 민주적 정당성을 확보하는 핵심적인 요소이다. 또한 통치의 질적 수준은 보다 많은 사람들이 선거에 참여함으로써 높아진다. 이러한 민주주의의 기본 원리에 따라, 오늘날 세계의 여러 민주주의 국가들에서 선거권에 관한 논의는 누구에게 선거권을 부여해야 하는지가 아니라 누구의 선거권을 박탈해야 하는지에 초점을 맞추고 있다(Blais, Massicote, & Yoshinka, 2001). 이와 같은 맥락에서 선거 연령을 낮추는 것은 선거권이 박탈되는 사람을 최소화함으로써 민주주의의 기본 원리를 실현하고자 하는 노력이라고 할 수 있다(배영민, 2018: 75).

선거는 민주주의 국가에서 다수의 국민에게 정치과정에 영향을 미칠 수 있는 공식적인 기회이며, 직간접적으로 시민의 뜻을 표출하는 통로이다(Heywood, 2004). 이러한 선거에 참여할 수 있는 권리를 가진 유권자는 정부와 정치에 영향을 미치거나 지지를 보내기 위해 정치행동을 한다. 정치행동은 좁은 의미에서 선거의 과정에서 투표 참여를 하는 것과 참여하지 않는 것으로 나눌 수 있다(한숙희, 조아미, 2021).

그중 투표 참여는 가장 합법적이고 적극적인 유권자의 의사표시 방법이다(Milbrath & Goel, 1977). 특히, 청소년들에게 투표 참여는 민주주의에 대한 이해의 폭을 확장시킬 뿐만 아니라 내면화시키는 계기가 될 수 있다. 이러한 내면화 과정을 '정치사회화'라고 할 수 있다(Herbert, 1959). 김효연(2018)은 청소년의 투표 참여를 민주주의 실현에 동참하는 행위이며, 청소년들이 시민으로 성장할 수 있는 가장 효과적인 기회로 보았다. 이번 선거연령 하향에 따른 청소년 참정권 관련 현황을 정리하면 〈표 11-1〉과 같다.

〈표 11-1〉 청소년 참정권 관련 현황

선거권	피선거권	선거운동의 자유	정당활동의 자유
18세 미만 제한	25세 미만 제한 (대통령은 40세 미만 제한)	18세 미만 제한	18세 미만(국회의원 선거권이 없는 자) 제한

주민발안	주민투표	국민투표
19세 미만 제한	19세 미만 제한	19세 미만 제한
학교 내 시민적 정치적 권리	**학생회 자율성**	**학생 운영 참여**
다수 학교에서 보장되지 않고 보장 위한 법률 부재	다수 학교에서 보장되지 않고 보장 위한 법률 부재	불가능, 의견 청취는 학교 재량

출처: 공현(2020: 33).

한편, 청소년기는 한 개인의 일생을 놓고 볼 때 '정치적 시민으로서의 정체성'이 형성되는 가장 중요한 시기다. 한국은 1991년 UN「아동의 권리에 관한 협약(이하 유엔아동권리협약)」에 가입하여 청소년의 권리 신장을 위한 노력을 기울여 왔다(이상경, 2014: 377). 하지만 2000년대 초반까지 정부는 「헌법」에 명시된 표현·결사·집회의 자유를 청소년에게도 소급 적용하고 있다는 사실만 반복 적시할 뿐, 이를 적극 보장하는 데 미온적이었다. 이에 2011년 유엔아동권리위원회는 한국 정부가 수차례 권고에도 불구하고 청소년들의 교내·외 정치활동 참여를 지원하지 않는다는 점에 우려[4]를 표하기도 하였다(남미자, 장아름, 2020). 이후 2010년대 이후로 학생인권조례 제정 등을 통해 청소년의 정치활동 참여 보장 수준이 부분적으로 개선된 측면은 있지만 이는 '되어 가는 시민(becoming citizen)'으로서의 시민성 훈련으로 평가되기에 적합하다. 하지만 우리나라 청소년들은 그들에게 친숙한 소셜 미디어를 중심으로 사회 현안에 대한 의견을 끊임없이 개진하여 '현존하는 시민(being citizen)'으로서의 정체성을 드러내고 있다.

민영, 노성종(2011)은 '한미 청소년의 인터넷 이용, 정치의식, 그리고 정치참여'에

---

4) "…… 위원회는 과거 권고 사항에도 불구하고 학교가 여전히 학생의 정치활동을 금지한다는 것에 우려를 표명한다. 더 나아가, 위원회는 학교운영위원회가 학생의 참여를 배제하고, 학교에 다니지 않는 도시 및 농촌 지역 아동들이 표현과 결사의 자유를 행사할 수 있는 기회가 제한되어 있다는 점을 우려한다. …… 위원회는 과거 권고안을 반복하며, 협약 12조부터 17조에 비추어 대한민국이 법률, 교육부 발행 지침 및 교칙을 수정하여 아동이 의사결정 과정 및 교내·외 정치활동에 적극적으로 참여할 수 있도록 하고, 모든 아동이 교내 등에서 정치활동에 참여하거나 이를 수행하고 학교운영위원회에 실질적으로 참여할 수 있도록 허용하는 것을 포함, 집회와 표현의 자유를 완전히 누릴 수 있도록 하기를 촉구한다"(남미자, 장아름, 2020: 32).

대해 연구하면서 청소년들에게 가장 중요한 표현과 소통 매개체인 인터넷 커뮤니케이션이 그들의 정치적 시민으로서의 정체성 형성에 어떤 의미를 가지는지 탐색하였다. 연구 결과, 한국과 미국 모두에서 인터넷 커뮤니케이션은 청소년들의 정치참여에 직접적인 영향력을 미치는 것으로 나타났다. 한국의 경우 인터넷을 매개로 정치적 의사표현에 참여했던 경험보다 학업, 취미·여가 관련 정보, 다양한 유형의 뉴스 등을 추구한 활동이 청소년의 정치의식 형성에 큰 의미를 가진 반면, 미국의 경우 청소년들의 오락과 일상적 소통을 위한 인터넷 이용이 삶의 형태와 가치에 대한 개인의 선택권을 중시하는 가치를 배양하는 데에 기여한 것으로 나타났다. 이렇게 본다면, 인터넷의 직접적인 동원효과는 미국 청소년들 사이에서 더 현저하게 나타난 것을 알 수 있다. 왜냐하면 미국 청소년들은 뚜렷한 정치적 목적의 이용과 다양한 유형의 정보를 추구하는 이용 모두가 한국 청소년들보다 더 넓은 스펙트럼에서 정치참여에 기여하는 것으로 관찰되었기 때문이다.

3. 고등학교 사회과의 정치교육 현황 분석

1) 사회과 교육과정 관련 선행연구 검토

그동안 논의되어 온 선거권 만 18세 하향 조정에 대한 반대 의견 중 학교현장에 대한 우려로는 이를 허용할 경우 고등학교가 정치화가 될 수 있다는 것이었다. 하지만 이는 고등학생이 정치에 관심을 끊고 공부에만 신경을 써야 한다는 성인 세대의 권위주의이자 비민주적인 발상이다. 따라서 우리나라 민주주의의 발전을 위해서는 청소년들을 정치적 미성숙과 무관심 상태로 묶어 놓으려는 인식부터 고쳐야 한다(조진만, 2017: 95-96; 김명정, 2020 재인용). 따라서 이 절에서는 중등학교 중 만 18세 유권자와 직접적 관련이 있는 고등학교 현장의 대응을 살펴보기 위해 그동안 고등학교 사회과의 정치교육이 어떻게 이루어져 왔는지 교과서를 통해 선거교육

내용을 분석한 선행연구들(서현진, 2005; 김명정, 송성민, 2014; 김명정, 2020; 배영민, 2018)을 검토하였다.

서현진의 연구(2005)에 따르면, 7차 교육과정 시기의 고등학교 「정치」 교과서에서 선거교육이 참여라는 태도적 측면에서는 당위적 설명 위주의 구성을, 선거의 기능과 제도라는 지식적 측면에서는 단편적 정보 전달 위주로 구성되었다고 비판하였다. 한편, 김명정과 송성민(2014)은 2009 개정 교육과정 시기의 중·고등학교 사회 교과서 전체를 대상으로 선거교육 내용을 분석하였는데, 주된 내용으로는, 첫째, 중학교와 고등학교의 「사회」 교과서에서는 선거교육이 소홀히 다루어지고 있다는 것과 둘째, 선택과목인 「법과 정치」 교과서에서는 지식 위주의 선거교육이 이루어지고 있다는 점을 지적하였다. 이상에서 선행연구들이 주목한 부분은 사회과 교과서에서 다루는 선거교육의 비중과 내용 구성의 특징, 교수·학습 방법적 경향이다(김명정, 2020).

또한, 배영민(2018)은 '중등학교 사회과에서 선거 연령의 하향에 대비한 시민교육의 개혁'이라는 주제의 연구에서 부제 '지식 위주에서 쟁점 중심으로 선거교육의 전환을 기대하며'로 정하여 선거교육에 관한 연구 문헌을 종합적으로 검토하고 앞으로 선거연령의 하향에 대비하여 중등학교에서 사회과의 시민교육이 나아갈 바람직한 방향을 모색하고자 하였다. 연구 결과, 현재 중등학교에서 실시되고 있는 선거에 관한 지식을 전달하는 데 치중하는 선거교육은 정치적·사회적 쟁점들에 관한 토론을 중시하는 선거교육으로 상당 부분 전환되어야 한다고 주장하였다. 왜냐하면 책임감 있는 선거권 행사에 필요한 독자적인 정치적 판단력은 사회적으로 논란이 많은 정치적·사회적 쟁점들에 관한 탐구와 토론을 통해서 길러지기 때문이다.

최근 학교현장에 적용 중인 2015 개정 교육과정에 따른 초·중·고등학교 교과서의 선거교육 내용 분석을 중심으로 고찰한 김명정(2020)의 연구에 따르면, 고등학교에서의 선거교육은 중학교 수준을 넘어서서 최소한 현행 선거제도를 이해하는 수준까지는 이르는 것이 좋다고 보았다. 교육과정에서 선거는 일반선택 과목인 「정치와 법」에서 명시적이고 구체적으로 다루어진다. 즉, 「정치와 법」 교과서의 대단원 '정치과정과 참여'에서 중단원 하나가 선거를 집중적으로 다룬다. 이는 중학교의 선거교육과 단원 배치 및 비중은 유사해 보이지만, 내용이 심화되어 학습량이 늘어난다는 특징이 있다. 여기서는 선거제도의 핵심이라 할 수 있는 선거구와 대표 결정 방식, 그리고 선거법 개정에 따른 내용 수정 사항을 중심으로 검정 교과서 5종을 검토하였다(김명정, 2020).

〈표 11-2〉는 고등학교 「정치와 법」 검정 교과서의 선거교육 내용을 비교 분석한 것이다. 단, 중학교 교과서에도 나와 있는 선거의 의미와 기능, 민주 선거의 4대 원칙, 선거구 법정주의, 선거관리위원회 등은 공통적인 내용 요소여서 여기서는 논외로 하였다. 〈표 11-2〉에서 알 수 있듯이 고등학교 과정에서는 선거의 실제 작동 원리인 선거구제와 대표 결정 방식을 모두 다루고 있다. 특히, 대표 결정 방식은 우리나라의 선거제도가 채택하고 있는 방식을 중심으로 설명하고 있고, 부가적으로 절대다수대표제를 소개하고 있다. 그런데 이번 선거법 개정으로 대표 결정 방식에 큰 변화가 생겼기 때문에 내용의 보완이 필요하다(김명정, 2020). 즉, 이번 선거법 개정의 핵심인 선거연령 하향과 함께 연동형 혼합제로의 변화가 반영되어야 한다.

〈표 11-2〉 고등학교 「정치와 법」 교과서의 선거교육 내용 분석

교과서	대표 결정 방식	선거법 개정에 따른 수정 · 보완 필요 사항
A	• 다수대표제: 단순다수제, 절대다수제(결선/선호) • 비례대표제: 정당명부식 • 혼합형(독립형)	• 19세 보통선거(수정) • 연동형 비례대표제(보완)
B	• 다수대표제: 상대다수제, 절대다수제(결선) • 비례대표제: 정당명부식 • 혼합형(독립형)	• 연동형 비례대표제(보완)

C	• 다수대표제: 단순다수제, 절대다수제(결선) • 비례대표제: 정당명부식 • 혼합형(독립형)	• 연동형 비례대표제(보완)
D	• 다수대표제: 단순다수제, 절대다수제(결선/선호) • 비례대표제: 정당명부식 • 혼합형(독립형)	• 19세 선거권(수정) • 연동형 비례대표제(보완)
E	• 다수대표제: 단순다수제, 절대다수제(결선/선호) • 비례대표제: 정당명부식 • 혼합형(독립형)	• 19세 보통선거(수정) • 연동형 비례대표제(보완)

출처: 김명정(2020: 40).

2) 고등학교 사회과의 정치교육 교육과정 내용 분석

고등학교 선거권 관련 교육은 교육과정 내에서 우선적으로 구현될 수 있다. 주로 선거권 관련 교육과정은 사회과를 중심으로 운영되고 있다. 물론 교육과정 밖에서도 가능하다. 현재 구체적으로 명시되어 있지는 않지만, 범 교과에서 구현될 수 있으며, 학생자치활동 등을 포함하여 학생들의 전반적인 학교생활에 대한 모든 활동을 넓은 의미로 볼 수 있다(양지훈 외, 2017). 여기서는 2018년부터 시행해서 현재 전국의 고등학교에서 적용되고 있는 2015 개정 교육과정에 따른 고등학교 사회과의 선거권 관련 교육을 중심으로 정치교육 현황을 파악하고자 한다. 2015 개정 교육과정이 적용되는 사회과의 과목은 '통합사회'와 '정치와 법'이다. 〈표 11-3〉은 '통합사회' 과목의 교육과정의 영역과 내용 요소이다.

〈표 11-3〉 '통합사회' 과목 영역과 내용 요소

영역	핵심 개념	일반화된 지식	내용 요소	기능
삶의 이해와 환경	행복	질 높은 정주 환경의 조성, 경제적 안정, 민주주의의 발전, 그리고 도덕적 실천 등을 통해 인간 삶의 목적으로서 행복을 실현한다.	• 통합적 관점 • 행복의 조건	

	자연환경	자연환경은 인간의 삶의 방식과 자연에 대한 인간의 대응방식에 영향을 미친다.	• 자연환경과 인간 생활 • 자연관 • 환경 문제	
	생활공간	생활공간 및 생활양식의 변화로 나타난 문제에 대한 적절한 대응이 필요하다.	• 도시화 • 산업화 • 정보화	파악하기 설명하기
인간과 공동체	인권	근대 시민혁명 이후 확립된 인권이 사회제도적 장치와 의식적 노력으로 확장되고 있다.	• 시민 혁명 • 인권 보장 • 인권 문제	조사하기 비교하기 분석하기
	시장	시장경제 운영 과정에서 나타난 문제 해결을 위해서는 다양한 주체들이 윤리 의식을 가져야 하며, 경제 문제에 대해 합리적인 선택을 해야 한다.	• 합리적 선택 • 국제 분업 • 금융 설계	제안하기 적용하기 추론하기 분류하기
	정의	정의의 실현과 불평등 현상 완화를 위해서는 다양한 제도와 실천 방안이 요구된다.	• 정의의 의미 • 정의관 • 사회 및 공간 불평등	예측하기 탐구하기 평가하기 비판하기
사회 변화와 공존	문화	문화의 형성과 교류를 통해 나타나는 다양한 문화권과 다문화 사회를 이해하기 위해서는 바람직한 문화 인식 태도가 필요하다.	• 문화권 • 문화 변동 • 다문화 사회	종합하기 판단하기 성찰하기 표현하기
	세계화	세계화로 인한 문제와 국제 분쟁을 해결하기 위해서는 국제사회의 협력과 세계시민 의식이 필요하다.	• 세계화 • 평화	
	지속 가능한 삶	미래 지구촌이 당면할 문제를 예상하고 이의 해결을 통해 지속 가능한 발전을 추구한다.	• 인구문제 • 지속 가능한 발전 • 미래 삶의 방향	

출처: 교육부 고시 제2015-74호 [별책 7] 사회과 교육과정, pp. 120-121.

〈표 11-3〉에서 알 수 있듯이 '통합사회' 과목은 선택과목이 아닌 공통과목으로 지정되어 있어, 통합교육과정 내 모든 고1 학생들이 학습할 수 있다. '통합사회' 과

목은 직접적으로 정치의 내용 요소를 다루고 있지는 않지만, 사회 현상을 폭넓게
분석하고 사고할 수 있는 능력을 키워 주는 역할을 할 수 있다. 반면, '정치와 법'은
선택과목으로 학습할 수 있어 '통합사회'와는 과목의 성격이 다르다고 할 수 있다.
즉, '정치와 법'은 〈표 11-4〉에서 보듯이 직접적인 정치 이론적 내용과 이를 바탕으
로 정책들을 분석하고 살펴보는 기회가 될 수 있을 것이다(양지훈 외, 2017).

〈표 11-4〉 '정치와 법' 과목 영역과 내용 요소

영역	내용 요소
민주주의와 헌법	• 정치의 기능, 법의 이념, 민주주의와 법치주의 • 헌법의 의의와 기본 원리 • 기본권의 내용, 기본권 제한의 요건과 한계
민주 국가와 정부	• 민주 국가의 정부 형태, 우리나라의 정부 형태 • 국가기관의 역할과 상호 관계 • 지방 자치의 의의, 현실, 과제
정치과정과 참여	• 정치과정, 정치참여 • 선거와 선거 제도 • 정당, 이익 집단과 시민단체, 언론
개인 생활과 법	• 민법의 의의와 기본 원리 • 재산 관계와 법 • 가족 관계와 법
사회생활과 법	• 형법의 의의, 범죄의 성립과 형벌의 종류 • 형사 절차와 인권 보장 • 근로자의 권리와 법
국제 관계와 한반도	• 국제 관계의 변화, 국제법 • 국제 문제와 국제기구 − 우리나라의 국제 관계, 한반도의 국제 질서

출처: 교육부 고시 제2015-74호 [별책 7] 사회과 교육과정, p. 231.

4. 선거연령 하향에 따른 정치교육의 과제

1) 학교현장에서의 정치참여 문제

만 18세 참정권의 변화는 그 어떠한 영역보다 정치 영역이 밀접하게 연관되어 있다. 과거와 달리 최근에는 청소년 정치참여 활동이 활성화되고 있고, 집회 참여 등 적극적 참여와 관심이 그 어느 때보다 활발하다고 할 수 있다(송보희, 2017). 한편, 선거권 연령 하향은 양면성을 가진다. 긍정적인 측면은 학생의 정치적 표현의 자유를 증진하는 계기를 마련한다는 것이다. 반면 부정적인 측면은 특정 정당이나 정치인에 대한지지 반대 등의 정치적 의사 표명으로 학교가 '정치판'이 되고 정치적 견해가 다른 학생 간의 분쟁이 발생할 수 있다는 것이다(양지훈 외, 2017). 이처럼 선거권 연령 하향이 가진 양면성에도 불구하고, 학교 정치교육의 효과에 대해서는 대체로 긍정적인 연구 결과가 많은데, 이러한 선행연구들(이종렬, 1995; 손준종, 2000; 박정서, 2012; 이봉민, 2008) 중에서 몇 가지 연구 결과를 살펴보면 다음과 같다.

첫째, 손준종(2000)은 학교교육이 학생들의 정치에 대한 관심이나 정치참여 성향, 비판 의식, 체제 신뢰도 형성과정에 긍정적인 영향을 준다고 밝혔다(이인수, 2020). 둘째, 박정서(2012)는 학교교육이 학생들의 정치 효능감에 미치는 영향이 긍정적이라는 사실을 밝혀냈다. 셋째, 이봉민(2008)은 정치과목의 이수가 지식과 태도에 미치는 영향을 밝혀내고, 또한 개방적이고 토론을 활용하는 교수 · 학습 방법과 병행될 때 그 효과가 배가될 수 있음을 주장하였다. 특히, 2020년 실시된 4 · 15 총선거 참여 경험을 가진 경기도 만 18세 유권자 대상의 홍세영 등(2020)의 연구에 따르면, 이들 청소년 유권자들이 선거에 참여할 수 있도록 학교가 제공해 주기를 희망하는 지원의 유형을 물어본 결과 가장 높은 비율(40.3%)로 나타난 것은 '학생들이 학교의 중요한 의사결정 과정에 참여하는 경험을 제공하는 것'이었다. 경기도는 2010년 전국에서 최초로 학생인권조례를 제정하여 학생들에게 의사 표현의 자유와 학교운영 및 교육청 정책결정에 대한 참여권을 가장 오랫동안 보장한 지자체라는 점을 고려해 보면 이러한 결과가 나온 것에 대해 이해가 될 수 있다. 또한 경기도는 선도적으로 혁신학교를 보급하는 노력 등을 통하여 도교육감 또는 일선 학교 차원에서 민주시민교육을 가장 활발하게 시행하고 있는 교육현장이라는 점도 고려해 볼 만하다.

한편, 선거연령 하향이 학교 정치교육에 보다 긍정적인 효과를 미치기 위해서는 우리나라 학교교육의 실제에 대한 점검을 요구한다. 예컨대, 정치체제, 법 등에 대한 이론적 접근 외에 투표 행위와 같은 참정권의 실제를 가르칠 필요가 있다. 여기서 교사의 정치적 중립 문제가 등장한다. 이에 대한 교육적 원칙으로서 최근에 우리 학계에서 활발하게 논의되고 있는 것으로 독일의 '보이텔스바흐(Beutelsbach) 협약'[5]을 참고해 볼 만하다(조상식, 2020). 이 협약은 1970년대 분단 상황에 처해 있던 독일에서 역사 교과서를 둘러싼 정치권의 대립을 해결하기 위해 일종의 '사회적 대타협'의 일환으로 등장하였다. 협약은 역사학자인 베르크만(K. Bergmann)이 평한 바 있는 다원적 관점성(Multiperspektivitat)(이병련, 2015: 184)을 수용하고 있어서 최근의 다원주의 시대 질서에도 지속력을 갖고 있으며, 독일 통일 이후의 정치교육에서 여전히 핵심적인 원칙으로 널리 받아들여지고 있다. 이는 정치적인 최소 합의의 성격을 띠며, 민주주의 질서의 근간인 법교육의 필요성을 고려하는 데에도 유용하며, 정치교육을 교육적인 안목에서 도출한 대표적인 사례로 평가된다(Sander, 1996: 30; 조상식, 2019).

2) 선거연령 하향과 정치교육의 과제

2022년 현재, 고등학교에서는 2015 개정 교육과정이 1학년부터 3학년까지 전 학년에 걸쳐 적용되고 있다. 이 중 정치교육 관련 가장 밀접한 연관성을 띠는 사회교

---

5) 강제성의 금지 원칙, 논쟁성의 유지 원칙, 그리고 정치적 행위능력의 강화로 알려진 이 협약이 만병통치약은 아니지만, 정치적인 대립으로 인해 우리 학교 및 교육이 파괴되는 현실에 대한 실천적 대안을 마련하는 데 유익하다.

과의 과목으로는 '통합사회'와 '정치와 법'이 있다. 이 중 정치교육과 직접적으로 관련된 '선거'에 대해 다루고 있는 과목은 '정치와 법'인데, 교육과정 편제상 선택과목으로 되어 있어 학생들이 선택하기가 쉽지 않다(김명정, 2016). 왜냐하면 학교의 제한된 수업 시수 속에서 정치교육만 시수를 늘려야 한다고 주장하는 것은 교과 이기주의라는 비판에 직면하기 때문이다. 특히, 2015 개정 교육과정에서 학습자의 부담 경감이라는 점까지 고려하면, 정치교육에서 지금보다 더 획기적으로 수업 시수를 늘리는 일은 쉽지 않을 것이다(김명정, 2017). 따라서 만 18세 유권자의 시민성을 길러 주기 위해 고등학교에서 현실적으로 실현 가능한 정치교육의 과제에는 무엇이 있을지 다음에서 차례대로 살펴보자.

첫째, 학생 유권자의 권리 변화에 대한 인식 개선 교육이 필요하다. 이인수(2020)의 연구에 따르면, 만 18세 유권자 그룹에서 한 학생은 청소년의 권리가 변화되었다는 것이 어떤 의미인지를 학생들이 이해할 수 있게 학교 정치교육이 개선될 필요가 있음을 다음과 같이 지적하고 있다.

> 학생이 직접 정치에 참여하고, 참여한 만큼 정치에 관심을 가지게 돼서 수업에 흥미를 가지고 임할 수 있게 되었어요. 하지만 학생들이 스스로 자신의 권리가 확장되었다는 것을 제대로 인식하고, 그 확장된 권리가 어떤 것을 의미하는지 이해할 수 있게, 자신에게 주어진 권리를 잘 사용할 수 있게 학교교육이 개선되어야 해요. (고3 유권자 그룹, 학생 2)

고3 유권자 그룹에 속하는 학생 2가 언급하고 있듯이 학생 유권자가 스스로 자신의 권리가 확장되었다는 것을 제대로 인식하고, 그 의미를 이해할 수 있게 하기 위해서는 고등학교에서 특정 교과목의 학습내용을 선거 절차나 방법 등에 관한 지식을 체계적으로 정리하여 제공하는 형태보다는 다른 방식의 접근이 필요하다(남미자, 장아름, 2020). 즉, 선거제도를 포함하여 시민들의 일상을 실천할 수 있도록 교육과정, 교육환경 등 교육체제 전반에 대해 체계적 설계를 해야 한다. 따라서 앞으

로의 정치교육은 사회 교과목에 국한된 소극적 형태의 정치교육이 아니라 전체 교과
목을 관통하는 적극적 형태의 시민성 교육을 설계하는 방향으로 나가야 할 것이다.

둘째, 예비 유권자인 고등학생에 대한 정치교육은 빠를수록 좋다(이인수, 2020).
이를 위해서는 학교현장에서는 수업 형태 혹은 수업 방식의 전환이 필요하다. 즉,
기존의 주입식 지식 위주 교육에서 토론식 쟁점 수업으로 선거교육을 전환해야 할
필요가 있다(배영민, 2018). 왜냐하면 책임감 있는 선거권 행사에 필요한 독자적인
정치적 판단력은 사회적으로 논란이 많은 정치적·사회적 쟁점들에 관한 탐구와
토론을 통해서 기를 수 있기 때문이다. 이창호(2017)의 연구에 따르면, 학교에서 예
비 유권자인 고등학생의 정치참여를 위해 필요한 교육에 대한 질문에서 민주시민
교육뿐만 아니라 리더십 함양 교육, 정치적인 이슈나 문제에 관한 토론 수업을 가
장 꼽았다. 이어 리더십 함양 교육, 민주시민교육, 정치기관 견학, 모의선거 순이었
다. 더 자세한 내용은 〈표 11-5〉에서 확인해 보자.

〈표 11-5〉 **정치참여 활성화를 위해 필요한 교육**

구분	전혀 필요하지 않다	필요하지 않다	필요하다	매우 필요하다	계
정치적 문제나 이슈에 관한 토론 수업	6.9	12.7	59.3	21.1	100
모의선거	8.1	29.6	49.6	12.6	100
시민성 함양을 위한 민주시민교육	7.8	21.7	53.9	16.62	100
리더십 함양 교육	7.3	18.4	54.5	19.8	100
국회나 도의회/시의회 등 정치기관 견학	9.5	23.9	48.6	18.0	100

출처: 이창호(2017). 고등학생들의 정치참여 욕구 및 실태 연구. 한국청소년정책연구원 연구보고서, 5, 1-85.

〈표 11-5〉에서 확인할 수 있듯이 고등학생들의 정치참여를 지속 가능하게 하기
위해서는 학교에서 정치토론이 활성화되어야 한다(이창호, 2020: 19). 이러한 토론

을 통해서 학생들은 다양한 견해와 관점을 지닌 정보에 노출될 수 있도록 해야만 이러한 부작용을 막을 수 있다. 또한 학생들은 친구들과의 토론과정을 통해 상대 방의 주장을 존중하고 이를 주의 깊게 경청하는 관용의 태도도 함양할 수 있다.

한편, 이인수(2020)의 연구에 따르면, 고2 예비 유권자 그룹의 한 학생은 선거권 의 행사가 얼마나 소중하고 중요한 것인지, 함부로 권리를 행사하거나 남의 뜻에 따라 하게 되면 안 되는 것 등을 정치교육을 통해 미리 알려야 한다고 강조하고 있 다. 또한 선거 가능 연령과 상관없이 고1 시기부터 정치교육을 받아야 한다고 지적 하고 있다.

> 선거연령 하향은 조금 더 어린 나이의 사람들에게 투표권을 줌으로써 조금 더 생각할 수 있게 해 주는 기회인 것 같아요. 그렇기 때문에 투표권이 얼마나 소중하고 중요한 것인지, 함부로 사용하거나 남의 뜻에 따라 나도 따라하면 안 되는 것이라고 교육해야 한다고 생각 해요. 그리고 선거연령은 만 18세까지 하향했지만 조금 더 정치에 대해 생각할 수 있게 고1 정도의 어린 나이부터 정치교육을 정확하게 받는 게 중요하다고 생각해요. (고2 예비 유권자 그룹, 학생 2)

셋째, 선거연령 하향 이후 교사의 새로운 역할을 모색해야 한다(이인수, 2020). 학 교에서 정치교육을 담당하는 교사의 경우 자신의 역할 관련 선거연령 하향이라는 교육 · 환경적 변화를 고려하여 새롭게 모색해야 할 것이다. 즉, 정치적 쟁점에 대 해 여러 견해를 균형 있게 제시할 수 있어야 한다(양지훈 외, 2017). 특히, 선거와 관 련하여 교원의 행위는 학생들에게 미치는 영향이 크므로 매우 신중한 접근이 필요 하다. 일찍이 정치교육 분야에서 독일의 보이텔스바흐 협약은 정치교육의 윤리적 핵심으로 인정받고 있다(허영식, 2020). 우리 사회에서도 보이텔스바흐 협약이 도 출될 수 있는지 혹은 교육에의 적용이 가능한지 여부에 대해서 계속 고민해 봐야 한다(윤근혁, 양성윤, 2016). 이러한 고민의 연장선상에서 선거연령 하향과 관련하여 우리의 정치교육이 올바른 방향으로 가기 위해서는 무엇보다 학교에서 교사에 의한 선거교육이 어떻게 이루어져야 할 것인지에 대해 진지한 성찰이 요구된다.

이처럼 선거연령 하향 이후 교사의 새로운 역할을 모색하기 위해서는 기존의 교육의 정치적 중립성에 대한 재해석이 필요하다(홍세영 외, 2020). 지금까지 우리는 교사를 사유하는 존재로 여기지 않고 교육의 정치적 중립이라는 틀에 가두고 정치적인 내용을 언급하지 않도록 강요해 왔다. 논쟁이 정치의 본질인데도 불구하고 정치교육에서는 가급적 논쟁을 피하려 했다. 그래서 학생들은 논쟁을 자연스러운 현상으로 받아들이는 데 어려움을 겪는다(김명정, 2020). 이것은 곧 교육과 실제의 괴리를 의미한다. 그러나 교사가 정치적 의사를 표현하지 않는 것은 중립이 아니라 교실, 학교 등의 교육현장의 정치성을 숨기는 것에 불과하다. 이제는 교사가 자신의 정치적 견해를 밝히되, 그 관점은 자신의 것이며 다른 견해와 관점을 가질 수 있다는 점을 주지해야 한다. 즉, 교사의 정치적 관점과 견해가 학생들에게 강요되지 않으려면, 정치적 쟁점을 다루는 수업에 있어 토론과 이의제기가 가능하도록 평등한 관계 설정을 전제로 해야 한다. 이를 위해서는 교사 또한 학생과 마찬가지로 완전한 존재가 아니라는 인식과 동시에 학생들을 교육의 대상으로 가두지 않는 시선이 필요하다(홍세영 외, 2020).

선거는 초등학교에서부터 고등학교까지 정치교육에서는 빠지지 않는 중요한 내용 요소이다(김명정, 2020). 또한 현행 선거제도에 대한 내용 교육은 학교에서 우선적으로 책임지고 가르쳐야 할 필요가 있다. 그러나 학교에서 정치교육이 현실 정치의 모든 현상을 설명하거나 혹은 정치학의 모든 개념과 원리를 가르쳐야 하는 것은 아니다. 학교에서는 그 학교급에 맞는 교육적 목표를 달성하기 위한 수준으로 학습 내용과 적절한 교수학습 방법을 결정하면 된다. 이렇게 본다면 가르쳐야 할 내용을 가르치는 것은 학교에서 할 수 있는 선거교육의 첫 출발점이 된다. 그러나 만 18세 선거연령 하향으로 인해 변화된 교육적 환경에서 교사가 자신의 역할을 어떻게 정립해 나가야 할지 새로운 논의가 필요하다. 예컨대, 교육의 정치적 중립성, 학교의 정치화 등의 논쟁들이 앞으로도 선거가 다가오면 얼마든지 재현될 수 있기 때문이다. 오늘날 우리 학교가 직면하고 있는 '만 18세 유권자 시대'라는 새로운 도전과제에 대응하기 위해 정치교육은 독일의 보이텔스바흐 협약에서 알 수 있듯이 정치적 세계관과 교육적 관점을 구분하는 지혜가 필요하다. 일종의 '사회적 대타협'이 필요한 시점이다.

주요 개념 정리

☑ **선거권 연령**: 우리나라의 선거연령은 1948년 대한민국 정부 수립 당시 21세로 시작됐다가, 1960년 민주당 정권이 들어서면서 '민법상 성인(만 20세)'으로 낮춰졌다. 그리고 2005년 6월 「선거법」 개정으로 선거권 연령이 만 19세로 하향 조정되었다가, 2019년 12월 27일 「공직선거법」 개정안이 국회를 통과하면서 만 18세 이상으로 낮아지게 됐다.

☑ **정치교육**: 국민으로 하여금 민주정치에 참여할 수 있도록 필요한 지식의 습득 및 행동적인 훈련을 통해 자치능력을 배양하는 교육을 말한다. 정치교육은 합리적인 사고와 이성적(理性的)인 판단 그리고 자주정신을 함양하게 하고 삶의 방향정립을 위한 지식과 이론을 습득하게 하며 사회적·정치적인 갈등의 해결을 위한 훈련 등이 교육의 주요 내용이 된다. 이러한 교육은 해당 국가의 여러 가지 상황에 따라 그 내용과 방법이 다르다.

☑ **교육의 정치적 중립성**: 교육의 본질에 위반되는 국가적 권력이나 정치적·사회적·종교적 세력 등에 의한 영향을 배제한다는 것을 말한다. 이에 따라 국가는 입법에 있어서 교육의 정치적 중립성을 침해하는 법률을 제정할 수 없으며, 교원과 학생도 교육과정(학내)에서는 정치적 활동을 할 수 없다.

생각해 볼 문제

1. 선거연령 하향의 근거는 무엇인가?

2. 독일의 보이텔스바흐 협약의 주요 내용은 무엇인가?

3. 선거연령 하향으로 인해 변화된 교육적 환경에서 교사의 역할이 중요한 이유는 무엇
   인가?

참고문헌

강민진(2018). 선거연령 하향과 청소년의 참정권: 청소년, 정치적인 존재로서의 권리 요구.
    인권연구, 1(2), 123-133.

공현(2020). 18세 선거권, 그리고 청소년 참정권 확대의 의미와 과제. 월간 복지동향, 258,
    30-34.

교육부(2015). 사회과 교육과정. 교육부 고시 제2015-74호 [별책 7].

권혁남(2015). 미디어이용, 정치네트워크 이질성이 정치적 관용과 정치참여에 미치는 효
    과. 지역과 세계, 39(3), 47-77.

김명정(2016). 수능 선택률과 고등학교 정치교육. 한국정치학회보, 50(2), 31-50.

김명정(2017). 정치교육이 고등학생의 시민성에 미치는 영향: 부산 지역 고등학생을 중심
    으로. 오토피아, 32(1), 101-123.

김명정(2020). 선거법 개정에 따른 교과서의 선거교육 내용 진단. 시민교육연구, 52(2), 27-
    45.

김명정, 송성민(2014). 사회과 교육과정 및 교과서의 선거교육 내용 분석. 정치정보연구, 17(1), 221-252.

김효연(2018). '19세 미만' 청소년의 6.13 지방선거 참여보장-선거권연령 하향입법 개정의 필요성을 중심으로-. 법학논총, 38(1), 199-226.

남미자, 장아름(2020). 청소년 정치참여의 의미와 학교교육의 방향. 교육정치학연구, 27(1), 31-60.

민영, 노성종(2011). 한미 청소년의 인터넷 이용, 정치의식, 그리고 정치참여. 한국언론학회 학술대회 발표논문집, 5, 204-208.

박정서(2012). 청소년의 정치적 태도에 대한 실증적 분석-정치효능감과 정치신뢰감을 중심으로-. 청소년학연구, 19(5), 189-216.

배영민(2018). 중등학교 사회과에서 선거 연령의 하향에 대비한 시민교육의 개혁: 지식 위주에서 쟁점 중심으로 선거교육의 전환을 기대하며. 사회과교육, 57(3), 69-88.

서현진(2005). 선거와 민주시민교육의 실태분석: 고등학교 사회 및 정치교과서 분석을 중심으로. 시민교육연구, 67(4), 73-94.

손준종(2000). 학교교육의 효과에 대한 학생들의 인식 연구 : 민주적 시민성을 중심으로. 청소년학연구, 7(2), 73-95.

송보희(2017). 만 18세 참정권 변화에 따른 사회제도·정책의 변화 양상. 미래연구, 2(1), 149-163.

양지훈, 염경미, 김현정, 정필운(2017). 선거 연령 하향에 따른 교육기관의 대응: 쟁점과 과제. 법과인권교육연구, 10(1), 1-24.

윤근혁, 양성윤(2016). 곽노현 전 교육감과 인터뷰: 획일화 세뇌 교육이야말로 가장 강한 폭력. 우리교육, 12월호, 106-117.

이병련(2015). 역사교육에서의 다원적 관점 이론. 사총 84, 183-223.

이봉민(2008). 공식적 교육과정을 통한 정치교육 및 법교육의 효과 분석. 시민교육연구, 40(4), 69-92.

이상경(2014). 청소년의 선거연령 18세 인하문제에 관한 소고. 한양법학, 25(4), 369-396.

이인수(2020). 선거연령 하향이 교육현장의 정치교육에 미친 영향. 교육정치학연구, 27(4), 145-173.

이재희(2020). 18세 선거권 연령 개정과 정치참여권 확대. 헌법학연구, 26(1), 39-76.

이종렬(1995). 한국 청소년의 정치사회화의 문제점과 정치교육의 과제. 시민교육연구, 21(1), 9-41.

이창호(2017). 고등학생들의 정치참여 욕구 및 실태 연구. 한국청소년정책연구원 연구보고서, 5, 1-85.

이창호(2020). 만 18세 선거권 시대, 그 의미와 정책과제. 월간 공공정책, 173, 17-19.

이창호(2021). 고3 유권자의 정치참여 실태 및 요인: 21대 국회의원 선거를 중심으로. 선거연구, 14, 61-84.

조상식(2019). '보이텔스바흐(Beutelsbach) 협약'과 그 쟁점에 대한 교육 이론적 검토. 교육철학연구, 41(3), 149-174.

조상식(2020). 선거연령 하향 조정과 정치교육의 과제. 교육의 이론과 실천, 25(1), 63-76.

조진만(2017). 선거연령 인하 문제를 둘러싼 정치적 갈등요인 분석. 분쟁해결연구, 15(3), 87-110.

중앙선거관리위원회(2020). 만 18세, 대한민국 유권자가 되다!. 중앙선거관리위원회 선거연수원 자료집, 1-62.

최지향(2015). 온라인 소셜 네트워크 사이트 내에서의 이견노출이 정치참여에 미치는 영향: 이견관찰, 이견관여, 당파성을 중심으로. 한국언론학보, 59(5), 152-177.

한숙희, 조아미(2021). 청소년의 첫 투표참여에 영향을 미치는 요인. 청소년학연구, 28(4), 63-87.

허영식(2020). 정치교육을 위한 초·중등 교원의 역할과 쟁점. 2020년 4개 학회(한국교육행정학회, 한국교원교육학회, 한국교육재정경제학회, 한국교육정치학회) 연합학술대회 자료집, 139-165. 9월 26일. 서울: 중앙대학교 온라인 세미나 방식.

홍세영, 강민진, 남미자(2020). 18세 선거권이 남긴 교육의 과제. 융합사회와 공공정책, 14(3), 140-173.

Blais, A., Massicote, L., & Yoshinka, A. (2001). Deciding who has the right to vote: A comparative analysis of election laws. *Electoral Studies, 20*(1), 41-62.

Herbert, H. (1959). *Political Socialization: A Study in the Psychology of Political Behavior.* Columbia: The Free Press.

Heywood, A. (2004). *Political theory an introduction.* Basingstoke Palgrave: Mcmillan,

75-88.

Milbrath, L. W., & Goel, M. L. (1977). Political Participation: *How and Why Do People Get Involved in Politics?* Chicago: Rand McNally College Publishing Company.

Sander, W. (1996). *Politische Bildung nach dem Beutelsbacher Konsens*. Reicht der Beutelsbacher Konsens, 29-38.

세계일보(2020. 02. 04.). '정치적 편향' 덫에 걸린 참정권 교육 딜레마…… 지혜 모아야 ['만 18세 유권자 시대' 선거교육 논란]. https://www.segye.com/newsView/20200203513739?OutUrl=naver

한겨레(2020. 01. 20.). 선관위 '모의선거' 제동 조짐에, 서울시교육청 "납득 어려워" https://www.hani.co.kr/arti/society/schooling/925127.html#csidx15fc0993cdf19a4a5282f32f09033ac

조현희

제12장 세계시민성과 정치교육

개요

국가 간의 기능적 통합과 상호 의존성이 강화됨에 따라 '지구공동체'에 대한 인식이 확산되고 있다. 이와 같은 시대적·환경적 변화는 세계시민성과 관련하여 정치교육에 다양한 도전과 과제를 제시한다. 이 장에서는 '이상적인 시민상(good citizen)'과 '다원적 정체성(multiple identities)'에 대한 상이한 입장과 견해에서 비롯되는 세계시민교육의 다양한 지향을 탐구하는 데 초점을 둔다. 이러한 논의를 바탕으로 세계시민성 함양을 위한 정치교육의 방향과 과제를 모색해 보고자 한다.

1. 세계시민교육의 이론적·실천적 토대: 정치교육(시민교육)과 지구교육

교통과 통신의 발달과 더불어 국가 간의 기능적 통합과 상호 의존성이 강화됨에 따라 정치, 경제, 사회, 문화 전반에 '지구공동체'에 대한 인식이 확산되고 있다. 특히, 기아, 빈곤, 환경, 전쟁 등 어느 한 국가의 노력으로 해결될 수 없는 문제들이 확대되면서, 이러한 문제들을 해결하기 위한 전 지구적 수준의 협력과 의사소통이 더욱 중요해지고 있다. 이러한 시대적 상황에 효과적으로 대응할 수 있는 미래 세대를 양성하기 위해 현재 국제사회에서는 세계시민성(global citizenship)과 세계시민교육(global citizenship education)에 대한 논의가 그 어느 때보다 활발히 진행되고 있다.

보다 최근에는 코로나-19와 함께 찾아온 팬데믹 위기와 기후 변화, 아프가니스탄에서의 미군 철수와 함께 발생한 인권문제, 민주주의를 향한 미얀마 시민들의 투쟁과 이를 둘러싼 여러 나라의 정치적 연대 형성 등 국제적·세계적 수준에서 발생한 일련의 사건들을 통해 사회 및 환경 문제를 둘러싼 각국의 연결성과 상호 의존성을 다시금 목도하고 있다. 4차 산업혁명시대의 기술 발전은 시대적·환경적 변화를 한층 가속화하고 있다. 이와 같은 변화의 광범위성과 가속화는 세계시민교육을 교육정책의 중요한 의제이자 학문적 담론으로 확산하는 동력이 되고 있다.

세계시민교육에 대한 관심은 2012년 반기문 유엔 사무총장이 '글로벌 교육 우선 구상(Global Education First Initiative: GEFI)'을 발표했던 당시 기점으로 본격적으로 확산되었다. 이 구상에서 반 총장은 '모든 어린이에 대한 교육기회 보장', '학습의 질 향상', '세계시민성 함양'을 글로벌 교육의 목표로 제시하였다. 특히, '세계시민성 함양'을 위한 교육은 이후 유네스코가 주관하는 각종 포럼과 관련 회의에서 주요한 의제로 다루어졌다(유혜영 외, 2017). 대표적인 예로 2015년에 개최된 유네스코 세계교육포럼(World Education Forum)에서는 향후 2030년까지 유네스코 회원국이 추진해야 할 범세계적 교육정책 목표 중의 하나로 세계시민교육을 제시하였다(장의선 외, 2015). 2015년 9월에는 유엔 총회에서 제시한 여러 지속가능발전목표(Sustainable Development Goals: SDGs) 중 교육 분야를 지탱하는 핵심 축으로 세계시민교육이 채택되었으며, 이를 근거로 관련 정책 및 실행이 급속도로 확산되었다(심희정, 김찬미, 2018).

그러나 세계시민교육에 대한 관심과 관련 정책 및 실행의 확산에도 불구하고, 세계시민교육의 이론적 배경에 대한 탐구는 상대적으로 미진한 수준에 머물러 있었다. 에번스(Evans)와 그의 동료들에 따르면, 세계시민교육은 시민교육(citizenship education)과 지구교육(global education)에 이론적·실천적 토대를 두고 있다

(Evans et al., 2009). 교육과정 내용 측면에서 보면, 정치철학, 국제정치학, 문화인류학, 사회학 등의 지식을 토대로 구성된 시민교육과 지구교육의 내용 중 각각 지구적 영역과 시민적 영역에 해당하는 내용들을 선정하고 연계 · 통합함으로써 세계시민교육의 내용 요소가 도출되는 것이다. 에번스가 시민교육의 지구적 영역과 세계교육의 시민적 영역으로 제시한 각각의 다섯 가지 핵심 주제(내용)는 다음과 같다(Evans et al., 2009).

먼저, 시민교육의 지구적 영역에 해당하는 주제는 ① 지식 있는 시민으로서 정치적 의사결정과 행동에 참여하는 데 필요한 시민개념 및 정치과정, 공공문제, 정부구조 등에 친숙해지는 것, ② 지역, 국가, 세계 수준에 이르기까지 개인이 속한 다양한 시민공동체에 대한 소속감과 정체성을 인식하는 것, ③ 시민적 · 정치적 · 사회경제적 · 문화적 권리와 함께 이에 따르는 의무와 책임감을 학습하는 것, ④ 시민으로서 자신의 사고와 행동에 영향을 주는 다양한 관점과 가치관을 비판적으로 성찰하고 정의하며, 대립되는 관점과 가치관의 공존을 위한 정치공동체의 역할과 과제를 이해하는 것, ⑤ 시민적 삶에 참여하기 위해 필요한 일련의 덕목과 문해, 역량을 함양하는 것이다. 한편, 세계교육의 시민적 영역에 해당하는 주제로는 ① 전 지구적 상호 의존 시스템과 국제적 · 초국적 거버넌스의 본질을 이해하는 것, ② 세계적 마인드와 함께 인류공동체 구성원으로서의 소속감과 친밀감을 형성하는 것, ③ 국제 혹은 세계 수준의 이슈와 현안을 깊은 수준에서 이해하는 것, ④ 다양성, 상호 문화 이해, 사회정의를 심층적으로 이해하도록 하는 것, ⑤ 비판적 사고력과 실천을 촉진하는 활동 중심의 학습에 참여함으로써 세계시민으로서의 책임을 수행하도록 하는 것을 들 수 있다.

2. 정치교육(시민교육) 및 지구교육과 관련한 세계시민교육의 쟁점

세계시민교육이 시민교육과 지구교육에 이론적 · 실천적 토대를 두고 있다는 사실은 기존의 시민교육과 지구교육이 직면한 긴장과 갈등, 도전과 과제 등이 세계시민교육에서도 유사하게, 혹은 더욱 복잡한 수준으로 나타날 수 있음을 의미한다. 이러한 점에서 볼 때 세계시민교육과 세계시민성 담론의 확산은 시민교육의 지향 및 목표, 내용 등과 관련하여 정치교육에 적잖은 도전과 과제를 제시한다. 이 장에서는 종래의 시민교육과 지구교육을 둘러싼 주요 쟁점을 토대로 오늘날 세계시민교육이 당면한 도전과 과제가 무엇인지 살펴보고자 한다.

1) 정치교육(시민교육) 관련 쟁점: 어떤 시민이 '좋은 시민'인가

정치교육은 다양한 정치이념과 정치철학 사상을 심층적으로 탐구함으로써 정치에 대한 폭넓은 이해에 도달하도록 하는 교육이다(박선형, 2020). 특히, 공교육 맥락에서 정치교육은 초 · 중등 학생들을 대상으로 정치에 대한 지식과 관심, 정치적 효능감 등을 함양함으로써 바람직한 정치공동체의 유지와 발전을 기하는 데 중요한 역할을 담당한다. 이러한 관점에서 정치교육은 "한 사회의 구성원이 자신이 속한 사회의 정치이념 및 체제, 제도에 적응하면서 살아가도록 조력하는 '정치사회화'의 과정"으로 정의되기도 한다(김명정, 2017: 104).

정치교육을 일종의 사회화 과정으로 정의하는 경우, 우리 사회가 채택한 민주주의의 본질과 성격을 보다 면밀히 들여다볼 필요가 있다. 민주주의는 사회적 · 역사적 맥락에 따라 그 의미와 실천 양상이 다양하게 변주되어 왔음에도 불구하고, 대중의 논쟁과 공동의 행위를 기반으로 한 의사결정 구조와 과정을 지지한다는 점에 있어서는 상당한 합의가 존재한다. 이러한 점에서 볼 때, 시민공동체의 존속과 발전을 목표로 하는 민주시민교육은 혹은 시민교육은 민주주의 이념에 기초한 정치교육의 토대이자 출발점이 된다고 할 수 있다(박선형, 2020).

그러나 민주주의를 대표하는 두 사상으로서 자유주의(liberalism)와 공동체주의(communitarianism) 사이의 철학적·이념적 긴장으로 인해 시민교육 혹은 정치교육은 실제 다양한 스펙트럼을 형성한다. 자유주의 사상은 가치의 다양성과 도덕적 중립성에 대한 가정을 기반으로 '평등한 시민으로서 개인이 지닌 자유와 권리'를 절대적으로 중요시한다. 반면, 공동체주의는 개인의 삶을 규정하는 사회적 실제와 개인의 공동체적 정체성에 대한 신념을 토대로 공동선(the common good)을 추구하고 달성하는 데 전념한다(박선형, 2020: 34). 따라서 자유주의 사상을 강조하는 시민교육에서는 민주시민으로서 갖추어야 할 일정한 정도의 결속력과 미덕을 요구하는 반면, 공동체주의 사상을 강조하는 시민교육에서는 충성심과 애정을 근간으로 강한 유대를 요구한다. 그 밖에도 해당 사회에서 개인과 공동체의 관계를 어떻게 규정하는지에 따라 민주주의는 자유주의적 민족주의, 헌법적 애국주의, 다문화주의/차이이론 등 다양한 방식으로 정의되고 해석되며, 이에 따라 정치교육(시민교육)은 다양한 지형을 그리게 된다.

실제 민주주의에 대한 자유주의적 접근과 공동체주의적 접근, 이에 대한 비판적·대안적 접근에서는 '좋은 시민'을 서로 다른 방식으로 의미화하며, 바람직한 정치교육 혹은 시민교육에 대한 서로 다른 해법을 제시하고 있다. 시민교육 분야의 저명한 학자인 웨스트하이머(Westheimer)와 케인(Khane)은 정치사회적 맥락에 따라 이상적인 시민상에 대한 관점이 다르게 나타나는 점에 주목하였다. 그리고 이들은 '좋은 시민이란 어떤 시민인가'라는 질문에 대한 답을 찾아가는 과정에서 결국 자유주의, 공동체주의, 비판주의 등 서로 다른 정치적 관점에 대한 선택의 문제에 직면할 수밖에 없다는 결론을 제시하였다(Westheimer & Khane, 2004). 이들의 결론은 시민교육을 실행하는 실제 학교현장을 관찰하고 분석한 결과에 근거한 것이다. 이들의 현장연구를 통해 두 학자는 시민교육에서 추구하는 '좋은 시민'의 모습이 학교마다 다르며, 각 학교에서 추구하는 이상적인 시민상은 해당 학교가 어떠한 정치공동체의 입장을 채택하고 있는지와 긴밀히 연결되어 있다는 점을 확인하였다. 웨스트하이머와 케인이 유형화한 '좋은 시민'의 세 가지 상(像)은 다음과 같다.

〈표 12-1〉 '좋은 시민'의 세 유형

	개인적으로 책임감 있는 시민(A)	참여적 시민(B)	정의지향적 시민(C)
특징	• 노동과 납세의 의무를 성실히 이행하고, 준법정신이 강하며, 위기 발생 시에는 타인을 도울 준비가 되어 있는 시민	• 공공기관이 어떤 과정을 거쳐 정책을 결정하고 집행하는지에 관심을 기울이며, 사회적 문제를 해결하고 사회를 발전시키기 위해 기존의 사회제도 내에서 리더십을 발휘하는 시민	• 사회적 문제를 해결하기 위해 불의와 불평등을 재생산하는 사회적·정치적·경제적 구조를 비판적으로 분석할 수 있는 시민
예	• 푸드트럭에 적극적으로 기부	• 푸드트럭 기부활동을 계획하고 실행 • 지역사회 문제를 해결하기 위해 단체를 조직하여 지역 의회에 건의하거나 의회장과의 타협을 시도	• 빈곤을 재생산하는 근본적인 원인(예: 자본주의, 신자유주의 등)을 탐구

출처: Westheimer & Khane(2004).

이들에 따르면, '개인적으로 책임감이 있는 시민(A)'은 준법정신이 투철하며 사회적 위기 상황이 발생할 경우 기꺼이 타인을 도울 준비가 되어 있는 시민을 의미한다. 다음으로 '참여적 시민(B)'은 사회문제를 해결하기 위한 집단 수준의 행동을 계획하고 실천하는 시민을 의미한다. 마지막으로, '정의지향적 시민(C)'은 사회문제가 발생하는 구조적인 이유를 비판적으로 파악할 수 있는 시민(C)을 의미한다. 지역사회의 빈곤문제를 예로 들면, 어떤 학교에서는 학생들이 지역 내 가난한 주민들에게 기부를 하도록 가르치는 데 중점을 두는 반면(A), 어떠한 학교에서는 학생들이 보다 적극적으로 기부 단체를 결성하도록 하는 데 중점을 두고(B), 또 어떤 학교는 학생들이 빈곤의 구조적인 원인을 비판적으로 분석하도록 하는 데 중점을 둔다는(C) 것이다. 여기에서, 참여적 시민(B)은 기존의 사회구조 내에서 빈곤을 즉각적으로 해결하는 데 주력하는 반면, 정의지향적 시민(C)은 신자유주의, 자본주의 등과 같이 빈곤을 양산하는 사회구조에 전면으로 도전한다는 데 근본적인 차이가 있다.

웨스트하이머와 케인의 연구에서 주목할 만한 점은 연구에 참여한 학교 중 참여적 시민(B)과 정의지향적 시민(C)으로서 필요한 자질을 통합적으로 가르치는 학교를 발견하지 못했다는 것이다(Westheimer & Khane, 2004). 이러한 결과를 통해 두 학자는 참여적 시민(B)과 정의지향적 시민(C)이 각각 자유주의적(liberal) 관점과 비판적(critical) 관점에서 생각하는 이상적인 시민상이며, 어떤 시민을 좋은 시민으로 정의할 것인지는 결국 정치적 선택의 문제라는 결론에 도달하게 된다.

하지만 몇 해가 지난 후 두 학자는 마침내 세 가지 시민성을 통합적으로 추구하는 학교를 발견한다. 학교 자체에서 서로 다른 시민성의 배타적인 관계, 즉 두 시민성이 서로 다른 정치철학적 입장에 기반하고 있다는 점을 '인식'하고 이를 의도적으로 '통합'한 사례를 발견한 것이다. 예를 들면, 빈곤의 사회구조적 원인과 함께 빈곤문제를 해결하기 위해서는 사회구조적 변혁(transformation)이 필요하다는 점을 가르치면서도, 기부와 같은 사회 공헌활동을 활성화함으로써 빈곤층의 삶을 즉각적으로 개선하는 데 적극적으로 참여하도록 하는 것이다. 여기서 중요한 점은 기부와 같은 사회 공헌활동이 빈곤문제를 해결하기 위한 필요조건은 될 수 있지만 충분조건을 될 수 없으며, 궁극적으로는 사회구조적인 변혁을 통해 빈곤문제를 해결할 수 있다는 점을 가르치는 것이다.

국내에서는 엄수정 등(2020)의 연구에서 이와 같은 '좋은 시민'의 세 유형과 관련 이론 및 개념을 바탕으로 민주주의를 자유민주주의, 숙의민주주의, 비판민주주의로 유형화하였으며, 각 유형에 따른 민주시민교육의 접근을 인지적 접근, 참여적 접근, 정의지향적 접근으로 제시하였다(〈표 12-2〉 참고).

〈표 12-2〉 민주시민교육의 세 가지 접근

	인지적 접근	참여적 접근	정의지향적 접근
개념 설명	민주주의에 대한 지식을 토대로 사회 현상이나 사회문제에 대해 합리적이고 이성적이며, 타인의 영향 없이 독립적으로 사고할 수 있는 능력을 함양하는 교육. 주로 특정 교과를 통해 지역 및 국가의 정치체제, 법체계, 민주주의의 기본 원리, 민주시민의 권리와 책임에 대한 내용을 가르치는 방식으로 이루어짐.	학생들이 민주적 제도나 절차를 직접 경험함으로써 민주시민으로서 필요한 자질을 기르도록 하는 교육. 학생 자치활동, 학급회의 등의 학교 내 의사결정을 위한 제도적 장치를 통해 학생들이 민주적 공론 및 의사결정 과정에 참여하는 것을 강조함. 학교 안팎에서 사회참여 활동에 참여하는 것을 장려함.	민주주의가 학생들의 삶의 원리로 정착될 수 있도록 일상의 민주주의를 익히는 교육. 차이, 다양성, 복수성의 관점에서 민주주의를 이해하고 실천하는 것을 강조함. 학생들이 존엄의 상호성을 인식하고 지지하며, 이를 토대로 학교 안팎에 존재하는 소외와 배제의 문제에 대응할 수 있는 역량을 함양하는 교육
기본 가정	• 지력이 있고 합리적인 시민들로 구성된 사회에서 정치적 평등이 구현될 수 있음. • 합리적인 시민이라면 공공선을 위해 그들의 자유를 실천할 것임. • 사회문제는 비이성적인 삶과 사고방식에서 비롯됨. • 학교의 역할은 지력이 있고 합리적인 미래의 민주시민을 양성하는 것임.	• 모든 구성원이 평등의 조건 아래 합리적인 대화와 숙의 과정에 참여하여 공공선을 토대로 공동의 의사결정을 할 수 있을 때 민주주의가 실현됨. • 민주시민은 공적 영역에 적극적으로 참여하는 주체임. • 학교에서 민주시민을 기르기 위해 효과적인 방법은 민주적 제도나 활동에 직접 참여하는 것임.	• 민주주의는 부단한 개선과 보완의 노력을 요구하는 역동적인 과정이며, 따라서 민주주의의 민주화가 필요함. • 민주화의 핵심 과제는 개인 및 사회 집단 간의 차이와 힘의 비대칭성, 그로 인한 배제의 문제를 어떻게 해결할 것인지에 관한 것임. • 학교의 역할은 학생들이 일상을 통해 평등, 정의, 공정함의 가치에 대해 익히고 실천하도록 하는 것임.
특징	• 민주주의에 대한 교육 • 지식 중심 교육 • 개인의 이성적 · 합리적 사고 강조	• 민주주의를 통한 교육 • 실천 중심 교육 • 공동의 의사결정, 참여와 실천 강조	• 민주주의를 위한 교육 • 지식과 실천의 통합 강조 • 사회구조적 부정의에 대한 비판적 성찰 강조

시민상	타인의 영향에서 벗어나 합리적이고 이성적으로 사고하고 자율적으로 의사결정하는 시민	공적 영역에 관심을 기울이며, 문제해결을 위한 공동의 의사결정 과정에 적극적으로 참여하는 시민	사회구조적인 소외와 배제 문제를 인식하고, 민주주의의 민주화를 위해 노력하는 정의로운 시민
이론적 토대	합리주의, 자유민주주의 이론	숙의민주주의 이론, 커트먼(Gutmann)의 숙의민주교육 이론, 듀이(Dewey)의 진보주의	비판민주주의 이론, 비판교육학 이론, 다문화주의, 사회정의교육 이론

출처: 엄수정 외(2020: 34)의 일부.

시민성에 관한 이제까지의 논의는 정치교육의 맥락에서 세계시민성의 의미와 실천방안을 모색하기 위한 첫걸음이 된다고 할 수 있다. 이는 오랜 기간 '시민성'과 '시민의식'이 세계시민성의 핵심적인 구인으로 논의되어 온 것과도 관련이 있다(손경원, 2014). 따라서 정치교육의 맥락에서 세계시민성을 논의하는 경우 '시민'이라는 개념 자체가 포함하고 있는 다양한 혹은 상반된 관점들을 살펴보는 과정이 선행되어야 할 것이다.

2) 지구교육 관련 쟁점: 국가(국민)정체성은 세계시민성의 구인이 될 수 있는가

세계시민성을 둘러싼 쟁점은 민주주의와 시민성에 대한 상이한 철학과 이념에서 발생하기도 하지만, 지역, 민족, 국가, 세계 등 다양한 층위에서 형성되는 정체성 사이의 갈등과 긴장에 의해 발생하기도 한다. 이와 같은 다원적 정체성(multiple identities)을 둘러싼 논쟁은 '국가(국민)정체성은 과연 세계시민성의 구인이 될 수 있는가?'라는 질문에서 한층 가시화된다. 이 장에서는 이러한 질문에 대한 상이한 입장을 세계시민교육의 맥락에서 통시적·공시적으로 살펴볼 것이다. 전 지구적 수준의 정치공동체를 근간으로 정의되는 세계시민성은 국가 및 지역 수준의 정치공동체를 가정한 시민성과 어떻게 다른가? 세계시민성에 대한 논의는 종래의 (국가)시민성에 대한 논의에 어떠한 도전과 과제를 제시하는가? 다원적 정체성과 관련하여 이 장에서 함께 다루어 보고자 하는 질문이다.

세계시민교육에 대한 전통적인 접근에서는 세계시민으로서의 보편성(unity)을 강조해 왔다. 각국의 독특한 정치적·사회적·문화적 맥락에 대해 관심을 기울이기보다는 서구 중심의 가치를 전(全)지구적 가치로 규정한 상태에서 세계시민의 자질을 논의한 것이다(Nussbaum, 2002). 이와 같은 보편적 관점에 근거하여 개발된 세계시민성 척도들은 '국제관계이해능력', '국제문제해결능력', '세계시민의식' 등을 세계시민성의 구인으로 제시한다(손경원, 2014).

그러나 '세계적' 혹은 '보편적'이라고 여겨졌던 가치와 윤리에 대한 회의적 입장과 더불어 그간 보편 윤리로 여겨졌던 이론들이 사실상 서구 중심의 윤리라는 비판이 제기되기 시작하였다(박휴용, 2010). 이 같은 탈근대적·탈식민적 움직임은 세계시민성의 보편성을 강조해 온 기존의 세계시민교육에 대한 비판으로 이어졌다. 이제까지의 세계시민교육이 각국의 문화적 고유성에 대한 인정(recognition)을 기반으로 창출되는 다양성의 가치를 간과해 왔으며, 지구사회와 국가사회 사이에 발생하는 가치 충돌의 현실을 심도 있게 다루지 않았다는 것이다. 다양성을 간과한 세계시민성에 근본적인 문제를 제기한 파레크(Parekh, 2003)는 일원론적 세계시민성은 가능하지도, 바람직하지도 않으며, 세계시민성에 관한 논의에서 다양한 국가와 민족의 문화적 고유성이 반드시 존중되어야 한다고 역설하였다.

보편주의에 대한 비판적 관점을 수용한 세계시민교육에서는 지구공동체 구성원으로서 갖추어야 할 자질과 국가 및 민족공동체 구성원으로서의 갖추어야 할 자질 간의 관계를 어떻게 정의해야 할 것인가가 중요한 쟁점으로 논의되고 있다. 일찍이 다문화교육의 저명한 학자인 뱅크스(Banks, 2004)는 국민정체성이 세계시민정체성에 자연스럽게 포섭된다고 보았다. 세계시민으로서의 정체성은 개인이 속한 지역, 민족, 국가에 대한 정체성을 기반으로 형성된다는 것이다. 따라서 그는 지역적·국가적·세계적 수준에서의 정체성을 [그림 12-1]과 같이 동심원 형태로 제시하였다.

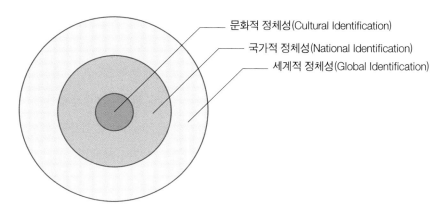

문화적 정체성(Cultural Identification)
국가적 정체성(National Identification)
세계적 정체성(Global Identification)

[그림 12-1] 문화적 · 국가적 · 세계적 정체성

출처: Banks(2004).

정치교육의 맥락에서 보면, 지역, 민족, 국가 수준의 정치공동체 구성원으로서 형성한 정체성이 전 지구적 정치공동체 구성원으로서의 정체성을 함양하기 위한 토대가 되는 것이다. 이러한 관점에서 개발된 세계시민성 척도들은 '국제이해능력', '국제문제해결능력', '세계시민의식' 등과 더불어 '국가(국민)정체성', '민족정체성', '지역정체성' 등을 세계시민성의 중요한 구인으로 제시하고 있다(강운선, 이명강, 2009; 손경원, 2014; 이은경 외, 2015; 지은림, 신광식, 2007). 특정 지역, 민족, 국가의 구성원으로서의 정체성이 지구공동체 구성원으로서의 정체성을 구성하는 요인이 되는 것이다.

세계시민교육에 대한 담론이 보편주의에서 벗어나 국가정체성, 민족정체성, 지역정체성 등에 관심을 기울이기 시작했다는 점은 교육적으로나 정치사회적으로 커다란 시사점을 제공한다. 그럼에도 불구하고 '국가(국민)정체성이 세계시민성의 구인이 될 수 있는가'라는 문제는 여전히 논쟁으로 남아 있다. 국가(국민)정체성을 세계시민성의 구인으로 정의하는 것에 대해 회의적인 입장을 가진 학자들은 개인이 지닌 지역, 민족, 국가, 세계 수준에서의 정체성이 언제든지 분열될 가능성이 있으며, 각 수준에서의 정체성은 사실상 역동적으로 상호작용한다는 점을 강조한다(서태열, 2004). 이와 관련하여 국내 청소년들의 세계시민성을 측정한 한 연구에서는 한국 전통문화에 대한 '민족적 긍지(민족정체성)'는 세계시민성에 긍정적인 영향을 미치는 반면, 대한민국에 대한 '국가적 긍지(국가정체성 혹은 국민정체성)'는 세계시민성과 무관한 것으로 보고한 바 있다(손경원, 2014). 국가(국민)정체성이 세계시민성의 구인이 될 수 있다는 명제에 도전을 제기하는 것이다. 또한, 일군의 학자들은 국가(국민)정체성을 세계시민성의 구인으로 보는 입장이 세계화 시대에 개인이 직면할 수 있는 정체성의 충돌과 위기를 간과하고 있다고 지적한다(문성학, 2013). 이 같은 견해를 공유하는 학자들은 국민으로서의 정체성과 세계시민으로서의 정체성이 충돌하는 상황에서 어떤 정체성이 우선하는지, 왜 그러한지에 관한 끊임없는 질문을 제기한다(손경원, 2014).

국가(국민)정체성과 세계시민성 사이에 나타나는 갈등과 긴장은 에번스와 그의 동료들(Evans et al., 2009)이 제시한 '세계시민교육의 역설'에도 반영되어 있다. 세계시민성 개념이 대개 국가적(national) 관점에서 이해되고 해석되기 때문에, 결과적으로 지역, 민족, 종교, 문화 등을 토대로 형성되는 다양한 연대를 위협하는 제국주의(imperialism)로 작용한다. 세계시민성을 둘러싼 담론의 변화와 역동성을 고려한 듯, 뱅크스는 당초에 제시했던 동심원 형태의 다원적 정체성을 [그림 12-2]와 같이 변경하였다(Banks, 2009).

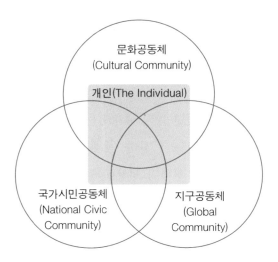

[그림 12-2] 문화적 · 국가적 · 세계적 정체성

출처: Banks(2009).

각 층위에서 형성되는 정체성 간의 균형을 강조한 후기 모형은 "다양성이 없는 보편성은 문화적 헤게모니를 초래하며, 보편성이 없는 다양성은 발칸화(Balkanization)와 국가의 파편화를 초래한다(Banks, 2009)"는 그의 주장과 보다 긴밀히 연결된다.

3. 정치교육(시민교육)과 지구교육의 쟁점에 근거한 세계시민 교육의 다양한 지향

세계시민성 함양을 위한 교육은 첫째, 이상적인 시민상을 둘러싸고 경합하는 다양한 정치사회적 관점 중 어떠한 관점을 채택하는지에 따라, 둘째, 국가와 세계를 비롯하여 다양한 층위에서 나타나는 정체성의 관계를 어떻게 규명하는지에 따라 매우 다른 양상으로 전개된다. 에번스와 동료들은 이와 같은 이론적 쟁점을 기반으로 각국에서 실행되고 있는 세계시민교육의 양상을 종합적으로 분석한 결과로서 세계시민교육의 다섯 가지 지향을 범주화하였다.

1) 세계시장을 위한 준비

세계시장을 위한 준비로서 학습자들의 세계시민성을 함양하는 것은 인간자본론 (theories of human capital)을 기반으로 한다. 세계시민교육에 대한 이와 같은 지향 에서는 학교교육을 통해 국가의 경제적 성장에 공헌할 수 있는 경쟁력 있는 인적 자원을 생산하는 데 일차적인 목표를 둔다. 학교교육에 대한 이러한 도구적 접근 에서 세계시민성은 세계시장에서 경제적 경쟁력을 갖추는 데 필요한 지식과 기술 로 구성된다(O'Sullivan, 1999). 세계시민성을 글로벌 시장에서 경쟁력을 갖춘 인재 의 자질과 역량으로서 정의하는 방식은 각국의 정책입안가나 정부 관료 및 다양한 국제기구에서 지배 담론으로 작용하는 한편, 사회정의와 평등, 평화적 공존, 상호 문화적 이해 등을 강조하는 정치공동체로부터 지속적인 비판을 받고 있다. 이와 같은 지배 담론과 비판적 담론 사이에 형성되는 긴장과 갈등은 개인과 시민, 정부 등 다양한 주체의 서로 다른 요구에서 비롯되는 역동성을 전제로 하고 있기 때문에 양극적 혹은 이분법적 관점으로 단순화되기 어렵다(Evans et al., 2009).

2) 세계적 마인드를 함양하기 위한 학습

세계적 마인드를 함양하는 데 중점을 둔 시민교육은 전 지구적 상호 의존 및 상 호 연결 개념이 학습자 중심 교육철학과 결합된 것으로 볼 수 있다. 세계적 마인드 란 세계를 하나의 시스템으로 이해하는 것을 의미한다. 이러한 관점에서 보면, 개 별 국가들은 지구라는 행성의 구성 요소인 동시에 지구의 유지와 존속에 공헌한 다. 세계적 마인드를 옹호하는 여러 학자 중 미국의 교육자 메리필드(Merryfield, 1998)는 교사와 학생들이 서로의 관계를 지구공동체의 관점에서 이해하고 해석할 필요가 있음을 역설하였다. 또한, 학습자 중심 교육과 철학적 기반을 공유하는 이

지향에서는 세계시민성을 중심으로 한 학습자의 전인적 발달을 지원하며, 교육목표를 실현하는 과정에서 학습자의 참여와 활동을 강조한다.

3) 범세계주의적 이해의 신장

범세계주의적 지향은 정체성과 시민성에 관한 정치철학 분야의 이론과 연구에 토대를 두고 있다. 혼종적(hybrid) 정체성을 비롯하여 인간의 정체성과 인권 담론에 나타나는 복잡성과 다양한 측면들을 강조하는 가운데, 이러한 혼종성, 복잡성, 다양성이 시민사회의 다양한 구조와 과정에 어떻게 반영되어 있는지를 탐구하는 데 중점을 둔다(Osler & Starkey, 2003). 이러한 지향에 근거한 시민교육에서는 (민족, 인종, 젠더, 지역, 종교 등을 기준으로 형성되는) 다양한 사회 집단에 속한 개인이 해당 집단의 구성원들과 관계를 맺고 상호작용을 하는 과정에서 결속 및 소속감을 형성하고, 이를 기반으로 문화적 정체성을 발달시키며, 궁극적으로는 상호 연결된 다양한 집단을 가로지르는 경험을 통해 지구공동체 구성원으로서의 정체성을 형성해 나가는 과정에 주목한다. 범세계주의적 관점에서 볼 때, 세계시민성을 함양하는 것은 지역, 국가, 세계 등 다양한 층위에서 나타나는 시민적 정체성을 형성에 나가는 것을 의미하며, 전 지구적 시민사회의 형성을 지지하고 옹호한다(Heater, 2002). 범세계주의적 지향을 반영한 시민교육은 학교의 담장을 넘어 지역적 · 국가적 · 전 지구적 수준의 다양한 시민활동에 참여하는 데 필요한 지식과 실천적 역량을 강조한다. 학생들이 학교운영위원회나 각종 지역사회 활동에 직접 참여하면서 세계시민으로서의 역량을 기르도록 하는 교수학습이 대표적인 예이다.

4) 비판적 문해와 지구적 책임감 함양

비판적 문해와 지구적 책임감을 함양을 지향하는 시민교육은 비판교육학에 그 근원을 두고 있다. 이러한 지향에 따르면, 세계시민성은 다양한 집단의 서로 다른 관점을 포용하는 동시에, 자신의 사회적 위치성(positionality)과 배경(background)을 비판적으로 성찰하고, 이를 토대로 지역 혹은 세계가 당면한 불의와 불평등의 문제를 해결해 나갈 수 있는 역량을 의미한다. 대표적인 학자로서 디 안드레오티(de Andreotti, 2006)는 높은 수준의 복잡성과 불확실성, 연결성, 차이성 등을 지닌 지구적 수준의 현안과 다양한 관점들을 다루는 데 필요한 분석적 도구와 윤리적 토대를 제공하는 교육이 필요함을 역설하였다. 탈식민주의적 관점을 지지하는 안드레오티는 세계시민성에 내재한 자민족 중심주의 혹은 문화적 우월주의를 강력히 비판하였으며, 아이리스 영(Young)이 주장한 인류의 상호 연결성과 상호 의존성, 스파이백(Spivak)이 주장한 '지구 남반구에 대한 (북반구의) 책임' 등을 지지한다. 세계시민성에 대한 이와 같은 담론은 '비판적 세계시민교육(critical global citizenship education)'을 중심으로 확장되고 있으며, 지구 남반구와 북반구 사이의 상이한 권력에서 비롯되는 억압과 불평등, 폭력과 착취의 문제를 심도 있게 다룬다.

5) 전 지구적 불의를 시정하기 위한 깊은 이해와 시민행동 촉진

세계시민성에 대한 마지막 지향은 사회정의와 시민참여의 문제를 전 지구적 맥락에서 다루는 데 초점이 있다. 이러한 지향과 접근은 피상적 수준의 다양성 축제를 넘어 집단 간에 나타나는 권력 역학 문제에 관심을 기울인다. 에번스에 따르면, 사회정의를 위한 전 지구적 수준의 행동을 촉구하는 옥스팜(OXFAM, 2006)에서 제시한 세계시민 개념에 이와 같은 지향이 반영되어 있다. 옥스팜이 정의한 세계시민은 다음과 같은 사람을 의미한다.

- 광범위한 세계에 대한 인식을 바탕으로 세계시민으로서의 역할을 담당하는 사람
- 다양성을 존중하는 사람
- 경제적 · 정치적 · 사회적 · 기술적 · 환경적 측면에서 세계가 작동하는 방

식을 이해하는 사람
- 사회적 불의에 문제를 제기하는 사람
- 지역 수준에서 세계 수준에 이르는 다양한 공동체에 참여하고 공헌하는 사람
- 지속가능한 세계를 만들어 가는 가운데 자신의 행동에 책임을 지는 사람

옥스팜에서는 위와 같은 세계시민성을 함양하는 데 필요한 능력으로 비판적 사고능력, 자신의 주장을 효과적으로 제시할 수 있는 능력, 불의와 불평등에 도전할 수 있는 능력, 협동과 갈등해결을 위한 능력 등을 제시하였다(OXFAM, 2006). 전 지구적 수준의 불의를 시정하는 데 필요한 지식을 깊은 수준에서 이해하고, 실질적인 사회행동에 참여하도록 이끄는 교육적 접근은 학습자 중심 교육과 맥을 같이하며, 변화를 위한 행동을 촉구한다는 점에서 실천주의(activism)와도 맥을 같이한다.

4. 세계시민성 함양을 위한 정치교육의 방향과 과제

에번스가 제시한 세계시민교육의 다섯 가지 지향은 서로 다른 이념적·철학적 관점을 기반으로 형성되는 정치교육(시민교육)과 지구교육의 쟁점, 즉 이상적인 시민상과 다원적 정체성을 둘러싼 쟁점들에 대한 다양한 이해와 해법을 제시한다. 먼저, '좋은 시민이란 어떤 시민인가'라는 질문에 대해 전자의 세 지향은 개인주의에 상대적인 무게를 두고 있는 반면, 후자의 두 지향은 공동체주의와 비판주의에 상대적인 무게를 두고 있다. 다음으로, 다원적 정체성과 관련하여 첫 번째 지향에서는 국가, 두 번째 지향에서는 학습자 개인, 세 번째 지향에서는 세계를 강조한다. 한편, 네 번째와 다섯 번째 지향에서는 지역, 국가, 세계의 다양한 층위에서 발생하는 갈등과 권력 역학 문제를 드러내고, 이러한 문제들을 해결하기 위한 균형과 조화의 지점을 찾아가는 데 주력한다. 이처럼 세계시민성의 다양한 지류와 세계시민교육의 다양한 지형은 상당 부분 '이상적인 시민상'과 '다원적 정체성'에 관한 서로

다른 이해와 신념에서 비롯된다. 세계시민성 함양을 위한 정치교육의 방향을 설정하는 데 있어 교육자와 관련 주체들 간의 심도 있는 논의가 필요한 지점이다.

주요 개념 정리

☑ **세계시민성**: 세계시민성은 다양한 집단의 서로 다른 관점을 포용하는 동시에, 자신의 사회적 위치성(positionality)과 배경(background)을 비판적으로 성찰하고, 이를 토대로 지역 혹은 세계가 당면한 불의와 불평등의 문제를 해결해 나갈 수 있는 역량을 의미한다(OXFAM, 2006).

☑ **이상적인 시민상**: 이상적인 시민상은 정치적 · 경제적 · 사회문화적 맥락에 따라 다르게 나타날 수 있다. 개인주의 혹은 공동체주의, 자유주의 혹은 비판주의 등 어떠한 이념을 지향하는지에 따라 이상적인 시민에 대한 정의와 시민교육의 지향이 달라질 수 있다.

☑ **다원적 정체성**: 다원적 정체성은 문화(지역, 민족), 국가, 세계를 구성하는 다양한 공동체에 대한 결속 및 소속감을 토대로 형성되는 정체성을 의미한다.

생각해 볼 문제

1. 세계시민교육의 이론적 · 실천적 토대가 되는 정치교육(시민교육)과 지구교육(global education)의 핵심 주제(내용)는 무엇인가?

2. 이상적인 시민상 및 다원적 정체성에 대한 다양한 입장과 견해는 어떠한가?

3. 이상적인 시민상과 다원적 정체성에 대한 상이한 입장에서 비롯되는 세계시민교육의 다섯 가지 지향은 무엇인가?

4. 세계시민성 함양을 위한 정치교육의 방향과 과제는 어떠한가?

참고문헌

강운선, 이명강(2009). 한국과 중국 대학생의 세계시민성 비교연구. 사회과교육, 48(4), 175-185.

김명정(2017). 정치교육이 고등학생의 시민성에 미치는 영향: 부산 지역 고등학생을 중심으로. OUGHTOPIA, 32(1), 101-123.

박선형(2020). 정치교육(과 시민교육)의 쟁점과 발전과제. 교육정치학연구, 27(4), 27-56.

박휴용(2010). 교육과정 이념으로서의 세계시민주의(Cosmopolitanism)에 대한 비판적 담론 분석. 교육과정평가연구, 13(1), 1-27.

서태열(2004). 세계화, 국제정체성, 그리고 지역정체성과 사회과교육. 사회과교육, 43(4), 5-29.

손경원(2014). 세계시민성의 진단과 시민윤리 교육적 함의: 국가 정체성과 다문화 수용성, 도덕적 가치의 상대적 영향력을 중심으로. 도덕윤리과교육, 44, 121-141.

심희정, 김찬미(2018). 세계시민교육 국내 연구동향 분석: 2000년부터 2018년 등재학술지 게재 논문을 중심으로. 한국교육, 45(3), 1-28.

엄수정, 김종훈, 박하나, 정수정, 조현희(2020). 학교급별 민주시민교육 실행방안: 정의지향적 접근을 중심으로. 경기: 경기도교육연구원.

유혜영, 김남순, 박환보(2017). 시·도교육청의 세계시민교육 정책 현황 분석. 글로벌교육연구, 9(4), 3-33.

이은경, 오민아, 김태준(2015). 한국 청소년의 글로벌 시민성 유형 분석: 학교급별 시민교육에 주는 함의. 아시아교육연구, 16(3), 157-179.

장의선, 이화진, 박주현, 강민경, 설규주(2015). 글로벌 시티즌십 함양을 위한 교과별 교수학습 지원 방안: 중학교 국어과와 사회과를 중심으로. 한국교육과정평가원. RRI 2015-4.

지은림, 선광식(2007). 세계시민의 구성요인 탐색 및 관련변인 분석. 시민교육연구, 39(4), 115-134.

Banks, J. A. (2004, December). Teaching for social justice, diversity, and citizenship in a global world. *In The Educational Forum, 68*(4), 296-305.

Banks, J. A. (2009). Multicultural eduction: Dimensions and paradigms. In J. A. Banks (Ed.), *The Routledge international companion to multicultural education* (pp. 9-32). New York, NY: Routledge.

de Andreotti, V. O. (2014). Soft versus Critical Global Citizenship Education. In S. McCloskey (Ed.), *Development Education in Policy and Practice.* London, UK: Palgrave Macmillan. https://doi.org/10.1057/9781137324665_2

Evans, M., Ingram, L. A., MacDonald, A., & Weber, N. (2009). Mapping the "global dimension" of citizenship education in Canada: The complex interplay of theory, practice and context. *Citizenship Teaching and Learning, 5*(2), 17-34.

Heater, D. (2002). *World citizenship: Cosmopolitan thinking and its opponents.* London, UK: Continuum.

Merryfield, M. (1998). Pedagogy for Global Perspectives in Education: Studies of Teachers' Thinking and Practice. *Theory and Research in Social Education, 26*(3), 342-378.

Nussbaum, M. (2002). Partriotism and Cosmopolitanism. In J. Cohen (Ed.), *For love of country: The new democracy forum on the limits of patriotism* (2nd ed., pp. 3-17). Boston, MA: Beacon Press.

Osler, A., & Starkey, H. (2003). Learning for cosmopolitan citizenship: theoretical debates and young people' experiences. *Educational Review, 55*(3), 243-254.

O'Sullivan, B. (1999). Global change and educational reform in Ontario and Canada. *Canadian Journal of Education, 24*(3), 311-325.

OXFAM (2006). What is global citizenship. http://www.oxfam.org.uk/coolplanet/teachers/globciti/whatis.htm

Parekh, B. (2003). Cosmopolitanism and global citizenship. Review of *International Studies, 29*(1), 3-17.

Westheimer, J., & Khane, J. (2004). Educating the "good" citizen: Political choices and pedagogical goals. *Political Science and Politics, 37*(2), 241-247.

제13장

MZ세대를 위한 정치교육으로서의 통일교육

모춘흥

> **개요**
>
> 이 장에서는 한국의 정치교육에서 통일교육의 의미와 현주소를 개괄하고 MZ세대가 마주하는 통일의 의미를 간략히 검토한다. 이어서 MZ세대를 위한 통일교육의 새로운 지향점을 제시한 후, MZ세대를 위한 통일교육을 어떻게 가르쳐야 할지를 논한다.

1. 들어가며

정치적 입장이 대립하는 상황에서 정치현상에 대한 관심과 이해, 민주시민으로서의 책임과 권리에 대한 인식이 부재할 경우, 정치 · 사회적 갈등 상황에서 원만한 해결책을 모색하기 어렵다. 이에 정치교육(political education)의 목표는 시민적 역량, 즉 서로 다른 가치나 입장에 대한 이해, 대화와 타협을 통한 갈등의 해소, 민주시민으로서의 권리와 책임의식, 다양한 정치 현안에 대한 관심 등을 제고하는 데 있다(이정진, 2020: 6).

데이비드 이스턴(David Easton)이 말하듯이, 정치는 "사회적 가치의 권위적 배분(authoritative allocation of social values)"이다. 정치교육은 희소한 자원의 권위적 배분이라는 정치의 속성에서 자유롭지 않으며, 특정 이해당사자의 정치이념과 정치의식에 따라 뜨거운 논쟁의 대상이 될 수 있다(박선형, 2020: 29-30).

한국의 정치교육에서 통일교육 역시 정치의 근원적 속성에서 자유롭지 않았다. 냉전과 남북 분단이라는 특수한 상황으로 인해 통일교육이 정치적인 견해에 영향을 받을 수밖에 없었다. 지속된 분단 상황과 한반도를 둘러싼 주변국들 간의 대립적 관계로 인해 통일한국이 지향해야 할 '미래상'이 어떠한 것이며, 그 방법론은 무엇인가에 대해 극명한 진영 간 대립이 진행되고 있다. 양 진영 간 극단적 주장으로 인해 통일교육은 분절성과 폐쇄성을 띠게 되고, 이에 따라 지속 가능한 통일교육을 위한 토대가 제대로 형성되지 못했다.

물론 '탈분단 통일교육'과 '평화지향적 통일교육'이라는 이름으로, 현재 분단체제 극복과 평화를 연결하는 교육적 실천이 늘어나고 있다(조정아 외, 2019). 그러나 분단된 지 70여 년이 지난 현재, 통일에 대한 열망이 점점 줄어들고 있고, 무엇보다 통일의 필요성에 대한 젊음 세대의 부정적 응답이 늘어나고 있다(박상훈, 허재영, 2020). 따라서 시대적 상황에 맞는 지속 가능한 통일교육이 이루어질 필요가 있다.

그렇다면 체계적인 정치교육으로서의 통일교육 목표는 무엇이며, 어떠한 내용과 가치를 담아야 하는가? 통일은 소수의 노력만으로는 달성하기에 어려운 과제이며, 한국 사회 모든 구성원들의 적극적인 관심과 노력을 기울여야 하는 사안이지만, 기존의 '당위적인 수사'를 강조하는 통일교육은 'MZ세대'로 불리는 오늘날 젊은 세대들의 관심을 이끌어 내는 데 한계가 있을 수밖에 없다(배영애, 2017: 318-319). 이에 MZ세대가 마주하고 기대하는 통일의 의미를 통일교육에 적극 반영할 필요가 있다.

이러한 현실을 고려하여 이 장에서는 통일에 대한 MZ세대의 관심을 증대시키고, 통일 미래의 주체인 MZ세대에게 적합한 통일교육의 방향성을 제시하고자 한다.

2. 통일교육의 의미와 현주소

「통일교육 지원법」제2조에 따르면, 통일교육은 "자유민주주의에 대한 신념과 민족공동체의식 및 건전한 안보관을 바탕으로 통일을 이룩하는 데 필요한 가치관과 태도를 기르도록 하기 위한 교육"으로 정의되어 있다. 2018년 8월 통일부 통일교육원에서 발간한 『평화·통일교육: 방향과 관점』에서는 통일교육의 목표를 "평화적 통일을 이루어 가는 데 필요한 긍정적 인식과 바람직한 태도를 기르는 것"으로 설명하고 있다(통일부 통일교육원, 2018: 6).

「통일교육 지원법」의 근거는 「헌법」 전문의 "조국의 평화적 통일의 사명" 규정과 제4조 "대한민국은 통일을 지향하며, 자유민주적 기본질서에 입각한 평화적 통일 정책을 수립하고 이를 추진한다"는 규정에 기초하고 있다. 그러나 통일교육이 갖는 중요성에도 불구하고, 통일교육의 의미와 그 범위가 명확하지 않다는 비판을 받고 있다(「통일교육 지원법」 일부개정법률안, 2021/12/24; 모춘홍 외, 2020: 230). 다만 일부 연구에서는 통일교육을 "통일과 관련된 전반적인 지식교육과 더불어 통일 이후 파생되는 문제점을 해결하기 위하여 학습자의 가치관 및 태도, 의지 함양을 위한 교육"이자, "통일을 위하여 점진적으로 가능성을 높이는 동시에 통일 후 사회통합을 위한 미래지향적 교육"이라고 설명한다(배영애, 2017: 322-323).

통일교육은 초·중·고 학생들과 대학생들을 대상으로 하는 학교통일교육과 지역사회의 통일문제에 대한 관심과 이해를 제고하기 위해 실시되고 있는 사회통일교육, 그리고 중앙행정기관, 지방자치단체(이하 지자체), 공공기관 등에 소속된 공무원과 직원 등을 대상으로 하는 공무원통일교육으로 분류할 수 있다. 학교통일교육과 관련하여 초·중·고 학생들을 대상으로 하는 통일교육은 대체로 정부가 지향하는 방향에 기초해서 이루어지고 있는 데 반해, 대학 통일교육은 교육의 내용과 방법의 측면에서 상대적으로 자율성을 보장받고 있다(변종헌, 2012: 160).

물론 정부와 지자체는 대학생들의 통일에 대한 관심을 제고하고 대학 사회의 통일교육 참여를 유도하기 위해 다양한 사업들을 진행하고 있다. 통일부 통일교육원에서는 통일교육 선도대학을 지역별·기능별 평화·통일교육 거점대학으로 육성하고 있고, 대학생들에게 다양한 통일교육 기회를 제공하기 위해 대학생을 위한 통일 특강 및 강좌 지원사업과 대학생들의 자율적 통일활동 지원사업을 하고 있다(통일부 통일교육원, 2021: 23-24).

한편 통일교육에서 최근 의미 있는 변화가 일어나고 있다. 최근 들어 통일교육에서 '평화'의 의미가 강조되고 있고, 통일부가 발간한『평화·통일교육: 방향과 관점』에서 평화·통일교육이라는 용어를 정부가 공식 문서에서 처음으로 사용하였다(한만길, 2019: 136). 기존의『통일교육 지침서』와『평화·통일교육: 방향과 관점』을 비교해 보면, 통일교육에 대한 시각차가 뚜렷하게 나타난다는 것을 확인할 수 있다. 기존의『통일교육 지침서』에서는 통일교육의 목표로 '미래지향적 통일관', '건전한 안보관', '균형 있는 북한관'을 제시한 데 반해,『평화·통일교육: 방향과 관점』에서는 '평화통일의 실현의지 함양', '건전한 안보의식 제고', '균형 있는 북한관 확립', '평화의식 함양', '민주시민의식 함양'을 통일교육의 목표로 제시했다. 특히, 최근에는 통일교육에 있어서 '평화'의 의미와 민주시민의식을 강조하고 있다(통일부 통일교육원, 2016; 2018).

지자체 또한 평화의식을 바탕으로 북한을 이해하고 평화협력 시대를 열어 가기 위한 차원에서 통일교육에 보다 적극적인 태도를 보이고 있다. 대표적으로 경기도는 광역 지자체가 중심이 되어, 2018년 이후 변화된 남북관계와 경기도의 특수성을 반영하여 "한반도 평화시대를 선도하는 경기도민의 평화감수성 함양"을 비전으로 경기도 평화통일교육 중장기 계획을 수립했다(소성규, 모춘흥 외, 2020).

(한반도) 평화문제와 관련하여 눈여겨볼 만한 연구 역시 눈에 띄게 늘었다. 평화다원주의(pluralism of peace) 시각에서 여러 '평화들'을 긍정하고, '평화들'이 인간의 얼굴을 한 평화가 되도록 하는 작업이 평화 연구의 목적이라는 점을 제시한 연구(이찬수, 2016), 지속 가능한 평화의 구축을 위하여 평화와 관련된 긍정적 가치를 확대하기 위해 생태, 공정성, 공공성, 신뢰, 공존, 대화 등 '평화의 여러 가지 얼굴'에 대한 검토(김성철, 이찬수 편, 2020), 한국 평화학의 필요성과 가능성을 탐색한 시도(서보혁, 2019), 한반도의 특수성과 국제평화의 보편성을 연계시키려는 시도(김태균

외, 2021), 북한 핵과 미·중 경쟁이 격화되는 이중 도전에 직면한 대한민국의 평화 정책을 '힘으로 지키는 평화', '협력으로 만드는 평화', '평화 구축을 위한 외교', '인간과 평화'라는 시각으로 풀어낸 시도(최대석 외, 2021) 등이 대표적인 사례이다. 이러한 연구들은 한반도와 관련된 평화 개념을 보다 구체화하면서 한반도 평화 담론의 수준을 한층 높이는 데 상당한 기여를 했다(홍용표, 2021: 35).

그러나 통일과 관련된 교육적인 측면에서는 여전히 모호한 부분들이 존재한다. 사실 통일교육에서 평화에 대한 관심이 높아졌지만, 내용적 차원으로 들어가면 대북 정책 또는 통일 정책을 중심으로 평화문제를 이야기하는 경우가 많았고, 그조차도 평화의 당위성을 앞세울 뿐, 어떤 평화가 필요하며 어떻게 그러한 평화에 다가가야 하는지에 대한 본격적인 논의는 부족했다(홍용표, 2021: 35-36).

정부와 지자체, 그리고 민간이 통일교육이 갖는 중요성을 고려하여, 많은 투자와 시도를 하고 있지만, 여전히 대한민국 사람들은 자신이 원하는 평화통일이 무엇인지 잘 모른다. 보다 구체적으로 말하자면, 평화통일이 무엇인지 알기는 하되, 개인이든 집단이든 실천하는 방법을 잘 몰라서 그런 것일 수도 있다(이찬수, 2016: 13). 이에 우리가 필요로 하는 평화통일을 어떻게 이룰 것인지, 평화통일을 방해하는 것을 어떻게 없앨 것인지, 그리고 통일 이후 어떻게 평화롭게 같이 살 것인지에 중점을 둔 통일교육이 필요하다(정주진, 2013: 6). 사실 우리가 현실에서 경험하는 평화통일은 '단수'가 아니라 '복수'이지만, 그 평화통일들 역시 평화통일이라는 공통성을 공유한다(이찬수 2016: 18). 말하자면 '세대별', '성별', '계층별'로 경험하는 평화와 통일은 상이할 수 있지만, '평화통일'이라는 목표와 가치를 포괄한다.

근래 우리 사회는 통일인식과 통일관에 대한 세대별 차이가 있다는 점을 계속적으로 지적해 오고 있으며, 이때 주된 관심의 대상은 MZ세대로 불리는 젊은 세대이다. 이에 많은 연구자들은 기성세대와는 다른 MZ세대의 통일에 대한 인식과 변화된 통일환경 속에서 통일에 대한 MZ세대들의 관심을 이끌어 낼 수 있는 방향과 MZ세대의 세대적 특성을 반영한 통일교육의 방향을 제시하는 데 주목하고 있다.

3. MZ세대가 마주하는 통일

통일은 우리에게 익숙한 단어이다. 통일이라는 단어는 「헌법」에도 아홉 번이나 담겨 있고, 인터넷을 검색하면 통일 관련 뉴스를 거의 매일 볼 수 있다. 이렇듯 통일은 우리의 삶 언저리에 항상 존재하고 있다. 그러나 통일에 대한 국민들의 열망이 점차 식어 가고 있다. 이제 통일은 '당위'의 문제가 아니라 '선택'의 문제로 받아들여지고 있다.

MZ세대가 마주하는 통일은 어떠한가? 통일이라는 말 자체는 좋지만, 세대마다 통일에 대한 의식과 기대는 다르다. 통일에 대한 관심은 분단의 역사만큼 오래되었고 수많은 연구가 이루어졌다. 그러나 어떻게 통일을 준비하고, 이룩해야 하는지를 놓고서 합의된 결론은 존재하지 않는다. 국민들이 전제하는 통일 과정과 통일한국의 형태는 각기 다르며, 통일을 상정하는 담론 역시 다양하다(이석희, 강정인, 2017: 3).

MZ세대에게 있어서도 통일은 분단 상태에서 대립하고 있는 남한과 북한의 문제와 관련되어 있다. 그러나 조금만 더 깊이 들어가 보면 MZ세대가 원하는 통일의 목표와 정책 방향은 단순하지 않다. 2018년 평창 동계올림픽 남북 여자 아이스하키 단일팀 구성 논란은 통일의 핵심적인 가치를 '민족'으로 꼽았던 기존의 통일 논의가 MZ세대에게는 쉽게 받아들여지지 않음을 보여 주는 대표적인 사례이다. 이에 평창 동계올림픽 개회식 사전 리셉션에서 문재인 전 대통령은 "우리는 지난겨울 공정하고 정의로운 나라를 위해 촛불을 들었고, 이번 동계올림픽을 준비하면서 공정함에 대해 다시 성찰하게 되었습니다"라고 말했다(대통령비서실, 2018: 266).

사실 "분단은 악, 통일은 선"이라는 이분법적 논리는 집단보다는 개인의 행복과 만족을 우선시하는 MZ세대에게는 쉽게 받아들여지지 않는다. 이들에게는 민족이라는 이름으로 개인의 이익을 침해하는 것이 더 이상 정당화되지 않는다. 통일 그 자체를 목적으로 상정하면서 그 안에 존재하는 다양한 차이와 가치들을 억압하는 것이 아니라 MZ세대는 어떻게 나에게 이로운 통일의 계기를 마련할 것인지를 보다 중요하게 여긴다. 이렇듯 MZ세대는 통일을 민족적 감정과 더불어 구체화된 실리적 입장에서 바라보며, 일부 학자들과 정치인들이 만들어 낸 통일 담론을 수동적으로 받아들이는 것에서 벗어나 주체적으로 관련 담론을 생산하고 공유한다(모춘홍 외, 2020: 234).

그러나 통일문제에 있어서 '국가'와 '민족'이라는 가치가 갖는 중요성을 고려할 때, 이 두 핵심 가치를 도외시한 채 통일을 논하는 것은 또 다른 문제를 야기할 수 있다. 현재 통일에 대한 관심을 추동할 수 있는 기본적인 동력조차도 국가와 민족에 있기 때문이다. 따라서 새로운 통일 논의를 모색하는 데 급급하기보다는 기존 통일 논의의 현실적 유용성을 키우는 것이 바람직하며, 그 과정에서 MZ세대의 세대적 특성을 적극 반영할 필요가 있다.

여기서 중요한 것은 MZ세대가 원하는 통일의 목표와 핵심 내용에 대해 최소한의 공감대를 형성할 필요가 있다.

4. MZ세대 통일교육의 새로운 지향점

통일은 한반도의 분단과 전쟁의 상흔을 극복하는 문제이다. 이에 통일은 한반도의 특수한 문제이지만, 통일은 보편적 가치인 평화의 문제와 깊이 연결되어 있다. 그러나 기존 통일 담론과 실천들은 분단이라는 특수성을 지나치게 고려한 결과 '평화'의 가치를 소홀히 다루거나 논의의 범위가 협소했다. 또한 한반도 평화 구축과 통일의 과정을 단선적으로 이해하고 있다. 역사가 증명하듯 평화의 과정 속에서 체결되는 협정은 정치적 협상의 결과물로서 그 자체가 실질적 평화를 보장하는 것이 아니며 신뢰, 용서, 화해 등의 인식의 변화가 수반되어야만 진정한 평화와 통일이 이루어질 수 있다.

이런 상황에서 최근 통일과 평화를 대립적으로 보려는 시각을 극복하려는 논의와 연구들이 늘어나고 있으며(홍용표, 2021: 38-39), 이러한 관점이 통일교육에도 반영되고 있다. 다만 변화하고 있는 통일교육 역시 통일을 인식하고 향유하고자 하는 MZ세대의 가치와 생각을 온전하게 반영하지 못하고 있는 것으로 보인다. 이에 필자는 MZ세대를 위한 통일교육의 새로운 지향점으로, 첫째, 평화의 관점에 기반한 통일교육, 둘째, 남북 간 소통의 새로운 가치 정립, 셋째, 거대 담론에서 개인적 · 일상적 접근을 제시하려고 한다.

1) 평화의 관점에 기반한 통일교육

사실 한국적 맥락에서 평화는 통일문제와 분리해서 생각하기 어렵다. 한국적 맥락의 평화교육에서 분단과 통일의 문제가 핵심적인 주제가 되는 것은 한반도의 평화는 가장 근본적인 구조적 폭력의 원인이자 반평화의 근원이 되는 분단 극복을 통해서 달성될 수 있기 때문이다(조정아 외, 2019: 14). 이에 한국적 맥락에서 보면, 통일과 평화는 동전의 양면이라고 할 수 있다. 또한 기존의 통일교육에서 평화적 시각을 적극적으로 도입해야 하는 이유는 평화적 가치를 통해서 보아야만 통일의 의미를 보다 적극적이며 미래지향적으로 사유할 수 있기 때문이다.

평화적 가치에 기반한 통일교육은 국제사회에서의 평화의 논의와 한국적 맥락에서의 평화의 논의가 유기적으로 접목될 필요가 있다. 조정아가 지적한 바와 같이, 한반도에서의 통일교육과 평화교육은 그 역사적 태생이 다르고, 정도의 차이는 있지만 양자가 모두 사회적 실천과의 영향을 주고받으며 각각의 독자적인 교육 영역을 구축해 왔다. 이에 통일교육과 평화교육은 각각의 교육이 갖고 있는 사회역사적 맥락과 교육적 특성을 적극적으로 고려하면서도, 양자 간의 접근 가능성을 모색하고 접점을 모색하는 것이 바람직하다(조정아 외, 2019: 14).

기존의 통일교육에 평화교육을 결합하면 통일교육이 북한이해교육, 통일정책 홍보, 안보교육 등에 머무르지 않고, 오랜 적대적 타자성의 극복과 남북 간 공존과 공생의 가능성을 모색하는 데 기여할 수 있다. 특히, 평화적 가치에 기반한 통일교육은 분단폭력과 분단 트라우마의 문제점을 적극적으로 사유하고, 나아가 사회통합과 평화통일의 구현을 위한 새로운 삶의 가치와 사회문화의 혁신을 이끌어 내는 데 기여할 수 있다(이동기, 송영훈, 2014: 8-9).

평화적 가치에 기반한 통일교육은 통일을 분단 이후 이질화된 정치체제 간의 통합과 더불어 사람과 사람 사이의 통합이자, 새로운 안보위협에 대처할 수 있는 역량을 갖추는 데 필요한 가치와 내용을 다루는 것을 포괄한다. 먼저 사람과 사람 사이의 통합의 측면에서 평화적 통일교육은 타자와 어떻게 만나고 그들을 이해하고 함께 소통하고 어울림의 영역을 창출할 것인지를 가르치는 데 주목한다. 특히, 기존의 남한적 자아와 사회체제가 담아내지 못하는 북한주민과 북한이탈주민의 개별적이고 이질적인 삶의 모습을 있는 그대로 대면하고 환대할 수 있는 역량을 중요하게 고려한다(모춘흥, 이상원, 2019: 116).

다음으로 평화적 가치에 기반한 통일교육은 '평화'의 본질적 측면을 중요하게 고려한다. 이러한 관점의 통일교육은 한반도 평화와 폭력의 문제를 편파적으로 접근한 기존 연구 시각의 한계와 문제점을 지적하고, 총체적(holistic)인 접근을 통해 비판적·대안적 시각의 내용을 중요하게 고려한다. 말하자면 기존의 국가안보 중심적 시각에서 벗어나 한반도에서 평화의 이상과 가치를 실현하기 위한 인간 중심적 평화에 대한 성찰과 본질에 관한 내용을 적극적으로 고려하는 것이다. 한반도 내에서 발생되는 폭력 상황의 근원적 원인을 국제적 차원(냉전), 남북관계적 차원(분단), 국내적 차원(비민주성, 반인권)으로 구분하여 기존 통일교육이 갖는 한계를 넘는 총체적 접근을 시도할 때 평화와 통일의 본질에 좀 더 가까워질 수 있기 때문이다.

마지막으로, 새로운 안보위협에 대응할 수 있는 역량을 갖출 수 있어야 한다. 이는 2022년 현재 새로운 안보위협의 등장과 함께 빈곤, 성차별, 아동학대, 교육, 환경, 보건, 문화 등에 이르기까지 인간의 일상적 평화를 파괴하는 구조적 폭력의 상황이 만연해지고 있기 때문이다. 이와 관련하여 2018년 유네스코는 UN을 비롯한 국제기구들의 지난 70여 년의 연구와 성과를 정리한 『평화를 향한 긴 여정: 예방문화를 향해(Long Walk of Peace: towards a culture of prevention)』에서 '정의로운 평화(just peace)' 개념을 소개하면서 평화가 인간의 일상적 삶을 파괴하는 폭력의 악순환을 끊고 인간관계를 정의롭게 만들어 가는 역동적 사회구조로 기능해야 한다는 점을 강조했다(UNESCO, 2018: 31-32). 평화가 구조적 폭력으로부터 인간의 존엄성을 지킬 수 있으며, 그렇기 때문에 평화의 지속성은 '정의(just)'에서부터 시작한다는 점을 강조한 것이다. 이런 맥락에서 평화가 구조적 폭력으로부터 인간의 존엄성을 지킬 수 있으며, 그렇기 때문에 평화의 지속성은 '정의(just)'에서부터 시작한다는 내용과 가치를 MZ세대를 위한 통일교육이 지향하는 주된 목표로 받아들일 필요가 있다.

2) '통일(統一)'에서 '통이(通異)'로의 관점 전환

그간 통일교육과 관련해서 가장 많이 논의된 부분은 이질화된 남과 북의 정치체제를 어떻게 통합할 것인지에 있다고 해도 과언이 아니다. 이와 관련해서 기존 통일교육은 자유민주주의와 시장경제가 통일한국이 지향해야 하는 이념이자, 정체성이라고 말해 왔다. 이 점은 부인할 수 없는, 어쩌면 부인하기 어려운 이미 답이 정해진 물음이었다. 대한민국의 「헌법」에서부터 이미 "대한민국은 통일을 지향하며, 자유민주적 기본 질서에 입각한 평화적 통일 정책을 수립하고 이를 추진한다"고 규정하고 있기 때문이다.

그러나 70여 년 이상 이질화된 체제에서 살아온 남북한 주민들 간의 마음의 통합은 어느 특정한 가치로 수렴되기 어렵다. 독일통일이 주는 교훈도 바로 이 지점에 있다. 또한 우리는 남북의 이질화된 마음을 이미 경험하고 있다(김성경, 2020). 남한사회에 들어온 북한이주민들이 겪고 있는 사회문화적 적응의 문제가 바로 그것이다. 즉, 33,815명(2021년 말 입국자 기준)의 북한이탈주민들이 낯선 남한사회에서 성공적으로 적응하지 못하고, 남한의 사회적 취약 계층의 삶과 별반 다르지 않는 삶을 영위하고 있다. 이러한 현실에 마주하여 2022년 현재 하나의 문화와 가치로 남과 북의 통합을 얘기하는 것은 현실적으로 어려우며 바람직하지도 않다.

이에 통일교육에서는 어떻게 하면 통일 이후 남북이 소통할 수 있을지에 대한 물음을 제기하고, MZ세대 스스로 이에 대한 답을 내릴 수 있는 역량을 갖출 필요가 있다. 사실 통일 이후 북한(주민들)과 소통하기 위해서는 먼저 말이 통해야 하는데, 현재는 의사소통에 장애가 있을 정도로 남북의 언어문화가 이질화되었다. 이와 관련하여 남북 간 소통의 새로운 가치로서 매우 신선한 아이디어가 있다. 이우영 교수가 주장한 '통일(統一)'이 아닌 '통이(通異)'가 바로 그것이다.

이우영 교수는 자유민주주의 국가에서 지향해야 하는 통일은 서로의 다름을 인정하고 함께 사는 것이며, 이에 나눠진 것을 하나로 만드는 '통일(統一)'이 아닌, 서로 다른 것이 통하는 '통이(通異)'를 지향하는 것이 바람직하다고 주장했다(이우영, 2018). 사실 통일을 생각하고 이야기하는 사람들의 생각이 각기 상이하다는 점에서 '통이(通異)'를 지향하는 것은 우리 안의 분단 극복을 위한 건전한 토론의 문화를 조성하는 데에도 매우 효과적이다.

이에 통일교육에서는 정치적 차원에서는 자유민주주의와 시장경제를 통일한국이 지향해야 하는 가치로 인정하는 것과 함께 사회문화적인 차원에서는 '통일(統一)'보다는 '통이(通異)'를 지향하는 것이 보다 참신하고 적절한 방안이 될 수 있다는 내용을 담을 필요가 있다. 이는 '통이(通異)'에 기반한 소통능력은 남남 갈등을 극복하고 남북 간 소통을 위한 기반을 굳건하게 다지는 데 효과적이기 때문이다.

3) 거대 담론에서 개인적 · 일상적 접근으로

현재 MZ세대가 소비하고 유통하는 통일 담론에서 '국가', '민족', '체제', '이념' 등이 설 자리는 점점 줄어들고 있다. 2018년 2월 평창 동계올림픽 남북 여자 아이스하키 단일팀 구성 과정에서 '공정성' 훼손 논란이 제기된 것만 보더라도 기존의 국가와 민족을 강조하는 통일교육으로는 MZ세대들의 관심을 끌기 어렵다.

이런 맥락에서 MZ세대를 위한 통일교육에서는 통일이 국가적·민족적 차원의 과제임을 강조하는 동시에 MZ세대에게 있어서 통일이 어떠한 의미로 활용될 수 있는지에 대한 정보를 제공하는 것이 필요하다(조정아 외, 2019: 37). 이에 대한 내용을 보다 구체적으로 제안하면 다음과 같다.

MZ세대를 위한 통일교육은 통일의 필요성, 당위성, 가능성에 대한 인식의 확산과 더불어 통일역량을 갖춘 인재의 육성에 초점을 맞출 필요가 있다. 한편으로는 통일의 목적과 방법에 대한 광범위한 공감대를 형성함으로써 통일을 위한 국내적 기반을 조성해야 하며, 다른 한편으로는 다양한 전문성을 가진 MZ세대들이 각자의 분야에서 통일을 고민하고 통일에 기여할 수 있는 방법을 찾음으로써 통일 준비에 동참할 뿐만 아니라 본인들의 미래를 열어 감에 있어서도 통일이 새로운 기회가 될 수 있음을 주지시킬 수 있어야 한다. 말하자면 통일이 우리 민족 모두의 공공재인 동시에 MZ세대 개개인의 사적 재화가 될 수 있음에 착안하여 통일에 대한 보다 적극적인 동기를 부여해 주는 것이 필요하다. 또한 MZ세대를 위한 통일교육은 다양한 학문 분야가 어떻게 통일문제와 접목될 수 있는지를 함께 토론하고 고민할 수 있는 기회를 제공할 필요가 있다.

5. 어떻게 가르쳐야 하나

"자네는 평화를 만들기 위해 폭력에 의지하겠나? 아니면 비폭력에 의지하겠나?" 이 말은 『워싱턴포스트』지에서 비폭력과 평화, 사회적 정의와 관련된 이슈에 대해 오랫동안 영향력 있는 목소리를 내온 콜먼 매카시(Coleman McCarthy)가 『비폭력 평화수업』이라는 저서에서 한 말이다. 그는 평화는 멀리 어디엔가 있는 애매모호한 것이 아니며, 우리의 삶 근처에 있다는 점을 강조했다. 또한 그는 평화는 가르치고 배워야 한다는 점에 주목했다(이철우 역, 2007: 17-18). 그렇다면 통일을 어떻게 가르치고 어떻게 배워야 할까? 이 질문에 대해 본고는 MZ세대 위한 통일교육은 다양한 관심을 갖고 있는 MZ세대 스스로 각자의 위치에서 통일을 고민하고 통일에 기여할 수 있는 기회를 제공해 줄 수 있어야 한다고 본다.

  MZ세대의 세대적 특성을 고려한 통일교육은 통일이 MZ세대의 개인적 삶에 어떠한 의미를 가지고 이들은 통일에 어떠한 기여를 할 수 있으며, 나아가 통일이 이들에게 줄 수 있는 선물은 무엇인가를 함께 탐색하고 고민할 수 있는 기회를 제공해 주는 것이 중요하다. 이러한 목적을 달성하기 위해서는 기존의 정치학, 북한학을 중심으로 이루어졌던 통일강좌 이외에도 경제학, 법학, 의학, 사회복지학, 공학, 건축학, 체육학 등 다양한 학문 분야에서 각 전공의 특수성을 반영한 통일강좌가 개설될 필요가 있다. 특히, 이렇게 다양한 학문 분야에서 개설된 통일강좌를 통해 통일과 북한에 대한 매우 다양한 이야기를 들을 수 있는 기회를 제공해 주는 것이 필요하다. 이는 다양한 학문 분야에서 개설된 통일강좌는 MZ세대로 하여금 각자의 자리에서 통일을 어떻게 이해하고 통일이 주는 기회를 어떻게 활용할 수 있을 것인가를 고민할 수 있는 기회를 제공할 수 있기 때문이다.

  통일교육이 다루는 주제의 다양성과 함께 다양한 형식의 교육 방법이 도입될 필요가 있다. 이런 맥락에서 최근 들어 통일교육이 가치 주입식 강의 방식에서 벗어나 점차 참여 중심의 방식으로 진화하고 있다. 특히, 공급자 위주의 교육이 아닌, 이미 검증된 프로그램과 교구재 등을 적극적으로 활용한 수요자 중심의 교육이 실시되고 있다. 또한 기존의 획일화된 대학 통일교육의 유형이 강좌 유형, 강연회·세미나 포럼 유형, 캠프 및 기행 유형, 문화·행사 등 다양한 유형으로 확대되고 있다.

  물론 MZ세대의 세대적 특성을 고려한 통일교육의 방법론과 관련해서는 주제와 교육 방법의 다양성도 중요하지만, 통일과 평화가 단수가 아닌, 복수라는 점을 중요하게 다룰 필요가 있다. 이는 통일과 평화에 대해서는 동일한 경험이 없으며, 비숱한 세대를 가장 가깝게 살아온 가족 구성원들 간에도 통일과 평화에 대한 경험은 동일하지 않기 때문이다. 이찬수의 표현을 빌리면, "평화는 다양하게 요청되고 전개될 수밖에 없다. 저마다 평화라 말하지만, 그 의도와 내용과 지향이 다르다. '평화'와 '평화들'을 구분해야 하는 것이다. 나아가 동일한 평화 상태가 아니라, 인간이 다양하게 경험하는 평화들을 긍정하면서, 이들의 관계성에 초점을 두고서 서로 대화하고 합의해 나가야 하는 것이다"라는 것에 주목할 필요가 있으며(이찬수, 2016: 52-53), 이 점에서는 MZ세대를 위한 통일교육도 예외는 아니다.

결국 MZ세대를 위한 통일교육은 여타 다른 세대들을 위한 교육과 같을 수 없으며, 그들의 눈과 귀, 머리로 인식하고 이해하며 향유할 수 있는 방향으로 이루어질 필요가 있다.

주요 개념 정리

☑ **통일**: 통일은 한반도의 분단과 전쟁의 상흔을 극복하는 문제이다. 통일은 한반도의 특수한 문제이지만, 통일은 보편적 가치인 평화의 문제와 깊이 연결되어 있다.

☑ **통일교육**: 통일교육은 통일과 관련된 전반적인 지식교육과 더불어 통일 이후 파생되는 문제점을 해결하기 위하여 학습자의 가치관 및 태도, 의지 함양을 위한 교육을 의미한다.

☑ **'통이(通異)'**: 통이는 남과 북의 서로의 다름을 인정하는 남북 간 소통의 새로운 가치다. 통일을 생각하고 이야기하는 사람들의 생각이 각기 상이하다는 점에서 '통이(通異)'를 지향하는 것은 남남 갈등을 극복하고 남북 간 소통을 위한 기반을 굳건하게 다지는 데 효과적이다.

생각해 볼 문제

1. 기존 통일교육의 한계는 무엇인가?

2. MZ세대는 통일을 어떻게 인식하는가?

3. MZ세대 통일교육의 새로운 지향점은 무엇인가?

참고문헌

김성경(2020). 갈라진 마음들: 분단의 사회심리학. 경기: 창비.

김성철, 이찬수 편(2020). 평화의 여러 가지 얼굴. 서울: 서울대학교 출판문화원.

김태균 외(2021). 한반도 평화학: 보편성과 특수성의 전략적 연계. 서울: 서울대학교 출판문화원.

대통령비서실(2018). 문재인 대통령 연설문집 제1권(하). 서울: 문화체육관광부.

모춘흥 외(2020). 대학 통일교육의 의미와 정책적 지향점. 법과정책연구, 20(3), 227-248.

모춘흥, 이상원(2019). 타자와의 조우: 북한이탈주민의 존재성과 분단체제의 현실 이해. 문화와 정치, 6(1), 93-121.

박상훈, 허재영(2020). 여론과 대북정책은 조응하는가? 4 · 27 판문점 선언 전후 국민의식 조사의 경험적 연구. 담론 201, 23(2), 83-113.

박선형(2020). 정치교육(과 시민교육)의 쟁점과 발전 과제. 교육정치학연구, 27(4), 27-56.

배영애(2017). 대학 통일교육의 현황과 개선방향 연구. 통일과 평화, 9(1), 317-357.

변종헌(2012). 20대 통일의식과 대학 통일교육의 과제. 통일정책연구, 21(1), 157-186.

서보혁(2019). 한국 평화학의 탐구. 서울: 박영사.

소성규, 모춘흥 외(2020). 경기도 평화통일교육 중장기 계획 수립연구. 경기: 대진대학교 산학협력단.

윤영덕 의원 대표 발의(2021). 통일교육 지원법 일부개정법률안. 2021/12/24.

이동기, 송영훈(2014). 평화 · 통일교육 추진전략 연구. 서울: 유네스코한국위원회.

이석희, 강정인(2017). 왜 통일인가?: 세 가지 통일 담론에 대한 비판적 고찰. 한국정치연구, 26(2), 1-28.

이우영(2018). '미인공감 61회: 통일에서 통이로'. 미인공감, 2018/8/12.

이정진(2020). 정치교육의 현황과 개선방안 연구. 입법과 정책, 12(1), 5-29.

이찬수(2016). 평화와 평화들: 평화다원주의와 평화인문학. 서울: 모시는사람들.

이철우 역(2007). 비폭력 평화수업: 평화를 원한다면 평화를 가르치십시오(Coleman McCarthy 저). 부산: 책으로여는세상.

정주진(2013). 평화, 당연하지 않은 이야기: 평화를 깨트리는 전쟁, 가난, 차별, 무책임한 소비. 부산: 다자인.

조정아, 김엘리, 문아영, 윤보영(2019). 평화교육의 실태와 쟁점: 통일교육과의 접점을 중심으로. 서울: 통일교육원.

최대석 외(2021). 한반도, 평화를 말하다: 튼튼한 평화를 위한 대한민국의 평화정책. 경기: 21세기북스.

통일부 통일교육원(2016). 2016 통일교육 지침서. 서울: 통일부 통일교육원.

통일부 통일교육원(2018). 평화 · 통일교육: 방향과 쟁점. 서울: 통일부 통일교육원.

통일부 통일교육원(2021). 2021년도 통일교육 시행계획. 서울: 통일부 통일교육원.

한만길(2019). 평화통일교육의 방향과 내용 고찰. 통일정책연구, 28(1), 135-157.

홍용표(2021). '평화담론과 평화 정책', 최대석 외, 한반도, 평화를 말하다: 튼튼한 평화를 위한 대한민국의 평화정책. 경기: 21세기북스.

UNESCO(2018). *Long Walk of Peace: Towards a Culture of Prevention*. Paris: UNESCO.

제**14**장

제4차 산업혁명과 정치교육[1]

김왕준

개요

이 장에서는 '제4차 산업혁명'의 특징을 개괄하고 인간의 삶에 미치는 영향을 분석한다. 제4차 산업혁명은 인간의 정체성에 대한 혼란, 노동시장의 불균형과 노동의 공급과잉, 부의 불평등 심화, 불완전 고용의 심화, 성과사회에서의 자기 착취 등의 문제를 가져올 수 있다. 이러한 상황에서 바람직한 정치 이데올로기의 형성이라는 정치교육의 측면에서 학교교육에서 중점적으로 다루어야 할 내용을 탐색한다.

---

1. 제4차 산업혁명과 정치교육

인공지능을 활용한 산업(생산)체제의 혁신은 제4차 산업혁명으로 불린다. 산업혁명은 생산방법의 획기적인 변화를 의미한다. 제1차 산업혁명은 1760~1840년경 증기기관이 발명되고 이를 활용한 생산 그리고 철도를 중심으로 한 교통의 혁신으로 인한 생산방식의 변경이었다. 제2차 산업혁명은 19세기 말부터 20세기 초 전기의 발명과 분업체제를 활용한 대량 생산방식의 혁명이었다. 제3차 산업혁명은 반도체, 컴퓨터, 인터넷을 기반으로 한 생산방식의 변화를 의미하며 디지털 혁명 또

---

[1] 이 장은 김왕준(2019). 제4차 산업혁명과 교원양성 교육과정의 방향. 교육정치학연구, 26(1)을 수정·보완한 것이다.

는 컴퓨터 혁명이라고 부른다. 제4차 산업혁명은 21세기부터 시작되었고 컴퓨터 혁명을 기반으로 모바일 인터넷과 인공지능이 발달하여 이를 활용한 생산방식의 변화를 의미한다(Schwab, 2016). 제3차 산업혁명과 제4차 산업혁명은 시기적 기준보다는 질적 속성에서 '인공지능'의 활용 여부로 구분할 수 있다.

최근 우리 사회의 여러 화두 중의 하나는 어떻게 제4차 산업혁명에 대비할 것인가이다. 제4차 산업혁명의 기술적 기반은 모바일 인터넷과 인공지능이다. 우리나라에서 지능정보사회에 대한 관심은 2016년 3월 9일부터 15일까지 진행된 이세돌과 인공지능 알파고의 바둑 대국으로 증폭되었다. 바둑은 경우의 수가 우주 원자보다 많다고 할 정도로 많아서 컴퓨터로도 정복하기 어려운 영역으로 여겨졌다. 이 대국에서 알파고는 4:1로 승리하여 인공지능과 지능정보사회에 대한 무한한 가능성을 확인하여 주었다.

제4차 산업혁명에 대한 정확한 이해와 대비가 필요한 이유는 제4차 산업혁명이 단지 생산기술의 변화와 생산성의 향상에 국한되지 않고, 비교적 단기간에 인간의 삶에 전적으로 영향을 줄 수 있기 때문이다. 제4차 산업혁명의 핵심 기반인 인공지능의 발달과 정보기술의 발달은 산업생산 체제를 변화시키고, 노동의 수요와 가치를 변화시키고, 여가 생활의 수단과 방법을 변화시키고, 인간관계의 질적 변화를 초래하는 등 인간의 삶에 전적인 영향을 줄 수 있다. 따라서 지능정보사회가 삶에 부정적으로 미치는 영향을 최소화하고 긍정적 영향을 극대화하기 위해 정치, 경제, 산업, 문화, 교육 등 모든 분야에서 논의가 전개되고 있다.

정치교육은 광의로 "사회 구성원이 속한 사회의 정치 이데올로기와 체제 및 제도에 적응하면서 살아가는 정치사회화의 과정(김명정, 2017: 104)"으로 정의할 수 있다. 제4차 산업혁명으로 인간의 삶이 변화함에 따라 정치교육 측면에서 학생들이 인간의 정체성과 바람직한 사회 제도에 대해 성찰할 수 있는 기회를 제공할 필요가 있다.

2. 제4차 산업혁명 시대의 삶

1) 강한 인공지능과 인간의 정체성

우리 사회에서 인공지능이 사용되는 예는 무수히 많으며, 인공지능이 사용되는 특정 영역에서는 인간의 지능보다 우월하다는 평가가 나온다. '인간'이 기본적인 정보를 제공(또는 인간이 규정한 방식대로 정보를 수집)한 후에 '인간이 미리 규정한 방식'으로 이를 종합하고 분석하여 의도한 결과를 산출하는 의미로서의 인공지능인 약한 인공지능(김대식, 2016)은 이미 여러 곳에서 사용되고 있다. 우리가 거의 매일 사용하는 전자기기와 산업현장에서의 자동화기기 등이 이러한 예이다. 인공지능의 기술은 보다 진보하여 예술의 영역에서도 활용되고 있다. 인간과 로봇의 피아노 연주 경연이 있었고(정원, 2016), 인공지능을 활용하여 작곡을 하는 예술가도 있다(이정은, 2016).

인공지능에 대한 보통 사람의 희망적인 기대는 인공지능이 '인간을 위해서' 인간이 어려워하거나 기피하는 일을 대신 해 주는 것이다. 예를 들어, 우리가 자기 자동차를 이용하여 장거리 출장 또는 여행을 하고 싶은데, 운전하기에는 몸이 너무 피곤하거나 대리운전을 이용하기에는 비용이 과다하거나 또는 혼자 있고 싶을 때 인공지능을 활용한 자율 주행이 가능한 자동차의 보급을 바라게 된다.

학교교육의 맥락에서 개별화 교육이 어려운 상황에서 인공지능의 도움을 받아 학생의 수준에 적합한 교육을 가능하게 할 수도 있다. 또는 인공지능기술이 진화하여, 학생들의 성취 수준이나 정서적인 문제를 뇌파 또는 다른 신체의 변화를 감지하여 파악할 수 있다면 교사의 수고를 상당 부분 줄일 수 있을 것이다.

그러나 인공지능에 대한 희망적인 기대는 논리적으로 볼 때, 오직 약한 인공지능에서나 가능하다. 강한 인공지능(strong artificial intelligence) 또는 인공일반지능(artificial general intelligence)의 경우에는 전혀 다른 상황에 직면할 수밖에 없다. 강한 인공지능은 인간이 수행할 수 있는 모든 지적 작업을 할 수 있는 기계의 지능이다(Kurzweil, 2005: 260). 강한 인공지능의 발명이 가능한지에 대해서는 학자에 따라 이견이 있다. 강한 인공지능의 발명이 불가능하다고 보는 주요 이유는 인간의 이성에는 알고리즘, 즉 단계적 절차를 따를 때 도달할 수 없는 수학적 또는 논리적 진실이 있다는 것이다(Penrose, 1989; Anderson, 1964; Whitby, 2003에서 재인용). 하지만 강한 인공지능이 인공지능을 연구하는 학자의 목표임은 분명하다. 컴퓨터 과학자 서턴(Richard S. Sutton)은 2015년에 전문가들을 대상으로 인공지능에 대한 최근 조사를 종합하여 2030년에 강한 인공지능이 실현될 수 있을 확률을 25%로 예측하고, 전혀 실현이 불가능할 확률을 10%로 예측하였다.

2) 노동시장의 불균형과 노동의 절대 공급 과잉

지능정보사회의 도래는 자연스럽게 노동시장의 변화를 초래한다. 지능정보기술은 특정 직업의 필요성을 높게 하거나 낮게 할 수 있으며, 절대적인 노동 수요량의 변화를 초래한다. 프레이와 오즈번(Frey & Osborne, 2013)은 컴퓨터를 활용한 기계에 의한 직무자동화를 컴퓨터화(computerization)라고 정의하고, 컴퓨터화에 의해서 영향을 받을 가능성을 702개의 직업군에 대해서 분석하였다. 분석 결과 미국 전체 고용에서 47%는 컴퓨터화에 의해 위험에 처할 것으로 나타났다. 또한 임금과 학력이 자동화와 상당히 부정적인 관련이 있다는 것을 발견하였다.

미국 백악관 연례 보고서는 향후 10년 또는 20년 동안 직업군의 9~47%가 인공지능에 의해 위협을 받을 것으로 전망하고 있다. 기존의 자동화 시스템은 주로 저임금 또는 저학력 근로자에게 위협적인 반면에 인공지능 기반의 자동화 시스템은 고학력 전문 직종까지 위협하고 있다(Executive Office of the President, 2016).

노동시장과 관련하여 심각하게 고려할 사항은 직종 간 수급의 불일치보다는 절대적인 수요의 부족이다. 그러나 지능정보사회에 대한 우리 사회의 접근은 지능정보사회를 선도할 인재의 양성에 초점이 맞추어 있다. 특히, 새로운 정보기술의 개발이나 활용에 필요한 인력을 어떻게 양성할 것인가에 초점을 두고 있다. 인공지능에 토대를 둔 산업인력은 사회의 극소수를 차지하며, 이들의 양성에 교육계가 전면적으로 나서야 하는 문제도 아니다. 특정 분야의 인력 양성은 고등교육기관의 학과 개편이나 민간의 인력 양성 투자 정책으로도 충분할 수 있다.

우리의 삶은 근본적으로 생산활동을 하고 그 대가로 받은 임금에 의해 나머지 생활을 영위한다. 즉, 생산활동에 참여하지 않으면 나머지 생활을 위한 기본적인 수단이 마련되지 않는 것이다. 생산활동은 생계를 위한 수단의 측면에서뿐만 인간의 존재 의의이기도 하다. 특정 인간의 정체성 또는 자아는 그가 하는 일과 관련되어 의미를 갖는 측면이 있기 때문이다. 제4차 산업혁명의 시대, 즉 지능정보사회에서 학교에서는 노동의 수요와 공급보다는 바람직한 노동시장의 모습과 인간의 정체성에 보다 깊은 관심을 두어야 한다.

3) 프리 에이전트 시대의 불완전 고용

지능정보기술의 발달은 회사와 노동자의 전통적인 고용관계에 변화를 가속하고 있다. 기업의 지속적인 고용은 줄어들고, 노동을 다른 원재료처럼 필요할 때 구매해서 활용하는 경우가 증가한다. 이러한 상황에서 노동자들은 회사와의 지속적인 고용관계가 아닌 일련의 거래관계의 주체인 프리 에이전트가 된다.

기업이 생산에 필요한 요소인 자본과 원재료뿐만 아니라 노동도 필요에 따라 구매해서 쓸 수 있는 플랫폼이 발달한 시대에서는 상당수의 노동자가 프리 에이전트가 될 것이다. 영국의 MBA & Company의 최고경영자인 캘러핸(Callahan)은 『Financial Times』와의 인터뷰에서 다음과 같이 말하였다(O'Connor, 2015). "당신은 이제 원하는 사람을, 원하는 때에, 원하는 방식으로 고용할 수 있습니다. 그리고 그들은 피고용자가 아니기 때문에 당신은 그들의 고용과 관련된 규정이나 문제에 대해 신경을 쓸 필요가 없습니다."

휴먼 클라우드(human cloud)는 과업이나 사업이 특정 조직에 고용된 근로자가 아니라 독립된 근로자에 의해 수행되는 작업장이다. 휴먼 클라우드는 주로 사무직의 업무 중에서 다른 업무와 명확히 분리되고 인터넷이 연결된 곳에서는 어디에서나 할 수 있는 일로부터 시작되었다. 휴먼 클라우드의 활용은 단순한 자료 검색부터 전문가 자문까지 다양하다. 휴먼 클라우드는 일종의 프리 에이전트의 거래시장이다. 프리 에이전트의 활용은 기업의 입장에서 볼 때, 근로자의 장기 계약에 따른 지속적인 역량 개발, 단체 협약, 단체 행동, 복지 등 노동권과 관련한 여러 가지 문제로부터 해방될 수 있다.

우리 사회에는 이미 여러 종류의 프리 에이전트(프리랜서)들이 있다. 가장 쉽게 볼 수 있는 예는 프리랜서 예능인일 것이다. 그러나 실제로 보면, 일용노동자, 시간제 근로자, 기간(시간)제 교사, 대학 강사 등 열악한 위치에 있는 노동자들도 모두 프리 에이전트이다. 프리 에이전트의 시대(Pink, 2001)에는 성과 주체로서 노동자의 보호에 대한 관심이 더욱 필요하다.

4) 부의 불평등

지능정보사회 또는 제4차 산업혁명의 시대에 부의 불평등이 심화될 가능성이 있다. 생산체제에서 인공지능을 활용하는 첫 번째 목적은 새로운 상품의 개발이다. 둘째는 생산비용의 절감이다. 인공지능을 활용하여 생산성을 높일 때, 노동에 대한 수요는 감소하고 노동의 가치는 절하된다. 반면 인공지능을 활용한 생산설비를 구축하기 자본의 수요는 높아지고 자본에 대한 가치가 높아지게 된다.

노동의 가치 절하는 대부분 임금 노동자의 소득에 부정적인 영향을 주게 된다. 반면에 자본에 대한 가치의 상승은 자본을 가진 사람들에게는 긍정적인 영향을 준다. 또한 노동자 사이에서도 소득의 격차가 심화된다. 휴먼 클라우드의 활용으로 인해 일부 상대적 경쟁력이 있는 근로자는 이전보다 높은 수입을 얻을 수 있지만,

그렇지 못한 대다수의 근로자들은 이전보다 못한 대우를 받게 된다. 따라서 현재의 소득 불평등이 심화되게 된다.

미국 백악관 연례 보고서는 인공지능 로봇에 의해 창출되는 경제적 이익이 사회 전반에 걸쳐 고르게 분배되지 않고 소수의 계층에게만 집중된다는 것을 우려하고 있다. 이러한 현상이 지속된다면 산업 경쟁력의 감소와 부의 불평등 증가로 이어져 경제 생산성이 약화될 것을 경고하고 있다(Executive Office of the President, 2016).

현재 세계적으로 부의 불평등은 심각한 상황이다. Credit Suisse(2021)가 작성한 「Global Wealth Report 2021」에 따르면 2020년 말 기준으로 전 세계 하위 50%의 사람들이 가진 총 자산은 전 세계 자산의 1% 미만이다. 전 세계에서 상위 10%가 전 세계 자산의 82%를 소유하고 있으며, 상위 1%가 전 세계 자산의 45%를 소유하고 있는 것으로 나타났다.

〈표 14-1〉 주요 국의 부의 불평등 상황(2000~2020)

	지니 계수						상위 1%의 자산 점유율					
	2000	2005	2010	2015	2019	2020	2000	2005	2010	2015	2019	2020
브라질	84.7	82.8	82.2	88.7	88.2	89	44.2	45.1	40.5	48.6	46.9	49.6
중국	59.9	63.6	69.8	71.1	69.7	70.4	20.9	24.3	31.4	31.5	29	30.6
프랑스	69.7	67	69.9	70	69.9	70	25.7	21.1	21.1	22.5	22.4	22.1
독일	81.2	82.7	77.5	79.3	77.9	77.9	29.3	30.5	25.9	32.3	29.4	29.1
인도	74.7	81	82.1	83.3	82	82.3	33.5	42.2	41.6	42.5	39.5	40.5
이탈리아	60.1	59.5	63	67.1	66.4	66.5	22.1	18.3	17.3	22.8	21.8	22.2
일본	64.7	63.2	62.5	63.5	64.2	64.4	20.6	19.1	16.9	18.2	17.8	18.2
러시아	84.7	87.2	90	89.5	87.3	87.8	54.3	60.3	62.6	63	57.1	58.2
영국	70.7	67.7	69.2	73.1	71.4	71.7	22.5	20.8	23.8	25.2	22.4	23.1
미국	80.6	81.4	84	84.9	85.1	85	32.8	32.7	33.3	34.9	35	35.3

출처: James Davies, Rodrigo Lluberas and Anthony Shorrocks, Credit Suisse Global Wealth Databook 2021.

최하위 20%에 해당하는 1분위 소득 집단의 소득 대비 최상위 20%에 해당하는 5분위 소득 집단의 평균소득 배율을 나타내는 5분위 배율로 경제적 불평등 상황을 분석한 결과, 유럽 국가들에 비해 우리나라의 경제적 양극화 수준은 매우 높다. 우리나라는 2016년과 2017년 모두 7.0으로 북유럽 복지국가들인 핀란드(3.7)나 덴마크(3.7)에 비해 매우 높은 수준이다. 독일(4.6), 프랑스(4.3), 네덜란드(4.3)에 비해서도 훨씬 높은 수준이다. 한국보다 높은 나라로는 미국(8.5), 칠레(10.0), 터키(7.8) 등이 있다(윤덕룡, 이동은, 이진희, 2019).

사회에서 부의 불평등은 심각한 사회문제를 초래할 수 있다. 불평등한 사회에서 폭력적인 성향을 가진 사람이 증가하고, 수감자의 수가 많으며, 정신질환과 비만 수준 역시 훨씬 높으며, 기대수명과 신뢰도가 낮다. 평균 소득을 조절하여 불평등이 개선되면, 아동복지가 좋아지고, 스트레스와 약물 사용이 줄어들게 된다(Wilkinson & Pickett, 2012).

5) 성과사회의 도래와 자기 착취

인간의 자아 측면에서 21세기는 성과사회이다(한병철, 2012). 성과사회에서 인간은 성과 주체이고 각자 자기 자신을 경영하는 주체이다. 과거 규율사회에서 대부분의 사람들은 '다른 사람으로부터', '~해서는 안 된다' 또는 '~해야 한다' 등의 통제를 받고 살았다. 규율사회에서 명령을 받는 사람은 명령받은 대로 일을 처리함으로써 자신의 책무를 다하게 된다. 명령이 잘못되었거나 불충분하여 일이 잘못되었을 경우에는 잘못된 명령이나 불충분한 명령을 내린 사람(또는 제도)에게 책임을 전가할 수 있다.

그러나 성과사회에서 사람들은 '스스로', '~해야 한다'는 자기구속을 하고 있다. 성과사회에서 노동을 강요하거나 착취하는 외적인 기구가 불분명하다. 외적인 강제 기구가 없는 상황은 자유의 상태로 보일 수 있지만, 실제로는 자유와 강제가 일치하는 상태이다. 조직의 구성원으로서 사람들은 자율적으로(실제로는 강제적으로) 성과를 극대화하기 위해 노력하기 때문이다.

성과 주체로서 노동자는 성과의 극대화를 위해 '강제하는 자유' 또는 '자유로운 강제'의 상태에 있다. '자유로운 강제'의 주체인 노동자들은 과다한 노동으로 자기 착취의 상황까지 갈 수 있으며, 이 상황에서 노동자들은 문제의 원인을 자기 자신에게 찾는다. 착취자와 피착취자의 구분이 없으며 따라서 이 문제의 해결은 온전히 자신에게 달려 있다.

조직 통제의 관점(조직의 효율화 관점)에서 성과사회의 통제는 훨씬 효율적이다(한병철, 2012). 누군가의 명령이나 지시에 의한 행동이 기반을 이루는 통제사회에서 하급자의 행위의 상당 부분에 대해서 상급자에게 책임을 부과할 수 있지만, 성과사회에서는 이러한 부분이 없어지게 되어 책임을 전가할 상급자가 없어지게 된다. 예를 들어, 학교에서 어떤 교사가 동료와의 경쟁에서 이겨서 더 좋은 성과급 평가를 받기 위해 가족에 대해 응당 소비해야 할 시간을 쓰지 않고 건강을 위험하게 할 정도로 일을 하였지만, 이 교사는 결과적으로 자신이 만족할 수준의 내적 또는 외적 보상을 받지 못하였다. 설상가상으로 이 교사는 가족에게 버림받았고, 건강은 극도로 악화되었다. 이 상황에서 어느 누구도(또는 제도도) 이 교사에게 그렇게 열심히 일하라고 명령 또는 강제하지 않았다.

성과사회에서 구성원 간의 성과경쟁은 필연적으로 승자와 패자를 구분하게 되고, 승자는 승리에 따른 보상을 받게 되는 반면에 패자는 이전보다 못한 보상을 받게 된다. 성과경쟁이 사회적으로 또는 조직 속에서 용인되고 유지되기 위해서는 다음과 같이 다섯 가지 조건이 충족되어야 한다. 첫째, 성과경쟁이 조직의 목표 달성에 긍정적으로 기여해야 한다. 둘째, 성과평가의 기준이 명확해야 하고 측정이 가능해야 한다. 셋째, 경쟁의 대상이 되는 사람들이 서로 경쟁심을 가질 정도로 보상이 있어야 한다. 넷째, 경쟁이 자기 착취의 수준에 이를 정도로 심해서는 안 된다. 다섯째, 패자를 위한 일정 수준의 보호가 있어야 한다. 우리 사회에서 이러한 조건들이 충족되는지 점검할 필요가 있다.

3. 제4차 산업혁명 시대 정치사회화의 과제

1) 인공지능에 대한 비판적 이해

인공지능에 대한 보통 사람의 희망적인 기대는 '약한 인공지능'을 전제로 '인간을 위해서' 인간이 어려워하거나 기피하는 일을 인간이 그것을 원할 때 대신 해 주는 것이다. 그러나 '강한 인공지능' 기술이 발전하면서 이와 관련한 법적 그리고 윤리적 쟁점이 부상한다(최은창, 2016). 예를 들어, 자율운행 차량과 관련하여 딜레마적 상황에서의 판단은 윤리적 쟁점이 된다. 자율주행 차량은 다른 차량이 끼어들어 피해야 하는 상황에서 직진할 경우 1명의 상대방 차량 운전자만 치는 상황과 오른쪽으로 피할 경우 4명의 행인을 치는 상황에서 어떻게 할지 미리 규정해야 한다. 인간의 경우 이러한 돌발적 상황에서 어떤 선택을 하더라도 어쩔 수 없다고 할 수 있지만, 인공지능은 이 상황을 계산하여 최소한의 피해를 합리적으로 택할 수 있다. 알고리즘에 기초한 판단의 결과 피해를 입은 측은 인간 생명에 대한 평가와 경시라고 항의하게 될 것이다.

최근 기계학습을 통해 학습된 인공지능이 부적합한 사회적 차별을 반영하거나 강화하는 사례가 나타나고 있다. 인종적 차별이나 극단적인 언어 사용이 빈발하는 사회관계망 서비스(SNS) 데이터로 훈련된 챗봇 인공지능이 인종차별적이거나 여성혐오 발언을 하는 사례가 나타났다. 이러한 문제를 해결하기 위해서는 인공지능을 디자인하고 기계학습을 시키는 과정에서 의식적 또는 무의식적으로 편견이나 정당하지 않은 가정이 개입될 가능성에 대해 면밀한 검토가 필요하다. 이 과정은 인공지능 기술 전문가들만으로는 해결하기 어렵고 윤리적인 문제를 판단할 수 있는 전문가의 개입이 필요하다.

인공지능 추천 시스템은 특정 정치적 또는 문화적 성향을 가진 사람들이 자신과 다른 정치적 또는 문화적 입장에 노출될 기회를 줄일 수 있다. 그 결과 자신이 원래 지녔던 생각에 더욱 집착하게 된다는 '메아리 방(echo chamber)' 현상이 나타날 수 있다. 인공지능과 관련하여 이러한 상황을 규제하는 것이 바람직한지에 대해 논란이 되고 있다(이상욱, 2020).

학교교육을 통해서 학생들은 '약한 인공지능'과 '강한 인공지능'을 이해하고 구분할 수 있어야 하고, 이와 관련한 쟁점을 학습하여야 한다. '강한 인공지능'은 단순히 우리의 삶을 윤택하게 해 주는 기술이 아닌 인간 자체를 파괴하는 것일 수 있다는 문제점을 직시하고 사회에서 이를 어떻게 활용 또는 통제하여야 하는지에 대한 관점을 형성하여야 한다.

2) 노동과 자유시간에 대한 성찰

지능정보기술을 활용한 제4차 산업혁명 시대에는 노동시장에서 수요와 공급의 불균형이 예상된다. 노동시장의 불균형에서 심각하게 고려할 사항은 직종별 수요와 공급의 불일치가 아니라 절대적인 공급과잉이다. 약한 인공지능에 토대를 둔 지능정보사회에서도 노동시장 수급에 심각한 불균형을 가져오고 있으며, 강한 인공지능이 생산과정에 도입되면 노동의 잉여는 더욱 심각해질 것이다.

산업사회의 기술적 합리성과 인공지능의 발달에 의한 노동의 질적 변화와 자유시간의 증가는 인간의 삶에 있어서 노동과 자유시간의 의미를 성찰하게 한다. 마르쿠제(Marcuse, 1987: 23)에 따르면 기술적 합리성에 의한 생산과정의 기계화와 표준화는 노동의 성격과 생산력의 개념을 변화시킨다. 육체노동에서 정신적·기술적 노동의 질적인 변화와 더불어 생산력의 개념도 개인에 의한 산출에서 기계에 의한 산출로 변화시킨다. 이러한 상황에서 인간은 '기계에 봉사하는 인간', '기계화된 노예', '작업하는 원자'로 전락하고, 기계화된 작업에서 '죽은 노동'을 수행하게 되며 노동에 있어 소외를 경험한다(이종하, 2006에서 재인용).

　노동시간의 단축으로 인한 자유시간의 확대는 긍정적으로 보일 수 있으나, 표준화와 인공지능에 기반을 둔 고도산업사회의 지배와 통제는 자유시간에도 적용될 수 있는 가능성을 열어 둔다. 고도산업사회의 자유시간은 노동을 위한 휴식 그 이상이 아니다. 최근 발달하고 있는 여가문화산업은 통제 수단으로 거짓욕구를 생산한다. 거짓욕구는 "특정한 사회적 이해관계가 억압된 상태에 놓인 개인에게 부과하는 고통, 공격성, 비참, 불의를 영속시키는 욕구"이다. 이러한 거짓욕구의 예로 '광고에 맞추어 긴장을 풀고 장난을 하며 행동하고 소비하고자 하는 욕구, 다른 사람들이 사랑하고 미워하는 대로 사랑하고 미워하는 욕구'와 '소유와 소비 그리고 상행위에 대한 욕구, 기구, 장치, 기계, 엔진 등을 끊임없이 새것으로 바꾸려는 욕구, 자기파괴의 위험에 직면해서도 그러한 상품들을 사용하려는 욕구(Marcuse, 1987: 25)' 등이 있다(이종하, 2006에서 재인용).

　학교교육을 통해서 학생들이 학습해야 할 것은 노동의 의미와 노동의 공유 필요성이다. 노동은 개인에게 생계의 수단이면서 자신의 정체성을 형성하는 것이다. 따라서 실업은 경제적으로 생존에 영향을 줄 뿐만 아니라 개인의 정체성에도 영향을 준다. 노동의 절대적인 과잉의 시대에서 학교교육에서 강조할 것은 한정된 일자리를 선점할 수 있는 역량을 강조하기보다는 바람직한 노동시장을 이해하고 타인과 노동을 공유할 수 있는 성숙한 공동체 의식을 함양하는 것이다.

3) 사회의 불평등과 정의에 대한 인식

　지능정보사회 또는 제4차 산업혁명의 시대에 부의 불평등이 심화될 가능성이 있다. 생산체제에서 인공지능을 활용하여 생산비용을 절감하려고 하고, 생산비용의 절감은 곧 노동에 대한 수요의 감소로 이루어지고 자본 투자에 대한 가치가 높아지게 된다. 노동의 가치에 대한 절하는 대부분 임금 노동자의 소득에 부정적인 영향을 주는 반면에 자본가에게는 긍정적인 영향을 준다. 현재도 심각한 수준인 소득 불평등이 심화되게 된다. 또한 휴먼 클라우드의 활용으로 인해 상대적으로 경쟁력이 있는 소수의 근로자는 이전보다 높은 수입을 얻을 수 있지만, 그렇지 못한 대다수의 근로자들은 이전보다 못한 대우를 받게 된다. 따라서 노동자 간에도 심각한 부의 불평등이 발생할 수 있다.

부의 불평등은 사회에 폭력과 정신질환의 증가를 야기할 수 있으며, 극단적인 경우 공동체의 붕괴를 초래할 수 있다. 불평등이 심한 사회에서는 부유한 사람과 가난한 사람의 거주 지역이 분리되고, 부유한 사람들은 개인의 삶과 사회의 유지 존속에 필수적인 주거, 교육, 의료 등의 공공 서비스를 사적으로 구매하여 이용하게 된다. 이러한 현상이 지속되게 되면 부유한 사람들에게 '공공' 서비스라는 관념이 없어지고, 공공 서비스 확대를 위한 정부의 세금 지출을 반대하게 된다(Sandel, 2009).

주거, 교육, 의료 등에 대한 공공 서비스가 취약하여 사회 계층별로 이들이 이용하는 서비스의 수준이 달라지면, 사회의 불평등은 한 세대를 넘어 다음 세대로 세습되는 심각한 문제가 발생한다. 성장기에 주거, 교육, 의료 등에서 보다 좋은 서비스를 받은 사람들이 성인이 되어 보다 경쟁에서 유리한 위치를 차지할 가능성이 커지기 때문이다. 세대 간 불평등이 세습되게 되면 결국 과거의 신분제 사회와 다름없게 된다.

샌델(Sandel, 2009)은 정의를 "미덕을 키우고 공동선을 고민하는 것(p. 360)"이라고 정의한다. 사회가 유지 존속하기 위해서는 강한 공동체 의식이 필요하고, 사회는 구성원들이 사회 전체를 걱정하고 공동선에 헌신하는 태도를 키울 수 있도록 해야 한다. 학교교육이 해야 할 가장 중요한 역할 중의 하나가 사회 전체를 걱정하고 공동선에 헌신하는 태도를 기르는 것이다.

4) 시장의 도덕적 한계 이해와 사회규범의 제고

최근 두드러진 특징 중의 하나는 시장과 시장친화적인 사고가 이와는 거리가 먼 기준의 지배를 받던 전통적 삶의 영역까지 파고들었다는 것이다(Sandel, 2009). 시장은 생산활동을 조직하는 데 유용한 도구이다. 그러나 모든 삶에 유용한 규범은 아니다. 사회적 행위의 가치에 대한 판단을 시장에 맡기면 그 행위를 규정하는 규범이 타락하거나 질이 떨어질 수 있기 때문에, 시장규범 이외에 어떠한 사회적 규범이 필요한지를 탐색할 필요가 있다.

시장규범은 경제행위에 대해 철저한 등가교환이 원칙이고, 노동과 임금, 상품과 가격, 대출과 이자 등의 행위에 대해 등가교환이 이루어질 때 정당한 행위가 되는 것이다. 시장규범 그 자체는 문제가 없으나, 사회문제가 되는 것은 시장규범이 적용되지 말아야 할 영역에 시장규범이 적용되고 있어 사회의 공동체가 약화된다는 것이다. 사회규범과 시장규범이 경합할 때, 사회규범은 사라지고 사라진 사회규범을 되살리기는 상당히 어렵다.

사회 또는 조직에서 사람들은 시장규범과 사회규범을 모두 가지고 있으며, 필요에 따라 선택한다(Clark & Mills, 1979; Clark, 1984; Fiske, 1992; Ariely, 2008에서 재인용). 사회규범은 인간이 사회를 형성하고 공동체를 유지하는 데 필수적인 요소이다. 사회규범은 즉시적인 보상을 전제하지 않으며, 양 당사자 모두 기쁨을 얻을 수 있다.

사회규범은 시민교육에서 활발히 논의되고는 있는 사회자본과 유사한 개념으로 볼 수 있다. 퍼트남(Putnam, 1993)은 물질자본이나 인간자본은 개인의 생산성을 위해 축적되는 반면에 사회자본은 사회 구성원의 상호 이익을 도모하기 위한 조정과 행동을 쉽게 해 주는 네트워크, 규범 및 사회적 신뢰와 같은 사회조직의 특성으로 보았다. 사회자본은 구성원의 높은 사회참여와 협력적 행위를 촉발하여 공동체의 생산적 효율성을 제고하게 된다. 한 국가 또는 사회의 성장과 실패는 사회자본의 형성 정도에 따라 달라진다(최종덕, 2007에서 재인용).

학교에서 학생들 간의 신뢰를 높이고 시민참여와 네트워크 형성을 촉진하여 사회자본을 형성하기 위해서 다음과 같이 시민교육을 할 수 있다(최종덕, 2007). 첫째, 시민생활의 참여에 필요한 기본적인 기능을 가르친다. 둘째, 민주주의가 작동하는 원리를 교육한다. 민주정부의 구조, 시민으로서의 권리와 의무에 대해 학습하고 이를 실천할 수 있는 기본적 자질과 덕목을 함양한다. 셋째, 학생들 사이에서 건전한 친구관계를 형성하고 또래문화에 동참하여 상호 신뢰와 네트워크 형성의 경험을 할 수 있게 한다. 마지막으로, 학생들이 지역사회 봉사활동에 참여할 수 있는 기회를 제공하여 시민참여의 훈련을 하고 지역사회의 문제와 그 해결방법을 고민하도록 한다.

학생들은 시장의 한계를 명확히 인식하고 시장규범이 적용되어야 할 삶의 영역과 다른 규범이 적용되어야 할 삶의 영역을 구분할 수 있어야 하고 이와 관련된 규범을 습득할 수 있어야 한다. 학교에서 시장규범이 적용되어야 할 영역과 다른 규범이 적용되어야 할 영역을 구분하고, 각 영역에 적용되어야 하는 규범을 교육할 필요가 있다.

5) 자아의 존중과 자기 관리 능력 제고

최근의 노동계약은 장기 고용관계에서 프리 에이전트와 같이 단기 용역계약으로 변화되고 있다. 학생들은 졸업 이후에 프리 에이전트로서 생활할 가능성이 높게 된다. 장기 고용관계에서 피고용인에 주어지는 안정적인 급여와 복지혜택 등은 많이 없어지게 되고, 프리 에이전트로서 노동자(또는 개인사업자)의 수입과 노동의 불안정성이 높아지고 있다. 이러한 상황에서 일부의 노동자들은 이전보다 큰 성공을 이룰 수 있지만, 대부분의 사람들은 이전보다 못한 삶을 살아갈 가능성이 있다.

자신을 능력 있고 가치 있게 판단하는 것을 의미하는 자아존중감은 한 개인의 사회적 행동을 결정하는 데 중요한 영향을 미칠 수 있다. 특히, 낮은 자아존중감은 비행, 자살, 우울 등 다양한 청소년 문제의 주요 원인이 된다. 일반적으로 자아존중감은 상대적으로 안정적이고 그 변화 정도는 크지 않다. 그러나 초등학교에서 중학교로의 입학, 사춘기의 시작, 형식적 조작적 사고의 발달 등이 일어나는 청소년기 초기에 자아존중감이 빠르게 낮아질 수 있다. 낮아진 자아존중감은 일반적으로 청소년기 후기에 들어서 점점 회복되기 시작한다(김기정 역, 1995; 최정미, 김미란, 2003; 홍세희, 박언하, 홍혜영, 2006).

청소년의 자아존중감은 성별, 신체적 매력, 사회경제적 지위, 부모와의 관계, 또래 집단 등 타인과의 관계, 성공과 실패 경험 등에 영향을 받는다(정익중, 2007). 청소년기에 성별은 신체적 매력도와 관련되어 여학생들이 남학생들보다 엄격하게 자신에 대해 평가하여 자아존중감의 저하를 가져온다. 일반적으로 신체적 매력에 대한 자신의 평가는 자아존중감과 정적인 상관관계를 갖는다. 일반적으로 중상층 청소년이 빈곤층보다 더 높은 자아존중감을 갖고 있다. 더 많은 자원을 가진 중상층 청소년들이 부모의 사회 경제적 지원으로 높은 수준의 학업성취를 이룰 수 있고 결과적으로 자아존중감을 높일 수 있다. 부모가 애정을 갖고 양육하고 친밀한 관계를 형성하고 적절하게 지도감독할 때 자아존중감이 높다. 가족관계에서 점차 독립하는 과정인 청소년기에 또래 집단은 중요한 정서적 지지의 지원이자 자아개념 준거의 틀이 된다. 또래 집단 또는 타인과의 질 좋은 관계가 형성될 때 자아존중감이 높아진다.

자기관리역량(Self-Management Competencies)은 자기평가를 바탕으로 개인적 목표를 달성하기 위한 과정을 모니터링하며 스스로 조절하는 것으로 자신을 관리하는 능력이다. 또한 효율적인 학습이 되도록 시공간을 관리하고 내적인 불안, 스트레스를 관리하는 기술을 의미한다(진미석 외, 2007). 자기관리역량 하위 영역에 자기주도적 학습능력, 목표 지향적 계획수립 및 실행능력, 정서적 자기조절 능력, 직업의식 등이 있다(권순철, 김성봉, 이인회, 2015). 자기주도적 학습능력은 목표를 달성하기 위해 자기주도적으로 자신의 동기를 고양시키고 통제하는 능력, 자신의 학습과정을 관찰하고 분석하여 스스로 점검, 조정할 수 있는 능력, 목표 도달을 위해 상황에 따라 학습 환경을 선택하거나 자신의 행동을 통제하는 능력 등을 포함한다.

목표지향적 계획수립 및 실행능력은 자신의 특성, 능력 및 기대수준을 파악하여 적합한 목표를 설정할 수 있는 능력, 목표에 도달하기 위한 단계적 계획을 수립하고 계획의 타당성을 평가할 수 있는 능력, 효과적으로 계획을 실행하기 위해 자기 자신과 외적 자원을 관리하는 능력 등을 포함한다. 정서적 자기조절 능력은 스트레스 상황에서 자신의 사고와 행동을 조절하여 정서적 안정감을 유지할 수 있는 능력과 과제에 집중할 수 있도록 자신의 좋지 않은 감정과 기분을 조절할 수 있는 능력을 포함한다. 직업의식은 업무와 관련된 일에 있어 문제를 겪고 있는 직장 동료들을 자발적으로 도와주는 행동, 조직과 업무의 성과를 높이고 자신의 능력을 향상시키기 위한 프로그램에 자발적으로 참여하는 행동, 조직에서 원칙을 지키고 자신의 권리와 책임을 이해하며 윤리적으로 행동하는 능력을 포함한다.

인공지능에 기반을 둔 플랫폼이 발전하고 프리 에이전트가 보편화될 경우 성과사회의 특징이 보다 보편화될 것이고, 따라서 사람들이 자신에 대해 과도한 기대를 하거나 과도한 노동을 하는 등의 자기착취의 문제가 발생할 가능성이 높다. 성과사회에서 자아존중감과 자기관리 능력이 결여된 사람은 결국 불행하게 될 가능성이 높다. 따라서 교육을 통해서 자아존중감과 자기관리 역량을 높이는 것이 중요하다.

주요 개념 정리

☑ **제4차 산업혁명**: 제4차 산업혁명은 21세기부터 시작되었고, 컴퓨터 혁명을 기반으로 모바일 인터넷과 인공지능이 발달하여 이를 활용한 생산방식의 변화를 의미한다.

☑ **거짓욕구**: 특정한 사회적 이해관계가 억압된 상태에 놓인 개인에게 부과하는 고통, 공격성, 비참, 불의를 영속시키는 욕구이다. 이러한 거짓욕구의 예로 "광고에 맞추어 긴장을

풀고 장난을 하며 행동하고 소비하고자 하는 욕구, 다른 사람들이 사랑하고 미워하는 대로 사랑하고 미워하는 욕구"와 "소유와 소비 그리고 상행위에 대한 욕구, 기구, 장치, 기계, 엔진 등을 끊임없이 새것으로 바꾸려는 욕구, 자기파괴의 위험에 직면해서도 그러한 상품들을 사용하려는 욕구 등이 있다.

☑ **사회자본**: 사회자본은 사회 구성원의 상호 이익을 도모하기 위한 조정과 행동을 쉽게 해 주는 네트워크, 규범 및 사회적 신뢰와 같은 사회조직의 특성이다. 사회자본은 구성원의 높은 사회참여와 협력적 행위를 촉발하여 공동체의 생산적 효율성을 제고하게 된다.

☑ **성과사회**: 성과사회에서 인간은 성과 주체이고 각자 자기 자신을 경영하는 주체이다. 성과사회에서는 사람들은 '스스로', '~해야 한다'는 자기구속을 하고 있다. 성과사회에서는 노동을 강요하거나 착취하는 외적인 기구가 불분명하다. 외적인 강제 기구가 없는 상황은 자유의 상태로 보일 수 있지만, 실제로는 자유와 강제가 일치하는 상태이다. 조직의 구성원으로서 사람들은 자율적으로(실제로는 강제적으로) 성과를 극대화하기 위해 노력하기 때문이다.

생각해 볼 문제

1. 제4차 산업혁명의 핵심 특징인 인공지능의 발달이 인간의 정체성에 미치는 영향은 무엇인가?

2. 제4차 산업혁명이 인간의 삶에 미치는 영향은 무엇이고 어떠한 기제를 통해서 그러한 영향을 미치는가?

3. 제4차 산업혁명의 시대에 적합한 정치교육의 내용은 무엇인가?

참고문헌

권순철, 김성봉, 이인회(2015). 대학생 자기관리역량 향상 프로그램 효과 분석. 교육종합연구, 13(1), 143-166.

김기정 역(1995). 자아의 발달. 서울: 문음사.

김대식(2016). 김대식의 인간 vs 기계. 서울: 동아시아.

김명정(2017). 정치교육이 고등학생의 시민성에 미치는 영향: 부산 지역 고등학생을 중심으로. Oughtopia: The Journal of Social Paradigm Studiesv, 32(1), 101-123. 경희대학교 인류사회재건연구원.

윤덕룡, 이동은, 이진희(2019). 자산가격 변화가 경제적 불평등과 대외경제 변수에 미치는 영향 분석. 세종: 대외경제정책연구원.

이상욱(2020). 인공지능과 실존적 위험-비판적 검토-. 인간연구(40), 107-136.

이정은(2016). 새로운 창작을 위한 도구, 인공지능. 월간 객석, 2016년 6월호.

이종하(2006). 문화사회에서 노동과 여가. 현상학과 현대철학, 29, 147-172

정원(2016). 인간과 로봇의 피아노 배틀. 월간 객석, 2016년 6월호.

정익중(2007). 청소년기 자아준중감과 발달궤적과 예측요인. 한국청소년연구, 18(3), 127-166.

진미석, 이수영, 채창균, 유한구, 박천수, 이성, 최동선, 옥준필(2007). 대학생 직업 기초능력 선정 및 문항개발연구. 한국직업능력개발원 정책연구 개발사업 2007-공모-30. 교육인적자원부.

최은창(2016). 인공지능 시대의 법적 · 윤리적 쟁점. FUTURE HORIZON(28), 18-21.

최정미, 김미란(2003). 청소년의 친구관계 특성과 만족도 및 자아존중감에 관한 연구. 청소년학연구, 10(3), 373-394.

최종덕(2007). 사회자본 형성을 위한 시민교육의 방향. 시민교육연구, 39(4), 135-161.

한병철(2012). 피로사회(김태환 역). 서울: 문학과 지성사.

홍세희, 박언하, 홍혜영(2006). 다층모형을 적용한 청소년의 자아개념 변화 추정: 변화에 있어서의 개인차에 대한 부모효과와 또래효과의 검증. 한국청소년연구, 17(2), 241-263.

Anderson, A. (Ed.) (1964). *Minds and Machines*. Prentice-Hall.

Ariely, D. (2008). *Predictably Irrational: The Hidden Forces That Shape Our Decisions*. Happer Perennial.

Clark, M. (1984). Record Keeping in Two Types of Relationships. *Journal of Personality and Social Psychology, 47*(3), 549-557.

Clark, M., & Mills, J. (1979). Interpersonal Attraction in Exchange and Communal Relationships. *Journal of Personality and Social Psychology, 37*(1), 12-24.

Credit Suisse (2021). Global Wealth Report 2021.

Executive Office of the President (2016). Preparing for the Future of Artificial Intelligence.

Fiske, A. (1992). *The Four Elementary Forms of Sociality: Framework for a Unified Theory of Social Relations*. Psychological Review.

Frey, C., & Osborne, M. (2013). The future of employment: how susceptible are jobs to computerization Unpublished.

Kurzweil, R. (2005). *The Singularity Is Near: When Humans Transcend Biology*. The Viking Press.

Marcuse, H. (1987). *Der eindimesionale Mensch*. Herbert Marcuse Schriften 7. Frankfurt a. M.

O'Connor, S. (2015). The Human cloud: A new world of work. *The Financial Times*. 8 Oct 2015.

Penrose, R. (1989). *The Emperor's New Mind: Concerning Computers, Minds, and the*

Laws of Physics. Oxford University Press.

Pink, D. (2001). *Free Agent Nation-The Future of Working for Yourself*. Grand Central Publishing.

Putnam, R. (1993). *Making Democracy Work: Civic Traditions in Modern Italy*. 안청시 외 역(2000). 사회적 자본과 민주주의. 서울: 박영사.

Sandel, M. (2009). *Justice: What's the right thing to do?* 이창신 역(2010). 정의란 무엇인가? 경기: 김영사.

Schwab, K. (2016). *The Fourth Industrial Revolution*. World Economic Forum. 송경진 역(2016). 제4차 산업혁명. 새로운 현재.

Whitby, B. (2003). *Artificial Intellience*. Oneworld Publications. 변경옥 역(2007). 인공지능. 유토피아.

Wilkinson, R., & Pickett, K. (2009). *The Spirit Level: Why Greater Equality Makes Societies Stronger*. Bloomsbury Press. 전재웅 역(2012). 평등이 답이다: 왜 평등한 사회는 늘 바람직한가. 경기: 이후.

제 15 장

초연결사회와 정치교육[1]

함승환

개요

이 장에서는 먼저 '초연결사회'의 특징을 개괄하고 '미래형' 교육 모델을 간략히 검토한다. 이어서 정치교육의 초점이 학생들의 민주적 참여와 숙의 역량의 신장에 있음을 논의한 후, 초연결사회의 맥락 속에서 정치교육의 중요성을 새롭게 조명한다.

---

1. 초연결사회의 특징

오늘날 세계 주요국은 초연결사회로 진입하고 있다. 초연결사회는 사람과 사람, 사람과 사물, 사물과 사물이 촘촘하게 연결된 고도의 네트워크 사회이다(Biggs, Johnson, Lozanova, & Sundberg, 2012; Schwab, 2016). 초연결사회는 '제4차 산업혁명'으로 불리는 첨단 기술혁신이 촉발한 사회적 변화의 산물이다. 한 사회가 초연결사회로 더 깊숙이 진입할수록 모든 사람과 사물이 더욱더 거미줄처럼 연결된다. 초연결사회에 대한 정의는 학자들마다 다양하나, 대개의 경우 사물인터넷이나 인공지능과 같은 첨단 기술혁신 자체를 초연결사회의 등장과 동일시하는 경향이 있다. 물론 이러한 기술혁신이 초연결사회의 중요한 토대인 것은 분명하다. 하지만 보다 진전된 초연결사회라면 이러한 첨단 '기술'이 다양한 '내용'과 만나 사회 구성

---

1) 이 장의 일부 내용은 함승환(2020; 2021)을 토대로 수정 · 보완한 것이다.

원의 일상에 자연스럽게 녹아들어 있어야 한다. 따라서 초연결사회는 기술혁신의 진전 그 자체를 지칭한다기보다 초연결성에 기초한 '사회적' 변화를 지칭한다고 보는 것이 타당하다.

초연결사회를 특징짓는 '초연결성'은 기존 사회의 연결성과 특히 두 가지 측면에서 두드러진 차이가 있다. 첫째, 초연결성은 네트워크의 시공간적 범위가 더욱 확장되었다는 의미를 내포한다. 이는 초연결성을 이야기할 때 가장 기본적으로 전제하는 것이다. 초연결사회에서는 누구나 언제 어디서든 디지털 네트워크에 연결될 수 있다. 많은 경우 이미 네트워크에 연결되어 있으며, 이는 마치 숨 쉬는 것처럼 자연스럽다. 둘째, 기존의 연결성이 사람과 사람 간의 네트워크를 의미했다면, 초연결성은 사람과 사람 간의 네트워크뿐만 아니라, 사람과 사물 간 및 사물과 사물 간의 네트워크를 모두 포함한다. 기존의 연결성 개념은 인간의 주체성과 사물의 대상성을 엄격히 구분하는 이원론적 사고를 반영하는 반면, 초연결성 개념은 더 이상 이러한 사고를 강하게 내포하지 않는다. 초연결사회의 네트워크상에서는 사람과 사물 간의 경계가 흐릿하다. 사람의 판단과 행동이 많은 부분 사물의 판단과 행동으로 대체되어 가고, 사회적 네트워크 속으로 사물의 네트워크도 함께 들어오게 되는 것이다. 능동적 판단 능력과 네트워크 기반의 협응능력을 더 이상 인간만의 특징으로 한정하여 이해할 수 없게 된다.

'초연결성'이라는 용어는 의사소통과 상호작용의 수단이 무수히 많아졌다는 것을 지칭할 뿐만 아니라, 그것이 개인과 조직의 행태에 영향을 미치고 있다는 것을 지칭한다. 초연결성은 구체적으로 다음과 같은 몇 가지 주요 특징을 지닌다(Fredette, Marom, Steinert, & Witters, 2012). 첫째, 상시 연결성: 광대역의 유비쿼터스 모바일 기기를 통해 사람들은 가족, 직장, 친구, 취미, 관심사 등에 언제나 연결될 수 있다. 둘째, 접근 용이성: 모바일 기기와 개인용 컴퓨터를 통해 사람들과 조직들은 하나의 네트워크로 연결된다. 이러한 네트워크에의 접속은 시간과 장소에 구애받지 않고 점점 더 높은 수준으로 가능해지고 있다. 셋째, 정보의 방대성: 웹 사이트, 검색

엔진, 소셜 미디어, 실시간 뉴스, 엔터테인먼트 채널 등을 통해 중요한 정보부터 소소한 정보에 이르기까지 개인이 소비할 수 있는 범위를 뛰어넘는 대량의 정보가 끊임없이 제공된다. 넷째, 상호작용적 개방성: 초연결성을 통해 누구나 그 무엇에 대해서도 자신의 의견을 제시하고 관여할 수 있다. 다섯째, 인간과 사물 간의 탈경계성: 초연결성에 기초한 소통은 사람과 사람 간의 소통뿐만 아니라 사람과 기계 간 소통 및 기계와 기계 간 소통도 포함한다. 이는 사물 인터넷의 진화와 지능형 만물 인터넷의 등장을 의미한다. 여섯째, 상시 기록성: 자동화 기록 시스템, 거의 무제한의 저장 용량, 소형화된 카메라, 위성 위치 확인 시스템, 각종 지능형 센서 등이 모든 사람의 일상 활동과 커뮤니케이션 내역의 상당 부분을 반영구적 기록으로 남긴다.

초연결사회는 고도로 연결된 네트워크상에서 정보와 지식이 공유되는 사회이기도 하다. 다양한 재화와 서비스에 대한 공유경제의 부상도 정보와 지식의 공유 플랫폼을 그 근간으로 한다. 이러한 공유를 바탕으로 보다 많은 사람이 다양한 자원에 손쉽게 닿을 수 있다. 고전적 정치이론은 자원의 제한성과 인간 욕구의 무한성 간의 긴장이 정치현상의 불가피성과 정책의 필요성을 설명한다고 보았다(Lasswell, 1936). 향후 초연결사회에서 자원 공유의 확대가 진전된다면 고전적 정치 문제는 어느 정도 해소될 수 있을 것이라는 전망도 설득력을 지닌다. 하지만 다른 한편으로는 기존의 것들과 차별성을 지니는 새로운 재화와 서비스가 끊임없이 등장할 수 있는 여건을 초연결사회는 동시에 제공하고 있다. 자원에 대한 양적 접근성의 확대에도 불구하고 질적 가치의 희소성 문제는 여전히 남아 있는 것이다. 이러한 희소성은 개인 간 및 집단 간의 사회적 편차를 만들어 낸다. 초연결사회의 사회적 편차는 다양한 형태의 질적 가치에 대한 불균등한 접근성을 의미하게 될 것이다. 이는 명확히 드러나는 양적 불평등(overt inequalities)이라기보다는 미세하고 다차원적인 질적 격차(subtle disparities)에 가까울 것이다.

초연결사회가 진전될수록 전통적 노동자로서의 인간의 지위는 점차 약화될 것이라는 전망이 지배적이다. 이러한 전망을 둘러싸고 향후 높은 실업률 등 사회적으로 어려운 문제가 야기될 것이라는 비관적인 시각과 함께 인간이 노동을 새롭게 정의하게 될 것이라는 낙관적인 시각이 공존한다(Manyika et al., 2017). 이러한 시각 차이에도 불구하고 양쪽 시각 모두 향후 인간의 노동에 중대한 변화가 올 것이라는 예상을 공유한다는 점에 주목할 필요가 있다. 과거 제1차 산업혁명부터 오늘날 제4차 산업혁명에 이르기까지의 일련의 산업혁명 과정은 상품의 생산에 있어서 인간의 노동이 축소되어 가는 과정으로 이해되기도 한다(박지웅, 2018). 이러한 과정이 인간에게 노동으로부터의 '해방'을 의미하는 것일지 아니면 노동으로부터의 '소외'를 의미하는 것일지는 아직 불분명하다. 하지만 비교적 분명한 것은 초연결사회가 진전될수록 사람들은 보다 창의적이고 차별성 있는 작업에 집중할 때 자신의 실존적 의미를 제대로 확인할 수 있을 것이라는 점이다. 물론 창의성은 초연결사회 이전에도 중요했다. 하지만 과거와 다른 점은 창의성이 지니는 의미다. 과거에 창의성이 주로 생산성 향상이나 혁신과 결부된 도구주의적 개념이었다면, 초연결사회에서 창의성은 개인의 정체성 및 삶의 의미와 밀접하게 관련된 실존적 개념으로 확장될 가능성이 크다.

2. 초연결사회의 학교교육

이러한 초연결사회에서는 학교교육을 둘러싼 제도환경이 표준화된 지식의 권위를 강조하기보다는 개별 학습자의 창의성을 강조하게 될 것이다. 창의성은 다양성을 바탕으로 한 차별성으로 개념화될 수 있다. 초연결사회에서는 모두에게 획일적으로 적용되는 양적 평등성보다는 학습자에게 맞춤형으로 개별화된 수월성과 질적 형평성이 더욱 강조될 가능성이 크다. 과거의 교육정책이 표준화된 학습 경험에 대한 양적 평등성을 강조하는 책무성 담론에 크게 의존했다면, 초연결사회의 교육정책은 '교육정책'에서 '교육'의 의미가 무엇인지를 되묻게 될 것이다. 특히, 학습자의 다양성 존중과 창의성 계발은 더 이상 철학적 의미의 규범적 요구나 교육정책의 수사적 요구에 머무르지 않을 것이다. 오히려 교육소비자인 학생과 학부모가 이러한 변화에 맞추어 새로운 교육적 수요를 만듦으로써 결과적으로 다양한 방식의 학교개혁을 이끌 가능성이 크다.

　초연결사회에서 구체적으로 어떠한 학교교육이 필요한지에 대해 다양한 논의가 진행되고 있다. 일례로, 제4차 산업혁명 담론의 본격화를 촉발한 세계경제포럼은 미래 사회에 필요한 새로운 교육 모델로 '교육 4.0'을 제시한다(World Economic Forum, 2020). 이 모델([그림 15-1])은 미래 사회의 구성원이 반드시 갖추어야 할 4대 기량과 미래의 교육 시스템이 효과적으로 지원해야 할 4대 학습양식을 그 핵심 내용으로 한다. 먼저, 4대 기량은 세계시민성 기량(global citizenship skills), 혁신과 창의성 기량(innovation and creativity skills), 테크놀로지 기량(technology skills), 대인관계 기량(interpersonal skills)이다. 다음으로, 4대 학습양식은 학습자 중심의 개별화학습(personalized and self-paced learning), 접근이 용이한 포용적 학습(accessible and inclusive learning), 문제 기반의 협력학습(problem-based and collaborative learning), 학습자 주도의 평생학습(lifelong and student-driven learning)이다.

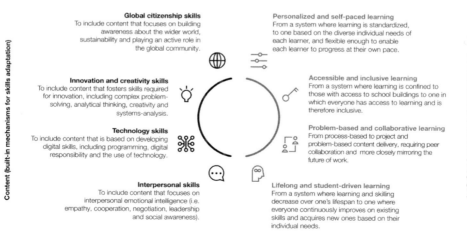

[그림 15-1] 세계경제포럼의 교육 4.0 모델

출처: World Economic Forum(2020: 7).

하지만 이와 같은 '미래형' 교육 모델은 사실 그다지 새로운 모델이 아니다. 이러한 교육의 필요성은 초연결사회가 등장하기 훨씬 이전부터 다각도로 제기되어 왔다. 이미 20세기 초·중반에 정교화된 진보주의 교육철학과 20세기 중·후반에 등장한 구성주의 학습이론이 '교육 4.0'의 4대 학습양식을 지탱하는 이론적 근간이라고 보아도 무방하다. 또한 4대 기량 역시 '21세기 기량' 등과 같은 명칭으로 20세기 후반부터 꾸준히 강조되어 온 것들이다. 이러한 교육은 사실 초연결사회의 등장으로 인해 필요한 것이 아니라, '교육'은 본래 이러한 속성에 부합해야 한다. 기존의 학교교육(schooling)이 교육(education)과 일정한 거리를 두고 있었을 뿐이다. 진보주의 교육철학과 구성주의 학습이론 등은 개별 학습자가 다양한 환경과의 능동적 상호작용을 통해 지속적으로 성장해 나아가는 과정을 학습의 본질로 강조해 왔다. 여기서 환경은 시공간적 환경뿐만 아니라 인적·물적·문화적 환경을 포괄한다. 교육은 의미 있는 학습을 촉진하기 위한 적절한 환경을 조성하는 것에서 시작된다. 학교교육이 교육에 가까워지도록 더 나은 환경을 조성하는 것이 중요한 것이다.

결국 21세기형 교육 모델의 중요성은 그 내용적 새로움에 있지 않다. 20세기부터 주창되어 온 것들이 21세기에 드디어 효과적으로 구현될 가능성이 높아졌다는 점에 그 중요성이 있다. 여기서 주목할 점은 초연결사회의 등장과 더불어 '학교교육'과 '교육' 간의 간극을 좁혀야 할 필요성이 새롭게 주목받고 있다는 점이다. 교수학습의 내용으로서 표준화된 지식을 강조했던 과거의 학교교육은 창의적이고 능동적인 인간상보다는 순응적이고 피동적인 인간상에 기초했다. 과거 인간의 실존적 의미가 노동자로서의 효율성과 생산성 측면에 크게 의존했다면, 초연결사회에서는 인간의 실존적 의미는 고도의 창의성에서 발현될 가능성이 크다. 학교교육을 거시적 사회제도의 일부로 이해할 때, 학교교육을 둘러싼 과거의 제도환경은 사회 전반의 효율적 운영을 중시하는 '표준화' 논리를 강조했다. 향후 초연결사회가 진전될수록 창의성과 다양성을 강조하는 '탈표준화' 논리가 과거의 '표준화' 논리를 약화시키며 양자 간 새로운 균형점을 찾게 될 가능성이 크다(Robinson & Aronica, 2015; Zhao, 2012).

3. 참여와 숙의로서의 정치교육

정치교육은 민주주의 정치철학과 밀접하게 관련된다. "민주주의의 어원[을 살펴보면 이는] demos(민중)와 kratos(지배)의 합성어에서 유래하였다. [이것은] '민중에 의한 지배'를 의미한다. 따라서 좋은 시민이 많이 양성될수록 선한 민중이 지배하는 최선의 정치체제 구현 가능성이 높다고 할 수 있다"(박선형, 2020: 41). 이렇게 볼 때, 정치교육은 모든 시민이 민주적 참여 역량을 키울 수 있도록 하는 것에 일차적 목적이 있다. 고대 그리스의 정치가였던 페리클레스(Pericles)가 강조했듯이, "비록 소수의 사람만이 정책을 발의할 수 있다 해도, 우리 모두는 그것을 비판할 수 있다. …… [이를 위한 참여적] 논의[는] …… 현명한 행위를 위한 하나의 불가피한"(Popper, 1945: 311에서 재인용) 과정인 것이다.

존 스튜어트 밀(Mill, 1859)은 일찍이 19세기 중반에 정치교육의 중요성을 명시적으로 강조한 바 있다. 밀에 따르면 "정치교육[은] …… 사람들이 개인적이고 가족 중심의 편협한 이해타산의 울타리에서 벗어나 공동의 이익에 대해 잘 알게 되고 공동 관심사를 다루는 일에 익숙해지도록 만드는 것[이며, 사람들로 하여금] 공공의 이익을 위해 …… 서로를 고립시키기보다는 한데 묶을 수 있도록"(Mill, 1859: 225)하는 것이다. 이는 곧 참여를 강조한 것이다. 밀은 사람들이 "이런 [참여의] 습관과 능력을 배양하지 않으면 자유로운 정치제도를 제대로 유지·보존하기 어렵다"(Mill, 1859: 226)고 보았다. 미국의 정치학자 거트먼(Gutmann, 1999)도 학생들로 하여금 "정치적 참여를 위해 필요한 덕성, 지식, 기량을 갖추도록 하는"(p. 52) 교육을 정치교육으로 정의한다. 이러한 관점은 사회를 건강하게 유지하고 개선하기 위한 어떠한 노력도 결국 시민 다수의 능동적 참여를 통해 가능하다는 민주주의 정치철학과 맞닿아 있다.

이처럼 정치교육에서 시민의 민주적 '참여'가 중시되어야 한다는 관점은 정치교육이 급진주의를 경계해야 한다는 의미를 동시에 내포한다. 민주사회의 "모든 문제에 있어서 우리는 단지 시행착오에 의해, 즉 실수하고 개선하고 하면서 배운다"(Popper, 1945: 277)는 점을 인식해야 하는 것이다. 포퍼(Popper, 1945)에 따르면, 급진주의는 탐미주의와 연결되어 있다. 사회개혁에 대한 탐미주의는 "추함이 전혀 없는 세계, 낡은 쪼가리들이 여기저기 붙어 있는 지저분한 의복이 아니라, 완전한 새 옷, 참으로 아름다운 새 세계를 건설하고자 하는 [유토피아적] 욕망"(Popper, 1945: 273-274)이다. "탐미주의[는] …… 우리로 하여금 이성을 던져 버리게 하고, 그 대신 정치적 기적을 바라는 …… 도취 상태"(Popper, 1945: 278)에 빠지게 할 개연성이 크다. 유토피아적 탐미주의, 즉 "사회는 예술작품처럼 아름다워야 한다는 견해는 너무나 쉽게 폭력적인 조치를 초래"(Popper, 1945: 276)할 수 있다. 이러한 탐미주의나 급진주의를 의도적으로 또는 의도치 않게 조장하는 것은 정치교육의 목적에 반한다. 반면, 이러한 탐미주의나 급진주의를 비판적으로 읽어낼 수 있는 안목을 갖추도록 하는 것은 정치교육의 목적과 부합한다.

정치체제로서의 "민주주의는 폭력을 쓰지 않고 제도를 개혁할 수 있게 하며, 그리하여 이성을 통해 새 제도의 설계와 옛 제도의 조정을 가능하게 한다"(Popper, 1945: 212-213). "민주주의의 어원에서 확인할 수 있듯이 대중(시민)의 적극적 참여가 확보가 될 때 …… 이상적인 정치체제가 형성될 가능성이 높다"(박선형, 2020: 42). 이는 민주적 참여의 중요성을 강조하는 것이다. 하지만 민주적 참여를 통해 얻은 모든 결과가 반드시 흠결 없는(또는 최상의) 결과라는 뜻은 아니다. 민주적 참여를 통해 도달하게 된 결과에 대해서는 그것이 설령 차후 잘못된 선택으로 판명될 수 있는 것이더라도 그것이 "비차별적(nondiscriminatory)이고 비억압적(nonrepressive)인 것인 한 우리는 그것을 정당한(legitimate) 것으로 받아들여야"(Gutmann, 1999: 288) 한다는 것을 의미한다. 이처럼 민주적 참여를 통해 다다르게 된 어떠한 결정에 대해 그것이 정당성을 갖는다는 사실과 그것의 무흠결성에 대한 일반적 기대 사이에는 늘 간극이 존재한다. 이러한 간극을 가급적 줄이기 위해서는 시민들의 '숙의'가 필요하다.

정치교육이 민주적 '참여'를 중시한다는 것은 그 참여의 성격(질)이 민주적 정치철학과 맞닿아 있을 때를 전제로 한다. 무비판적 참여나 맹목적 참여는 정치교육의 목적이 될 수 없다. 이러한 의미에서 정치교육의 반대 개념은 '정치적 교화(political indoctrination)'이다. 정치적 교화는 사회의 '무비판적' 재생산 메커니즘이라는 점에서 정치교육과 대척점에 있다. 또한 정치교육은 '정치사회화(political socialization)'와 동일시되어서도 안 된다. 정치교육은 흔히 정치사회화와 동일시되어 온 경향이 있지만 이것은 정치교육의 개념적 정밀성을 해칠 가능성이 있다. 정치사회화는 한 사회가 정치적 가치, 태도, 행동양식 등을 시민에게 심어 주는 과정인데, 이러한 과정의 많은 부분은 의도된 것이 아니며, 따라서 이는 '의식적 참여'가 아닌 '비의식적 사회재생산'과 밀접하게 관련된다. "민주사회의 구성원이 사회의 미래를 의식적으로(consciously) 결정해 나아가는 과정을 이해하고자 한다면, 교육을 정치사회화로 한정하여 바라보지 않는 것이 중요하다"(Gutmann, 1999: 15).

이는 정치교육이 달성해야 할 궁극적 목표가 '의식적 사회재생산(conscious social reproduction)'에 있다는 관점과 연결되어 있다(Gutmann, 1999). 정치교육은 시민으로 하여금 사회를 의식적으로 재생산하는 데 참여하도록 준비시키는 과정이며, 의식적 사회재생산은 민주적 교육의 이상일 뿐만 아니라 민주적 정치의 이상이기도 하다는 것이다. 포퍼가 강조한 바와 같이, 민주주의는 '열린사회'의 정치철학자 정치체제이지만 "민주주의는 [저절로] 이성을 제공하지는 않는다. …… 문제를 개선하는 것은 [결국] 우리들의 일이다"(Popper, 1945: 213). 따라서 "숙의할 수 있는 능력, 그리고 이를 통해 의식적 사회재생산에 참여할 수 있는 능력"(Gutmann, 1999: 46)을 모든 학생이 충분히 키울 수 있도록 하는 것이 정치교육의 중요한 목표이다.

거트먼이 강조한 바와 같이, 정치교육을 통해 시민들의 "숙의적 성격(deliberative

character)을 계발하는 것은 민주사회의 이상을 실현하는 데 필수적이다. …… 숙의적 시민은 습관적으로라도 민주적 생활양식이 늘 요구하는 것들을 따르기 위해 노력한다. 동시에, 그들은 그러한 요구가 개인에 대한 존중과 같은 근본적인 민주적 이상을 위협하는 것으로 보일 경우에는 그것에 대해 질문을 던지려고 노력한다"(Gutmann, 1999: 52). 정치교육의 궁극적 지향점은 학생들의 "정치적 신뢰, 효능감, 역사적 지식을 증대시키는 데 있는 것이 아니라, 학생들이 정치에 대해 집단적으로 그리고 비판적으로 사고하는 능력을 키우도록 하는 데 있다. …… 정치적 신뢰, 효능감, 지식의 신장에 성공했지만 정치에 대해 사고하는 능력의 신장에 실패했다면, 그것은 우회적인 방식으로 학생들을 억압하는 교육일 수 있다"(Gutmann, 1999: 106-107).

4. 초연결사회의 정치교육

초연결사회에서 역시 정치교육의 초점은 민주적 참여와 숙의에 있다. 하지만 초연결사회에서 정치교육은 새로운 중요성을 지닌다. 초연결사회에서는 정부와 시민 간의 관계가 새롭게 재설정될 가능성이 있기 때문이다. 특히, 초연결사회의 증대된 연결성과 스마트 거버넌스의 고도화는 정책과정과 정부의 서비스 전반을 더욱 투명하게 가시화할 것이다(Fredette et al., 2012). 스마트 거버넌스는 정보·통신·운영 기술을 통합적으로 사용하여 다양한 일을 진행하고 문제를 처리하는 공공행정 관리 방식이다. 스마트 거버넌스의 핵심 요소는 모바일 정부이다. 이는 정부와 시민을 연결하는 간편한 수단을 제공한다. 국가 경영의 관점에서 모바일 광대역 서비스는 대규모 유선 통신망보다 저렴하고 구축이 쉽다는 이점이 있다. 모바일 정부를 통해 시민들은 다양한 정부 서비스를 보다 편리하게 사용할 수 있게 된다. 많은 국가에서 모바일 정부는 정부와 시민 간의 새로운 소통 방식이 되고 있다. 모바일 정부의 양방향 소통은 시민 편의를 증진시킬 뿐만 아니라 정부 활동에 대한 시민의 참여를 높일 수 있다.

이는 결국 정부의 정책이나 서비스에 대한 시민의 감시와 비판을 더욱 높은 수준으로 가능하게 할 것이다. 과거에 비해 초연결사회에서는 보다 많은 사람들이 보다 다양한 방식으로 정부의 역할과 기능에 피드백을 제공할 수 있다. 과거에 비해 '참여'가 용이해진 것이다. 누구나 언제 어디서든 정부의 정책이나 서비스에 대해 자유롭게 평가하고 이를 다수의 사람들과 공유할 수 있다. 정부 기관들은 그들의 역할과 기능을 더욱 면밀히 검토하라는 압력을 지속적으로 받게 되는 것이다. 소셜 미디어의 일상화는 각종 정책 개선 및 서비스 개선 과정에 대한 시민의 참여를 증대시킬 수 있다. 각국 정부는 보다 지속 가능한 방식으로 양질의 서비스를 제공하고 시민의 피드백에 더욱 기민하게 대응하기 위해 다양한 종류의 정보를 데이터화하고 이를 분석하는 데 더 많은 노력을 기울이게 될 것이다. 스마트 거버넌스는 이제 정부 운영 모델에서 빠질 수 없는 구성 요소가 되고 있다.

하지만 초연결사회에서 시민 참여의 통로 확대가 반드시 참여의 질적 제고를 의미하는 것은 아니다. 초연결사회는 참여의 통로를 크게 확장하지만, 그것이 반드시 참여의 능동성을 보장하거나 숙의를 동반하도록 하는 것은 아니다. 참여의 양적 확대에 걸맞은 참여의 질적 고양을 위해서는 정치교육의 역할이 매우 중요하다. 초연결성은 모든 사안에 대해 모두가 참여할 수 있도록 사실상 통로를 열어 놓음으로써 포퍼가 말한 '열린사회'의 구축 가능성을 극대화할 것으로 기대되는 한편, 다른 한편으로는 자칫 무질서한 혼란과 극단화된 갈등을 초래할 가능성도 있다. 이는 초연결성 그 자체가 사회의 정치적 성숙을 가져오는 것은 아니라는 점을 상기시킨다. 초연결성은 그것이 전개되는 사회정치적 맥락에 따라 능동적이고 숙의적인 시민참여로 이어질 수도 있고 정치적 무관심이나 갈등의 극단화로 이어질 수도 있다. 초연결사회에서 정치교육의 중요한 역할은 정치과정 측면에서 초연결성이 지닌 이러한 양면성을 미래 세대의 구성원이 정확히 인식하도록 함으로써 성찰적인 시민으로 성장하도록 돕는 것이다.

다행인 점은 초연결사회의 등장으로 각국 정부는 정보를 보다 빠르고 투명하게 공개하며 시민과 소통하고자 노력하는 경향이 관찰된다는 것이다. 단적으로, 세계 각국의 정부는 웹 사이트를 통해 다양한 정보를 공개한다. 하지만 초연결사회가 가져온 연결성의 증대에도 불구하고 정부와 정치인들은 정치과정에 대한 자신들의 통제력을 그대로 유지하고 싶어 할 가능성도 있다. 인터넷 등을 통해 정부가 시민들에게 제공하는 각종 정보는 많은 경우 단편적인 것이거나 정부의 성과를 과장하는 것이다. 개별 시민의 입장에서는 정보의 객관성과 완전성 등 정보의 질을 매 순간 정확히 확인하기 어렵다. 정보의 비대칭성은 여전히 존재하는 것이다. 경우에 따라 양질의 투명한 정보가 공개되더라도 이는 일반 대중이 쉽게 이해할 수 있는 형태의 정보가 아닌 경우가 많다. 정부와 정치인은 소셜 미디어 등을 사용하여 양방향의 소통과 진지한 대화를 도모할 수도 있지만, 자신의 어젠다를 일방적으로 제시하기 위한 의도로 이를 전략적으로 활용할 수도 있다.

이러한 면에서 초연결사회의 정치교육은 비판적 미디어 리터러시 교육과도 맞닿아 있다. 미디어 리터러시 교육의 목적은 학습자에게 미디어에 대한 경험을 확장할 수 있도록 다양한 기회를 제공함으로써 이들이 미디어 메시지를 비판적으로 분석하고 자신의 미디어 메시지를 창의적으로 생산할 수 있도록 돕는 것이다. 초연결사회가 열어 놓은 확장된 소통의 장에서 모든 개인이 효과적인 의사소통자이자 능동적인 시민이 되기 위해서는 모두가 비판적 미디어 리터러시를 갖추어야 한다. 이는 초연결성이 가져온 정보의 양적 팽창이 정보의 질을 담보하는 것은 아니라는 점에서 특히 그러하다. 초연결사회의 시민은 자신이 접하는 정보를 무비판적으로 받아들이는 수동적인 메시지 수신자가 되어서는 안 된다. 정보를 비판적으로 분석하고 해석할 수 있어야 할 뿐만 아니라 잘못된 정보를 교정하고 유용한 정보를 협력적으로 생산하는 데 기여할 수 있어야 한다.

정치교육을 통해 모든 시민이 '숙의적 시민'이 되어야 한다는 거트먼의 주장은 초연결사회의 사회정치적 맥락에서 그 타당성을 더한다. 이는 '매스미디어 정치'와 구별되는 '네트워크 정치'의 속성을 고려할 때 특히 그러하다. "[매스] 미디어 정치는 대중정치이다. [반면] 네트워크 정치는 개인화한 정치로서, [개인은] 다수의 다른 개인들과 연결[된] …… 시민"(Sey & Castells, 2004: 518)이 되어 다각도로 정치적 영향력을 행사한다. 과거 매스미디어 정치에서 정부와 정치인은 정보를 선별적으로 제공하고 매스미디어는 이를 특정한 형태로 가공하여 대중에게 전달하였다. 사람들은 이러한 정보를 일방적으로 소비하는 데 만족해야 했다. 하지만 네트워크 정치에서 사람들은 정보의 소비자이면서 동시에 생산자가 될 수 있다. 각 개인이 행사할 수 있는 영향력이 증대한 것이다. 이는 분명 긍정적인 진전이다. 하지만 거트먼이 말한 '숙의적 성격'을 사람들이 제대로 갖추지 못할 경우 개인의 증대된 영향력은 오히려 사회적 혼란과 분열을 초래할 수도 있다. 초연결성은 저절로 효과적인 정치활동을 만들어 내거나 저절로 시민의식을 제고시키지 못한다. 초연결사회의 정치교육은 참여와 숙의의 교육을 통해 미래 세대의 시민이 더 나은 민주주의 사회를 만들어 나아갈 수 있도록 해야 한다.

또한 초연결사회가 사회 전반에 새로운 가능성뿐만 아니라 여러 도전과 과제를 가져다줄 수 있다는 점에서도 정치교육이 담당해야 할 기능은 매우 중요하다. 초연결성은 사회 전반에 수평적 개방성과 창의적 역동성을 더할 수도 있지만, 다른 한편으로는 새로운 형태의 통제와 착취, 은밀한 감시, 무질서한 파괴 등을 의미할 수도 있다(김대호 외, 2015; 이충한, 2018). 정치교육은 미래 세대의 구성원으로 하여금 새로운 사회적 변화가 가져올 긍정적 가능성은 극대화하면서도 새롭게 등장할 수 있는 사회적 도전에 대해서도 정확히 인식할 수 있도록 이들을 준비시켜야 한다. 미래 세대 구성원이 앞으로 초연결사회가 가져올 다양한 사회적 도전과 위협을 정확히 분석하고 이에 효과적으로 대처할 수 있기 위해서는 창의적인 문제해결 능력과 집단적 협력 및 소통능력 등 표준화된 지식 내용을 넘어서는 다양한 역량을 필요로 한다. 특히, 새로운 사회를 살아갈 오늘날의 학생들이 "노동의 참된 의미를 탐색하고, 사회의 불평등과 정의에 대한 인식을 제고하고, 시장의 도덕적 한계

[와] 사회규범의 필요성을 [이해]하고, 자아의 존중과 자기관리 능력을 제고"(김왕준, 2019: 226)할 수 있도록 학교교육이 다양한 형태의 경험과 성찰의 기회를 모든 학생들에게 풍부하게 제공해야 한다. 이러한 경험과 성찰이 학교교육을 통해 서로 공유될 때 학생들은 민주주의 사회가 요구하는 참여와 숙의의 시민적 역량을 체화할 수 있을 것이다.

초연결사회를 살아갈 미래 세대의 시민이 참여와 숙의의 역량을 충분히 갖추도록 하는 것은 명시적인 교육내용을 통해서도 어느 정도 가능하겠지만 근본적으로 학교교육 전반에 걸쳐 참여와 숙의의 실천적 문화가 조성될 수 있도록 하는 것이 중요하다. "정치교육 개선 및 활성화를 위해서는 단순히 정치 관련 교과목과 수업 시수 확대보다는 …… 무엇보다 학교가 민주적인 삶을 배우는 공간으로 전환되어 민주적인 가치가 존중되고, 그 가치를 지키기 위한 민주적인 방법과 태도를 [모든 학생이] 경험"(하봉운, 2020: 69)할 수 있도록 해야 한다. 정치교육의 목적으로 학생들의 민주적 참여와 숙의 역량 신장에 우선순위를 둔다면, 정치교육은 특정 교과목을 통해 학습되는 확정적 내용 지식으로 한정되어 이해될 수 없다. 이와 함께 다양한 교과목 맥락에서 융복합적 또는 범교과적 내용 지식을 통해, 학교의 문화와 풍토를 통해, 학교 울타리 안팎의 연계 활동을 통해, 교사의 교수방법을 통해, 교사의 생활지도를 통해, 학생자치활동을 통해, 동아리 활동을 통해서 등 다양하게 정치교육이 이루어질 수 있다(박희진, 2019; 함은혜, 백선희, 2016; Cha, Ham, & Lim, 2017). 향후 초연결사회의 학교교육을 둘러싼 제도환경은 점차 표준화 논리보다는 창의성과 다양성을 강조하는 탈표준화 논리에 정당성을 부여할 개연성이 크다. 정치교육 역시 이러한 탈표준화 논리에 기초한 총체적 학교교육 개혁의 일환으로서 이해될 필요가 있다.

주요 개념 정리

☑ **초연결사회**: 초연결사회(hyperconnected society)는 사람과 사람, 사람과 사물, 사물과 사물이 촘촘하게 연결된 고도의 네트워크 사회를 지칭한다. 이는 제4차 산업혁명의 첨단 기술혁신이 촉발한 사회적 변화의 한 측면이다.

☑ **열린사회**: 열린사회(open society)는 사회 구성원이 끊임없이 사회 문제를 자각하고 그에 대해 자유롭게 논의함으로써 발전하는 사회를 가리킨다. 이는 민주주의 정치체제의 핵심 특정이며, 전체주의 정치체제의 특징과는 대비된다.

☑ **의식적 사회재생산**: 의식적 사회재생산(conscious social reproduction)은 민주사회의 구성원이 사회의 미래를 의식적(성찰적)으로 결정해 나아가는 과정을 가리킨다. 이는 정치교육의 중요한 목적이기도 하다.

생각해 볼 문제

1. 초연결사회의 핵심 특징은 무엇인가?

2. 초연결사회가 가져올 수 있는 새로운 가능성과 위협은 무엇인가?

3. 초연결사회에서 정치교육이 중요한 이유는 무엇인가?

참고문헌

김대호, 김성철, 신동희, 최선규, 이상우, 심용운, 전경란, 이재신(2015). 인간, 초연결사회를 살다. 서울: 커뮤니케이션북스.

김왕준(2019). 제4차 산업혁명과 교원양성 교육과정의 방향. 교육정치학연구, 26(1), 211-229.

박선형(2020). 정치교육(과 시민교육)의 쟁점과 발전 과제. 교육정치학연구, 27(4), 27-56.

박지웅(2018). 초연결사회의 정치경제학적 기원과 성격. 사회경제평론, 57, 271-305.

박희진(2019). 학급자치 활동이 시민의식에 미치는 영향. 교육행정학연구, 37(2), 89-118.

이충한(2018). 4차 산업혁명과 민주주의의 미래: 사유의 무능과 통제사회. 철학논총, 91, 289-312.

하봉운(2020). 정치교육을 위한 교육재정의 방향과 과제: 학생참여를 중심으로. 교육비평, 46, 66-95.

함승환(2020). 민주시민사회 형성을 위한 정치교육의 발전과 과제 토론: 참여와 숙의로서의 정치교육. 2020년 한국교육행정학회·한국교원교육학회·한국교육재정경제학회·한국교육정치학회 연합학술대회 자료집, pp. 73-78.

함승환(2021). 초연결사회의 등장과 학교교육의 재구성: '교육적 연결성' 가설과 그 정책적 함의. 문화와 융합, 43(10), 55-74.

함은혜, 백선희(2016). 고등학생 시민의식에 영향을 미치는 학교 경험 분석. 학습자중심교과교육연구, 16(5), 761-783.

Biggs, P., Johnson, T., Lozanova, Y., & Sundberg, N. (2012). Emerging Issues for our hyperconnected world. In S. Dutta & B Bilbao-Osorio (Eds.), *The global information technology report 2012: Living in a hyperconnected world* (pp. 47-56). Geneva, Switzerland: World Economic Forum.

Cha, Y.-K., Ham, S.-H., & Lim, M. (2017). Citizenship education in Korea: Challenges and new possibilities. In J. A. Banks (Ed.), *Citizenship education and global migration: Implications for theory, research, and practice* (pp. 237-253). Washington, DC: AERA.

Fredette, J., Marom, R., Steiner, K., & Witters, L. (2012). The promise and peril of hyperconnectivity for organizations and societies. In S. Dutta & B Bilbao-Osorio (Eds.), *The global information technology report 2012: Living in a hyperconnected world* (pp. 113-119). Geneva, Switzerland: World Economic Forum.

Gutmann, A. (1999). *Democratic education* (Rev. ed.). Princeton, NJ: Princeton University Press.

Lasswell, H. D. (1936). *Politics: Who gets what, when, how*. New York, NY: Whittlesey House.

Manyika, J., Lund, S., Chui, M., Bughin, J., Woetzel, J., Batra, P., Ko, R., & Sanghvi, S. (2017). *Jobs lost, jobs gained: Workforce transitions in a time of automation*. San Francisco, CA: McKinsey Global Institute.

Mill, J. S. (1859). *On Liberty*. 서병훈 역(2010). 자유론. 서울: 책세상.

Popper, K. R. (1945). *The open society and its enemies*. 이한구 역(2008). 열린사회와 그 적들 I. 서울: 민음사.

Robinson, K., & Aronica, L. (2015). *Creative schools: The grassroots revolution that's transforming education*. New York, NY: Viking.

Schwab, K. (2016). *The fourth industrial revolution*. Geneva, Switzerland: World Economic Forum.

Sey, A., & Castells, M. (2004). *The network society: A cross-cultural perspective*. 박행웅 역(2009). 네트워크 사회: 비교문화 관점. 서울: 한울 아카데미.

World Economic Forum (2020). *Schools of the future: Defining new models of education for the fourth industrial revolution*. Geneva, Switzerland: World Economic Forum.

Zhao, Y. (2012). *World class learners: Educating creative and entrepreneurial students*. Thousand Oaks, CA: Corwin.

찾아보기

저자 소개

박선형(Park, Sun Hyung)

태즈메이니아 대학교(University of Tasmania) 대학원, Ph.D.
현 동국대학교 교육학과 교수
관심 분야: 정치교육과 시민교육, 교육행정 이론발달과 과학철학, 분산적 지도성, 조직혁
신과 지식경영 등

신현석(Shin, Hyun-Seok)

위스콘신 대학교(University of Wisconsin) 대학원, Ph.D.
현 고려대학교 교육학과 교수
관심 분야: 교육정책, 고등교육, 교원교육

송경오(Song, Kyoung-oh)

미시간 주립대학교(Michigan State University) 대학원, Ph.D.
현 조선대학교 교육학과 교수
관심 분야: 민주주의와 공교육 정책 간의 관계, 학교교육정책의 효과, 교사(교수) 전문성
향상을 위한 협력적 방안 등

백선희(Paik, Sunhee)

미시간 주립대학교(Michigan State University) 대학원, Ph.D.
현 경인교육대학교 교육학과 교수
관심 분야: 교육과정, 교육과정 정책, 교원 교육과정 등

박희진(Park, Heejin)

피츠버그 대학교(University of Pittsburgh) 대학원, Ph.D.
현 계명대학교 교육대학원 교수
관심 분야: 다문화교육과 정책, 교원교육과 정책, 국제이해와 비교교육, 시민교육 등

하봉운(Ha, Bongwoon)

위스콘신 대학교(University of Wisconsin) 대학원, Ph.D.
현 경기대학교 교직학부 교수
관심 분야: 교육재정, 지방교육자치, 교육정책 등

이전이(Lee, Jeon-Yi)

한양대학교 대학원, Ph.D.
현 (재)경기도교육연구원 연구위원
관심 분야: 교육정책 및 프로그램 효과 분석, 교육 형평성 등

이동엽(Lee, Dongyup)

연세대학교 대학원, Ph.D.
현 한국교육개발원 교원정책연구실 연구위원
관심 분야: 교원정책, 학교자치, 교원양성기관 교육과정 등

이인수(Lee, InSu)

고려대학교 대학원, Ph.D.
현 용화여자고등학교 교사, 고려대학교 교육대학원 겸임교수
관심 분야: 교육정책, 교육행정, 교육의 변화와 혁신, 학교문화 등

조현희(Cho, Hyunhee)

워싱턴 대학교(University of Washington) 대학원, Ph.D.
현 홍익대학교 교육학과 교수
관심 분야: 교육과정 정책 및 실행, 사회정의교육, 다문화교육, 교사교육 등

모춘흥(Mo, Chunheung)

한양대학교 대학원, Ph.D.
현 한양대학교 갈등문제연구소 연구위원
관심 분야: 통일교육, 북한이탈주민, 남북관계 등

김왕준(Kim, Wang Jun)

미시간 주립대학교(Michigan State University) 대학원, Ph.D.
현 경인교육대학교 교수
관심 분야: 교육정책, 교원교육, 리더십

함승환(Ham, Seung-Hwan)

미시간 주립대학교(Michigan State University) 대학원, Ph.D.
현 한양대학교 교육학과, 다문화교육학과, 러닝사이언스학과 교수
관심 분야: 교육정책의 제도화와 효과, 학습자 다양성과 교육적 포용성 등

정치교육론
이론과 실천 및 과제
Political Education: Theory, Practice, and Future Developments

2022년 7월 20일 1판 1쇄 인쇄
2022년 7월 28일 1판 1쇄 발행

지은이 • 박선형 · 신현석 · 송경오 · 백선희 · 박희진 · 하봉운 · 이전이
　　　　이동엽 · 이인수 · 조현희 · 모춘홍 · 김왕준 · 함승환
펴낸이 • 김진환
펴낸곳 • (주) **학지사**
　　　　04031 서울특별시 마포구 양화로 15길 20 마인드월드빌딩
대표전화 • 02)330-5114　　　팩스 • 02)324-2345
등록번호 • 제313-2006-000265호

홈페이지 • http://www.hakjisa.co.kr
페이스북 • https://www.facebook.com/hakjisabook

ISBN 978-89-997-2713-9 93370

정가 19,000원

출판미디어기업 **학지사**

간호보건의학출판 **학지사메디컬** www.hakjisamd.co.kr
심리검사연구소 **인싸이트** www.inpsyt.co.kr
학술논문서비스 **뉴논문** www.newnonmun.com
교육연수원 **카운피아** www.counpia.com